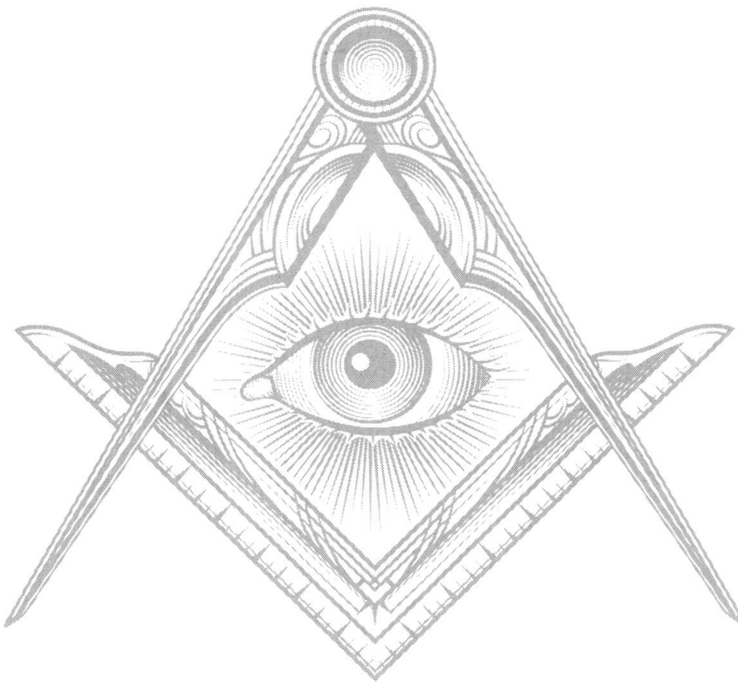

Luiz A. Rebouças dos Santos

O CONSTRUTOR

Revisão de textos: Rosemarie Giudilli
Diagramação: Décio Lopes

DADOS DE CATALOGAÇÃO DA PUBLICAÇÃO

Santos, Luiz A. Rebouças dos

O Construtor / Luiz A. Rebouças dos Santos. 1ª edição.
São Paulo, SP. Editora Isis, 2021.

ISBN: 978-65-5793-013-7

1. Maçonaria 2. Sociedades Secretas I. Título.

EDITORA ISIS LTDA
www.isiseditora.com.br
contato@isiseditora.com.br

EDITORA AFILIADA

AGRADECIMENTOS

À minha mulher, Márcia Regiane, amiga, companheira, incentivadora – a primeira pessoa a ler meus originais.

Ao Irmão Artur Franco, autor de Século das Luzes, – grande incentivador e apoiador.

Ao Irmão Rui Silvio Stragliotto, ex-G.·.M.·. de nossa Grande Loja e Membro Efetivo do S.·.C.·. do R.·.E.·.A.·.A.·. para a República Federativa do Brasil, – que me honrou com sua apresentação.

À Nossa Casa, centro espírita de onde veio grande parte de meus insights.

Aos Irmãos maçons de todas as Lojas que frequentei.

Em especial aos Irmãos maçons de minha Loja, a Benemérita Augusta e Respeitável Loja Simbólica Perseu nº 84, da Grande Loja Maçônica do Rio Grande do Sul – que agradeço e homenageio.

Apresentação

A leitura de um bom livro é um diálogo interessante em que o livro fala e a alma responde.

Quando esse livro é escrito por alguém, por quem nutrimos a mais respeitosa estima e admiração, o diálogo para além do interesse, nos faz penetrar a alma do autor. Nos permite interpretar os seus sentimentos, e por consequência avaliar a pureza dos seus valores e princípios, das convicções que agasalham o seu ser.

Permito-me a licençâ da presunção, para dizer que à qualidade da obra, não me foi difícil associar o nome do Irmão. Maçam sincero, leal e verdadeiro. Servidor incansável de sua Loja, a "Perseu n° 84", de nossa MRGLMERGS. Dedicadíssimo ao estudo do REAA, prestando nesse particular inestimável serviço ao Supremo Conselho do Grau 33 para a República Federativa do Brasil.

Em *O Construtor*, para os iniciados encetou verdadeira viagem iniciática; para os não-iniciados, uma bela história de vida, valorizando os que buscam o aperfeiçoamento moral e espiritual, na têmpera da sinceridade e do verdadeiro amor.

Tão luminosa a sua inspiração e prodigiosa a obra, que sua leitura conduz o iniciado a um recolhimento interpretativo, em retrospectiva do seu nascimento para uma nova vida.

A obra, cujo conteúdo tem o propósito de induzir o leitor a dela extrair virtuosas emoções, o Autor, certamente, balizou-a em experiências reais em que os personagens lhe dizem de suas próprias vivências. Dá para perceber, e sentir até, de forma epidérmica, a intensidade da vibração com que foi produzido.

A saga, pela dinâmica de seus personagens, pelas nuances que induzem o leitor a antecipar consequências, desperta nele uma curiosidade tal, que é levado à leitura da obra em um só impulso. Sensação idêntica à que tive ao ler *O Código Da Vinci*, de Dan Brawn.

Sou grato ao Rebouças por me haver proporcionado sublimar os caminhos de minha própria iniciação, ocorrida há mais de trinta anos. Faltava-me esta viagem, para que se consolidasse em meu coração e minha mente, a figura do verdadeiro CONSTRUTOR SOCIAL.

É preciso renunciar para conquistar, pois que a conquista sem o merecimento colhido pela superação de obstáculos e de renúncias, por si só não basta.

O Construtor nos ensina que a viagem do iniciado não é um destino, mas um caminho que nos coloca diante de nós mesmos, nos conscientiza de que somos os autores de nossa própria história e não vítimas de nossas circunstâncias. Se o iniciado é um pensador esta obra nos induz à construção do pensamento, visto que somos o que pensamos. Logo, para existir, é preciso pensar.

Posso, sem margem de erro e favor algum, atribuir os momentos de enlevo e de magia, que a leitura de *O Construtor* me levou, à forma sábia e sutil com que o Autor me conduziu, andando pelos caminhos de sua história.

Recomendo a todos aqueles que reconhecem na arte a expressão que manifesta o Poder Criador, e que queiram vivenciar momentos de recolhimento e sublimidade, não perderem a oportunidade de conhecer *O Construtor*, do querido e fraterno Irmão, por quem tenho, como já disse, especial estima e consideração.

Rui Silvio Stragliotto

ex-G.: M.: da Grande Loja Maçônica do RS
Membro Efetivo do S.:C.: do R.:E.:A.:A.:
para a República Federativa do Brasil

PRÉFACIO

Des textes fort anciens et d'authenticité irréfutable font mention de l'existence de groupes organizés de maçons dès le XIII siècle. C'est ainsi, par exemple, que le Livre des Métiers, de Boileau, de 1268 fait allusion à des réunions des 'maçons opératifs', c'est à dire, d'hommes de métier. Tout au long du Moyen Age nombreux sont les documents qui attestent la continuité des organizations des 'opératifs'.

Bien que leurs réunions n'y furent pas exclusivement consacrées et qu'en particulier apparaisent déjà les premiers rituels d'iniciation, l'essentiel de leurs préocupations tournait autour des problèmes de construction, de 'l'art de bâtir'.

PREFÁCIO DE MICHEL DE JUST, Grão-Mestre da Grande Loja da França, em *L'Histoire de la G.:. L.:.* de France, Éd. Albatros, Paris, 1981.

Com a difusão do cristianismo por toda a Alemanha e a exigência de que bispos romanos erguessem catedrais, os Colégios Maçônicos na Alemanha prosperaram. Geralmente, designado como Steinmetzen ou Canteiros, essas fraternidades maçônicas levantaram igrejas e catedrais por toda a Europa continental. A Sociedade de Canteiros tinha dentro de si grande variedade de classes e ocupações, que incluíam Steinmaurer ou assentadores de pedras, Steinhauer ou cortadores de pedra, bem como Steinmetzen, uma palavra derivada de Stein ou pedra e Metzen, um derivado da palavra Metzel ou entalhador, uma arte mais detalhada e refinada que a realizada pelos cortadores de pedras. A construção de Bauhütten ou lojas situadas junto às igrejas em construção serviu de estúdio de projeto, local de trabalho e quarto de dormir.

Um dos mais antigos registros de lojas maçônicas encontra-se na cidade alemã de Hirschau (hoje Hirsau) no atual estado de Baden-Württenberg. As lojas Maçônicas instituídas na cidade de Hirschau no final do século 11 trabalhavam sob a ordem beneditina da Alemanha, e foram as primeiras a estabelecer o estilo gótico de arquitetura.

Em 1149, as primeiras Zünftes alemãs ou sindicatos de pedreiros se desenvolveram em Magdeburg, Würzburg, Speyer e Straßburg. Em 1250, a primeira Grande Loja dos Maçons formou-se na cidade de Colônia (Köln), Alemanha. A Grande Loja foi formada como parte do imenso empreendimento para edificar a catedral de Colônia.

O primeiro congresso maçônico ocorreu na cidade de Straßburg, na Alemanha, no ano de 1275. Ela foi fundada pelo Grão-Mestre Erwin von Steinbach. Este também foi o primeiro uso registrado do símbolo dos maçons, o compasso e o esquadro. Embora Straßburg fosse considerada a primeira Grande Loja de seu tempo, outras Grandes Lojas maçônicas já haviam sido fundadas em Viena, Berna e a acima mencionada de Colônia – essas foram chamadas Oberhütten ou Grandes Lojas. Diversos congressos maçônicos foram realizados na cidade de Straßburg, incluindo aqueles realizados nos anos de 1498 e 1563. Nessa época, as primeiras Armas de Maçons na Alemanha registradas apresentavam a representação de quatro compassos posicionados em torno de um símbolo do sol pagão e dispostos em forma de suástica ou roda solar ariana. As Armas Maçônicas da Alemanha também exibiam o nome de São João Evangelista, santo padroeiro dos maçons alemães.

A Oberhütte (Grande Loja) de Colônia e seu Grão-Mestre eram considerados a cabeça das lojas maçônicas de toda a Alemanha do Norte. O Grão-Mestre da Straßburg, na época uma cidade alemã, era chefe de Lojas Maçônicas de todo Sul da Alemanha, Francônia, Baviera, Hesse e as principais áreas da França.

As Grandes Lojas de Maçons na Alemanha recebiam o apoio da Igreja e da Monarquia. O Imperador Maximiliano revisou o congresso maçônico de 1275 em Straßburg e proclamou a sua proteção ao ofício. Entre 1276 e 1281, Rudolf I de Habsburgo, um rei alemão, tornou-se membro da Bauhütte ou Loja de St. Stephan. O Rei Rudolf foi um dos primeiros não operativos, também chamados membros livres ou especulativos de uma loja maçônica.

A FORMAÇÃO DA PRIMEIRA GRANDE LOJA DE MAÇONS
NA ALEMANHA 1250 – texto do Ir.:. Henning A. Klövekorn –
Tradução José Antônio de Souza Filardo M .:. I .:.

A origem da Arte Real é muito mais antiga que esse Século III, como atestam os prédios judaicos, dentre eles o célebre Templo de Salomão, os jardins suspensos da Babilônia, a cidade de Alexandria, os prédios sagrados da Índia, da China, do Nepal e, naturalmente, as Pirâmides egípcias. Quem os construiu? Leigos?

Essas técnicas chegaram até a Europa através da civilização greco-romana e com ela a formação do cristianismo, uma das seis grandes religiões da humanidade e a seita católica, com sua intolerância e intransigência frente às seitas concorrentes. O feudalismo e a vida monástica, seguindo o estamento dos primeiros séculos da era cristã, conduziram a um tipo de construção que, com as possibilidades de ascensão social e de mudança do enfoque político do segundo milênio deram lugar à nova arte de construir, projetada para o alto e criando formas mais leves e mais elaboradas. Nessas construções está escrita, para a posteridade, a história da civilização desde os tempos imemoriais e, claro, com a ênfase na visão católica. Os símbolos empregados, a iconografia, as proporções geométricas e o esmerado cálculo sagrado deixam uma mensagem indelével para todos os que aprenderam a sua decodificação. Ainda que lento nessa época, o movimento da humanidade no sentido do aprendizado de si mesma, do autodomínio e da realização de novos progressos é inevitável, tal qual uma espiral que ascende, dirige-se inevitavelmente para o alto e para o centro.

Nesse oceano da Vida, que é eterna, nós somos as gotas que se desprendem e retornam ao Todo para mais uma vez se despreenderem e retornarem, em peregrinação longa em que a aquisição do conhecimento, o aperfeiçoamento das emoções e a busca da perfeição espiritual são as estações que permitirão atingir a Sabedoria e a Luz.

Essa é uma história do homem comum, do buscador de si próprio, do construtor da sua catedral que, do simples para o cada vez mais complexo, desenvolve a consciência de si como única forma de crescer na direção do Eterno.

Sumário

Capítulo I

E aqui estou eu, sozinho, nesta gruta escura, com cheiro da umidade da terra e das pedras, apenas três míseras velas acesas em cima de uma tosca mesa de madeira, polida de tanto uso. Diante de mim, coisas que eu nem sei o que são: sinais gráficos que devem significar algo, um desenho que lembra um galo, alguns tipos de pós brancos ou quase brancos que por certo devem ser veneno para quem ousar tocá-los. Eu já ouvira falar que é comum pegar curiosos com esses venenos e nem sei como eles agem, se por contato ou se é preciso ingerir. Dizem que matam instantaneamente, essas coisas de bruxos. Ah! Tem também um resto de pão velho e água. Eu tenho juízo para não tocar, pois devem estar enfeitiçadas ou no mínimo roídas por ratos, morcegos ou quaisquer outros tipos de animais bem à altura dessa gente. Em um canto, um esqueleto inteiro parece que zomba de mim. Não tenho mais medo dessas coisas. O cheiro de mofo mistura-se com o da terra, e o ar torna-se pesado dentro desse espaço tão pequeno. Fui colocado aqui por três figuras encapuzadas, três homens, sem dúvida, de estatura forte e vestidos totalmente de preto. Sobre a mesa, folhas com alguns escritos, uma pena e tinta. Chamo um dos meus acompanhantes.

– Hei! Eu não sei ler nem escrever! Alguém pode me ajudar?

– Olha aqui, se quereis ir adiante, colocai vosso sinal de aprovação nessas folhas.

– Mas de que se trata?

– Confiai! Não é nada tão importante nesta hora. Pensai que é o vosso testamento que estais assinando, deixando para nós tudo o que possuís, se acaso sucumbis nessas provas. Na outra folha são regras de comportamento que tereis de dizer de viva voz mais adiante.

Meu testamento! Não sei exatamente que idade tenho, mas é em torno de vinte ou vinte e um anos feitos, e jamais pensei em assinar testamento. Nunca pensei quem poderia ter interesse em alguma coisa que eu tenha, afinal não sou rico, sou apenas um homem temente a Deus que comprou sua condição de livre com a força de suas próprias mãos, em meio ao sangue e ao suor, ao cheiro de cadáveres e da promessa do Senhor Conde De Montagne que foi cumprida faz algum tempo. Como confiar nesses encapuzados? Também, por que não confiar, se a promessa é justamente ensinar-me os segredos de uma profissão que é respeitada e aceita, que é o que eu venho fazendo ultimamente? E afinal, para que mesmo eu precisaria me submeter a essas coisas se o que eu sei daria para construir as casas do vilarejo e talvez até fazer algum reparo no castelo do alto da colina? Mas vamos em frente! Talvez valha a pena, talvez existam técnicas que sejam importantes para se conhecer nesse ramo, principalmente quando estão construindo obras lindas e bem mais sólidas do que simples casebres.

Lembro-me que Lucien estava há bastante tempo envolvido com essas novidades de construções e falava-me que as maneiras de construir eram realmente excepcionais. Coisas antigas, segredos guardados por pessoas discretas que sabiam o que faziam e o que diziam. Lucien, de certa forma, foi o responsável por eu estar aqui neste momento e, como ele é bem-conceituado, um amigo sério, não deve haver problemas para continuar nesse caminho. Lucien também construíra com barro e madeira e agora acredito que esteja no Castelo, em definitivo. Passa algum tempo fora, em viagens a outros lugares e retorna, meses depois, sem dizer nada do que fizera ou por onde andara. Assim mesmo, eu o considero amigo e, quando ele falou sobre a possibilidade de eu aprender essa arte, logo concordei e aqui estou. Não pensava que me fizessem ir àquele lugar horroroso, coisa de degenerados, pensando que iam me assustar. Não, nem mesmo a venda nos olhos ou o balanço da carroça – por certo me trouxeram de carroça – e o tempo que gastaram nessa operação, vão me fazer desistir. Lucien disse que, como ele, há diversos que estão trabalhando dentro do Castelo e fora dele, nas pedreiras, junto ao mar, nas florestas, enfim, por tudo é que compensa passar por provas. Para ele mesmo, a vida mudou: aprendeu a ler e a escrever e muito mais, já conversou com o Senhor De Montagne, o proprietário do Castelo da Santíssima Trindade e com gente importante que mora ou que passa por lá. Eu mesmo sinto que o pessoal de nossa vila o respeita muito, profissionalmente e como pessoa. Lucien se veste diferente de nós, com mais discrição e até com mais bom gosto e, se isso também me espera, certamente que vale a pena seguir em frente.

Nesse momento, um dos encapuzados me veio buscar. Vendou-me novamente e me conduziu a pé, por caminhos que não pude identificar. Senti que o cheiro da terra diminuía, que havia certa corrente de ar e que estava muito quente e pesado, como se fosse chover. Depois de certo tempo, eles me acomodaram em algum lugar, e eu perdi a noção do tempo.

O que vem à mente quando se está nessas condições? Lembrava de quando participei do exército que se propunha a vencer os inimigos da unidade do reino, expulsando os invasores, integrando o Rei em seus domínios, procurando a adesão dos senhores das terras. Marchamos em direção ao Sul, sendo bem recebidos pela maioria dos senhores com quem travávamos contato. Em toda a Normandia não houve luta, tão somente escaramuças e badernas que nós mesmos provocávamos, com a anuência dos comandantes ou até com suas participações, mas muito mais em proveito próprio. E não precisava muito: as disputas vinham ou por uma peça de caça, ou por uma bela mulher ou por melhores condições de hospedagem, quando os anfitriões não estavam tão receptivos. À medida que avançávamos para a Bretanha, as escaramuças aumentavam, até que tomaram formas de combates, em uma verdadeira cruzada contra os hereges, alojados naquela região. As lutas caracterizavam-se desde combates individuais até batalhas onde eram lançados os arqueiros como apoiadores para o avanço dos lanceiros. Muitas vezes o combate a cavalo se fazia sentir. Sempre o mais difícil era a tomada de algum ponto fortificado ou de algum castelo. Foram anos de lutas, nem sempre de vitórias, mas de alguma conquista.

De Montagne dispunha de uma tropa de aproximadamente 330 homens, que ele dividia segundo a habilidade com as armas e segundo a disponibilidade de seus cavaleiros para o comando das falanges. Eu participava do grupo especializado em emboscadas, na luta dissimulada e nunca estive muito perto dos comandantes. Nessa época, eu fazia de tudo, desde preparar a comida do pessoal até o preparo das armas e os primeiros socorros dos feridos, que eram transportados em carroças para a retaguarda. Nessas funções, o saque dos cadáveres trouxe algum lucro pessoal, além da retomada de armas para o uso dos nossos, e foi dessa forma que pude acumular algum dinheiro para recomeçar a vida no retorno. Também, eu desfrutava de muita oportunidade para conversar com os companheiros de armas e até com um ou outro prisioneiro, quando eu não era observado pelos demais. Não sei por que De Montagne decidiu conceder a carta de emancipação para mim e para os demais que o acompanhavam, mas seguramente que não foi por bravura, no meu caso. Até hoje creio que isso estava entre as promessas que havia feito para a maioria dos que quiseram participar dessas lutas, ou mesmo para algum senhor mais poderoso que, por qualquer razão, pensasse que essa seria uma boa estratégia para reduzir o número dos efetivos em luta. O fato é que foi assim que eu consegui ser um *homem livre* e ter a possibilidade de morar onde eu bem entendesse. No retorno, não saí da minha aldeia, aos pés do Castelo.

Enquanto perdia-me nessas conjecturas, meus acompanhantes voltavam para me buscar. O que aconteceu a seguir, eu não entendi por completo. Primeiramente, estava ainda vendado, de maneira que não pude ver por onde estava sendo conduzido. Levaram-me para algum lugar fora daquela caverna onde estivera, pois o cheiro da terra úmida desaparecera. Havia cheiro de mato, misturado a tantos outros que eu não podia decifrar; havia vozes que sussurravam em torno de mim, mas também não entendia exatamente o que diziam. O novo local parecia ser ao ar livre, mas, às vezes, também parecia se tratar de um grande edifício. As vozes aumentavam de volume, e eu tinha a impressão de que se travava um diálogo entre um chefe e um subordinado, mas havia muita confusão em torno de mim ou talvez falassem em algum idioma estrangeiro. Meu condutor tomou-me pelo braço, fazendo-me caminhar, passar por obstáculos, sentindo um chão, às vezes, duro e áspero, às vezes, macio como se fosse gramado ou arenoso. Em dado momento, eu me senti atordoado de tantas voltas ou, então, em algum momento fui intoxicado com algum vapor ou incenso que eu não havia percebido, ou ainda um líquido doce e amargo que me fizeram ingerir, porque perdi a noção do tempo e do espaço e, como em um passe de mágica, as coisas e as memórias giravam rápidas pela mente, dando-me a sensação de estar em meio a uma tempestade, onde raios e trovões se alternavam com forte vento e tudo revoando em torno. Em minha cabeça formava-se um diálogo com meu condutor, ou seria real essa troca de ideias?

– Que ritual satânico esse a que estão me submetendo?

– O que entendeis de Satã? Acaso já estivestes com ele? – o meu condutor me respondeu com uma pergunta.

– Eu estou morto? Estarei morrendo? Onde estou?

– O que entendeis por morte? Acaso não quereis morrer? Estais satisfeitos com essa vida que levais?

Os pensamentos começavam a se dissolver, um a um, e o diálogo desapareceu, sem que eu obtivesse qualquer resposta concreta de meu condutor. Senti que aquela situação perdurava pela eternidade, sendo a seguir substituída pela sensação de uma chuva forte, com ruídos de água, como se uma cachoeira ou um oceano estivessem muito próximos. Eu sentia imensa vontade de chorar e de rir. Tinha emoções que há muito tempo não sentia – angústia, sensação de traição e, ao mesmo tempo e em seguida, sensação de alívio, de plenitude. Aos poucos, a chuva diminuía, mas o barulho das águas continuava em torno de mim. Mas, não me sentia molhado, nem sujo da tempestade. Era como se tudo se passasse em minha imaginação, embora sentisse o chão sob meus pés e tivesse a nítida impressão de que os ruídos fossem reais. Toda aquela sensação foi substituída por cheiro de tochas queimando e imenso calor ao meu redor, como se eu estivesse atravessando um corredor de chamas ou adentrando uma fogueira.

Não havia maus odores, nem ruídos, apenas sensação de calor. Eu pensei estar enlouquecendo, ou entrando no inferno, que não sobreviveria àquela situação e que, em verdade, eu já estava morto. Certamente, meus condutores cuidaram disso quando me retiraram da soturna caverna repleta de alegorias sobre a morte. Sim, sem dúvida aquela caverna era um prenúncio do meu túmulo ou seria o meu túmulo mesmo e agora eu estava caminhando nessas regiões do limbo, sem saber para onde ir. Ninguém respondera às minhas perguntas, mas eu sentia que meu acompanhante segurava o meu braço – ou seria essa também uma ilusão? Mesmo Lucien e a confiança que tivera nele me pareciam cada vez mais distantes, imersos nas brumas. Teria ele me enganado? O fato é que, sem dúvida, eu estava realmente sozinho, apenas comigo mesmo, com meus pensamentos e sentimentos.

Após haver recuperado a consciência ou pelo menos minha lucidez, fui conduzido a um local em presença de mais pessoas e, ainda vendado, eles me forçaram a fazer juramentos sobre o que afirmaram ser a *Bíblia Sagrada*. Juramentos profundos que nenhuma pessoa poderá esquecer e que me impediam de revelar para quem quer que seja, fora desta Confraria, quaisquer segredos que me fossem confiados, sob pena de imediata e desonrosa morte e esquecimento de todos os mortais. Eu cheguei a duvidar que estivesse vivendo aquela situação. Terrível era a condição que me sujeitara, mas, estranhamente, não havia qualquer culpa ou condição de consciência que me impedisse de ir em frente. As visões que me foram dadas a conhecer eram igualmente terríveis, e as ameaças que recebi, acaso faltasse com meu juramento, condicionaram-me a permanecer calado para sempre, mesmo que eu quisesse relatar aqui o magnífico quadro que vi após a venda ter sido retirada de meus olhos e as delícias apresentadas na ágape que se sucedeu. Eu estava *iniciado*. Fazia parte de uma Confraria que me daria instrução e profissão e me permitiria viajar pelo país, por muitos países e conhecer pessoas interessantes e muito cultas, trabalhando em nome de Deus, para Sua glória, Sua suprema honra e pela maior fraternidade entre os homens, livres e iguais perante seu Criador e pelo estabelecimento da Verdade, disseminação da Harmonia e implantação do reinado da Luz no Universo.

Capítulo II

– Laoviah, Santo Anjo do Senhor, ajudai-me a que me façam presentes as lembranças de um mundo que passou, as lembranças da vida que continua, que é eterna, mas que o oceano das idades nos faz esquecer. Não o quero, Santo Anjo, senão com a intenção de relatar a todos os tempos as verdades e as provas a que esta velha alma já foi submetida, para que, com o testemunho do passado, meus irmãos, os homens, possam acreditar em um futuro muito melhor, em que a Liberdade, a Igualdade e a Fraternidade possam ser realmente as colunas de sustentação dos dias que virão, para honra e glória do Senhor de Todas as Coisas.

– Laoviah, Guardião de minha Individualidade, permiti que mergulhe no mar do inconsciente coletivo, no mar dos arquétipos e dali recolha toda a informação que possa para que o relato dessa experiência seja o mais autêntico possível, o mais prazeroso para os meus irmãos que tiverem a oportunidade de tê-lo em suas mãos. Tal qual uma garrafa contendo a mensagem de um náufrago, que este manuscrito chegue nos anos do futuro, informe sobre o que se passou e ajude na identificação dos carmas que hoje estou pagando, que justifique a caminhada que estou empreendendo e permita balizar um futuro melhor para toda a humanidade.

– Desejo e ficaria feliz se assim me fosse permitido, ser fiel neste relato a todas as forças que fizeram de mim um servidor, um canal entre a determinação dos Maiores e as necessidades dos meus irmãos; que amplie a minha consciência e eu reconheça meus irmãos não apenas nos seres humanos que me cercam, alguns com muita afabilidade, outros, certamente ainda conhecedores de tudo o que fui capaz de lhes impingir ao longo de todos esses tempos, hostis e desconfiados de minha boa-vontade atual, mas também em todos os seres, nos quatro reinos da Mãe Natureza. Desejo que, por vossa Luz, em minha consciência fique claro que também a relva que cobre os campos, os pássaros que inundam o universo com suas canções, as árvores, os mares, as cachoeiras, a brisa, o fogo e todos esses seres cujas energias chamais de *elementais* e os Seres da hierarquia angelical, os Devas, todos que vivem para a Glória do Jovem Sempre Eterno, são meus ternos e doces irmãos, pois eu nada tenho de diferente deles que me faça supor que sou melhor, que sou o Rei da Criação ou a mais nobre das criaturas. Sou, apenas Eu Sou o que Sou, parte da Essência Divina, concessão de Vida do Criador, que O deve servir através de Sua Divina Obra para que retorne ao Centro, após haver cumprido todas as minhas missões.

– Thierry, prestai atenção ao que vos vou revelar, porque vós o pedistes: O iniciado, consciente de sua essência divina nas limitações da carne, sente-se crucificado na matéria e muitas vezes se abate sobre ele esse estado de consciência que se tem chamado "noite espiritual" no qual o seu espírito, como Jesus na agonia da cruz, encontra-se dolorido, escarnecido e só, às vezes, torturado por essas bebidas amargas da traição, da negação e do abandono que, com apenas uma de suas rajadas, parece afugentar todos os tesouros espirituais acumulados em longos anos de provas e de trabalho incessante.

– Porém, Thierry, o iniciado precisa saber que é necessário morrer para depois ressuscitar! Que é necessário baixar ao sepulcro, descer aos infernos, como fizeram simbolicamente todos os que passaram por graus mais elevados da iniciação e como certamente sucederá convosco, o que vale dizer, descer a estados de consciência inferiores, infernais, para ressuscitar dentre os mortos, ou seja, dentre aqueles que não obtiveram a iniciação na Verdadeira Luz, segundo a frase simbólica das antigas iniciações egípcias em sua prova final. Este conceito, não outro, encerra a expressão cristã de subir aos céus em carne mortal. Após a noite espiritual, ressuscita-se definitivamente na consciência divina. Ao chegar a esse grau significa que o iniciado transcendeu seus desejos de vida em mundos de manifestação e toda inclinação à vaidade, assim também adquiriu a autojustiça. Isso é o que se espera de vós.

– Abrir a alma aos valores do espírito não está em nossa vontade em um dado momento. Isso somente vem pela Iluminação interna quando, através do esforço desinteressado de superação, consegue-se o grau de evolução anímica e é justamente por não persistir nessa senda que alguns dos que se mostram corajosos e destemidos diante das provas impostas, abnegados diante dos trabalhos que têm de realizar, sérios em seus mais profundos juramentos desistem, perdem-se pelo caminho, não continuam na Ordem. O sentimento de Deus ou o aspecto divino do próprio "Eu", o Ser Crístico em nós, não se pode comunicar pelo ensinamento, senão pela experiência pessoal, pelo esforço de cada um ou pela graça de Deus.

– Conversai com o Anjo da vossa Personalidade, Achaiah, que vos permitirá descobrir o sentido da vida quando tiverdes perdido a fé em tudo; permitir-vos-á sair da lógica estéril que reduz a vida à mecanicidade; fará atingirdes o discernimento da Verdade como estado que se situa além do que nos é possível pela simples observação das coisas; vos conferirá a paciência que necessitais em todas as vossas atividades e a revelação dos Augustos Mistérios da Mãe Natureza e vos garantirá o sucesso na execução dos difíceis trabalhos que vos serão propostos a partir daqui. Tomai as armas que ele vos oferecerá para a luta contra a preguiça e a negligência e começai orando-lhe pelo Salmo 102, versículo 8, que diz:

> *Clemente e misericordioso é o Eterno, lento para a ira e pleno em benignidade.*

– Achaiah, se a mim elegeram para o árduo trabalho de vos descobrir em meio à pequenez das coisas, permiti que minha inteligência limitada não se perca no labirinto das múltiplas facetas que vossa obra material nos apresenta. Velai sempre, Achaiah, para que minha mente não se afaste da fonte abundante da Eterna Luz; fazei com que eu consiga discernir dentre o oculto e o disfarçado, em meio às formas transitórias; fazei com que a mensagem que eu deva deixar a meus irmãos seja um caminho à Unidade, de modo que, por meu paciente trabalho, os homens possam perceber as luzes das outras dimensões. Fazei, também, se vossa magnificência assim permitir, com que eu não me limite em minhas pequenas certezas, nem me prenda aos dogmas científicos que meus irmãos, os homens, estão descobrindo a cada dia. Dai-me, Oh! Anjo Celestial, a audácia de possuir minha inteligência sempre além; a ousadia de não me identificar com verdades efêmeras, confundindo minha luz com a vossa Luz. Deste ponto da evolução que vós me colocastes, utilizai, Achaiah, todos meus recursos humanos para que a Grande Obra da Criação se processe com Força, Sabedoria e Beleza.

– Peregrino, em meio às pequenas coisas, vós encontrareis minha verdade. A Mãe Natureza é um dos meus livros sagrados, pois ali está registrada a Lei Universal, sem equívocos, sem falsas interpretações. Por esse livro não passou tradutor ignorante algum que tenha alterado conceitos. Peregrino, carregai sobre vossos ombros o fardo da paciência e ides me observar em meu elemento natural. Estudai-me na flor, na árvore, no talo das ervas, na terra, nas águas e eu vos inspirarei em vossa inteligência para que possais encontrar as ansiadas respostas, por vossa sede da Verdade. Não vos arvoreis a elaborar vossas teses antes de ter sido a testemunha de meus processos naturais. Observai, refleti, meditai e carregai, sempre progressivamente, o fardo de vossa paciência que não deve jamais ser exaurida. Vós não mais direis: *Agora eu sei, agora eu compreendo*, porque a Verdade se constitui dia após dia, e o conhecimento legado por essa Verdade é capaz de tudo modificar. A cada dia eu sou diferente do anterior e se vós desejais seguir-me, Peregrino, a cada dia devereis aprender o que há de diferente, de novo, em mim. A esse jogo de Saber e Compreender o que de novo se apresenta a cada dia, a cada hora, eu vos convido, Peregrino, e vos espero lá, na árvore, na flor, no talo da erva, nas águas e na terra. Ide agora, Peregrino, trabalhai afanosamente em vossa pedra bruta para que se possa constituir em um bloco útil e digno na Grande Construção.

Esses diálogos permaneceram martelando em minha cabeça na noite após a iniciação. Eu não sabia se teriam sido um sonho ou se a magia do contato com os anjos teria acontecido. Seria eu digno dessa deferência? Por que desejariam os anjos esse contato comigo? Que razão teriam os anjos para se comunicar com os homens, tão puros e superiores são eles, que contato direto têm com a Fonte da Luz, com o Senhor Salvador, com o Mestre dos Mestres? É estranho que os anjos se preocupem com meros humanos, tão imperfeitos, grosseiros e incultos. É estranho que criaturas tão belas e luminosas venham mostrar-se a seres brutos, ignorantes revelando sua Verdade, revelando segredos que sempre foram mantidos ocultos pelos Reinos da Criação.

Também não está muito claro essa questão da personalidade e da individualidade. Afinal, quantos anjos existem, quantos anjos acompanham um ser humano? Por que é tão importante ao ser humano que mais de um anjo esteja preocupado com sua existência e sua presença no mundo? A sensação que eu tive não dizia respeito a qualquer presença física, apenas sensação de bem-estar, ou de cores em volta de mim, talvez sensação de tranquilidade ou de um sonho sereno, um sonho bom, de paz e plenitude. Seria essa a condição mais marcante da presença dos anjos junto aos seres humanos? E se não fosse nada disso, apenas um sonho, loucura de minha parte, e essa história de anjo fosse assim como a sensação da presença do mar, o cheiro da floresta ou o ruído de uma cascata? Afinal, são seres que vivem em torno de nós, em simbiose, ou vivem independentes, atendendo a missões por ordem do Senhor de Todas as Coisas?

Imerso nessas dúvidas, pleno de insegurança de tudo o que estava ocorrendo comigo, fui ter com Lucien e com outras pessoas que estavam com ele. Observei que era um grupo de características comuns, que se vestia discretamente de roupas pretas, mantinha corte de cabelo semelhante e comportamento reservado e discreto. Nada disso eu teria percebido, não fosse toda a experiência da noite anterior; nada disso é perceptível para quem não esteja atento aos pequenos detalhes, às coisas praticamente insignificantes que, sozinhas, não fazem sentido algum, mas quando observadas em conjunto e para quem esteja disposto a um nível mais refinado de observação, realmente, saltam aos olhos.

Lucien apresentou-me os demais. Eram todos estudantes da Corporação e estavam iniciando seus trabalhos, como eu deveria começar dentro em breve, me disseram.

– O que deverei aprender, além do ofício a que me proponho, o de construtor?

– Certamente, devereis aprender alguma coisa definitiva, que vos permita abrir portas, conviver com os Senhores, conviver com o Clero, falar a linguagem dos letrados e dos homens de boa formação, explicara Gérard.

– Observai bem ao vosso redor, como todos têm boas maneiras, sem serem exagerados como os cortesãos. Há algo que os distingue dos demais grupos, como o dos militares que são fanfarrões, o dos padres que são tristes, o dos fidalgos que são arrogantes, completou Lucien.

– Realmente, eu já observara que existia certa diferença e um comportamento mais ou menos padrão, constante, em todo o grupo. Também, observei a maneira diferenciada de falar, com emprego de expressões próprias.

– Como o quê, por exemplo?

– Quando se dirigem a nós, a mim e aos demais usa-se sempre a segunda pessoa do plural e sempre adjetivam muito, explicam muito as ideias!

– Não posso adiantar nada a esse respeito, apenas chamar atenção para que não vos percais no que não interessa, contudo, vossas observações não deixam de ser pertinentes, pois vossa intuição é bastante aguçada. Não vos deveis espantar se começais também a ter visões ou sonhos reveladores!

– Sim, isso já me ocorre!

– Poderemos nos encontrar mais tarde, quem sabe na taberna do Javali de Ouro, onde temos um reservado para confidenciarmos. Tereis de comprar roupas apropriadas e preparar-vos adequadamente, pois lá não entrareis se não estiverdes convenientemente trajado. Gérard se encarregará dessa vossa preparação.

Assim, por meio de Gérard, travei meu primeiro contato com o grupo que seria o meu grupo, pelos próximos anos. Éramos sete, ao todo, com Lucien que se encarregava das longas conversas, divertidas, sempre em tom de diálogo, propondo raciocínios lógicos, falando de coisas da antiguidade, de conhecimentos da profissão, de nossa Corporação e das relações com os demais segmentos dessa sociedade em que estamos inseridos.

Capítulo III

Os dias que se sucederam foram tomados pela mesma rotina. Eu e meus novos amigos fomos transferidos para uma pedreira, onde iniciamos as aulas de nossa profissão. Saíamos para casa e retornávamos no dia seguinte, para a árdua tarefa de cortar as pedras que Lucien nos indicava e dar-lhes a forma e dimensões que nos eram determinadas. Trabalhávamos na pedreira do meio-dia até o entardecer, quando fazíamos nossas refeições ligeiras, as obrigações religiosas e voltávamos ao trabalho nos cursos, até a meia-noite. Aprende-se muito nessa profissão, por exemplo, localizar os pontos em que as pedras se deixam cortar e aqueles em que se racham; como se chegar à dimensão requerida, a partir de um bloco de pedra bruta; de que modo reconhecer uma pedra adequada, diferenciando-a daquelas que irão dar problemas mais tarde, por suas falhas ocultas, imperceptíveis aos olhos não treinados. Lucien dizia sempre que estávamos apenas no começo, que muito teríamos ainda de aprender com as pedras. Não entendi direito o que ele quis dizer e, sinceramente, às vezes, considerava esse trabalho muito maçante, porque é muito pesado. Precisa-se ter bastante cuidado com a força que se deve aplicar ao maço, para que o cinzel não se aprofunde demais na pedra bruta, estragando-a definitivamente e, no início, não é tarefa muito fácil.

Os encontros periódicos no Javali de Ouro estavam cada vez mais interessantes. Lucien e Gérard, além dos demais, traziam assuntos os mais diversos, que eram discutidos com veemência e certa paixão. Falávamos sobre antiguidade, sobre a vida atual, a organização do país a partir de uma monarquia forte, centralizada e sobre a religião, tema esse que mais nos apaixonava.

Determinado dia, no Javali, perguntei o porquê dessas discussões. O que me foi dito é que esse era um modelo muito antigo de ensino, e que nós estávamos não apenas aprendendo a cortar pedras no dia a dia, mas também aprendendo aquilo que seria importante em nossas vidas. As discussões que mantínhamos era o que chamavam de "Curso de Lógica", a primeira matéria a ser ensinada nas antigas tradições italianas dos *Magistri Comacini,* que compuseram o *Trivium*, sequência de três disciplinas que nos seriam ministradas ao longo desse período.

– Ah! Finalmente vamos aprender a ler, a conversar como vocês conversam, com essa maneira peculiar de falar!

– Sim, respondeu Richard, que estava mais avançado nesses estudos. Tereis a oportunidade de não apenas aprender a leitura, mas a escrita em nossa língua e no idioma dos eruditos e dos padres, o latim. Não teríeis uma formação completa se ao menos não pudésseis vos comunicar com o restante de nossos confrades do mundo. Tereis oportunidade de viajar, por este reino e pelos reinos vizinhos, pois muito do conhecimento que vos será necessário encontra-se em mosteiros e em castelos bastante afastados deste local. Conhecereis pessoas, irmãos nossos, que já estiveram em reinos distantes, a serviço de nossa Ordem.

– Por que deveríamos nós nos afastar assim deste país? O que pretendem vocês que eu faça longe daqui?

– Não deveis esquecer que temos a responsabilidade da construção de todas as obras de maior vulto, de maior importância, desde os castelos dos Senhores, os mosteiros, as igrejas que são erguidas em honra e para a glória do Senhor dos Mundos, a quem estamos ligados como filhos e servidores! Mas, não se trata somente de castelos e catedrais.

– Também somos os detentores dos segredos da construção de pontes, de caminhos e de todas as obras de arte que encontrareis em pau e pedra em vossas andanças. Há, também, muitos de nossos confrades que detêm os segredos dos metais e dos vidros, mas isso já é outra parte de nossa história. E por outro lado, não mais vos compete questionar as ordens que recebereis daqui por diante. Estais lembrados de vosso juramento?

Sim, eu jurara obedecer, não divulgar o que me fosse mostrado, apenas utilizar os conhecimentos quando eu fosse autorizado e tantas outras coisas, uma vez que é difícil reter tudo, mesmo porque eu me lembro também que foi dito que o hábito da convivência dentro da Corporação operaria a consolidação desses conceitos de tal forma que ninguém mais os esquecia. Isso sempre foi a parte terrível de tudo – não o fato de guardar segredos ou a impossibilidade de trocar experiências em certos assuntos, mas o fato de ter de lembrar o que pode e o que não pode. A minha tendência é sempre pelo não pode, de maneira que neste primeiro ano, fora de nossas reuniões e fora de nosso grupo, eu optei sempre por permanecer calado.

Percebi, pela forma de usar o nosso avental de trabalho, que Jean e Clovis estavam no mesmo nível de adiantamento que eu. Clovis era o mais forte de todos nós, o mais corpulento e bonachão. Usava uma barba aparada e o cabelo liso escorrido, aloirado, cortado em volta da cabeça e possuía sempre boas-maneiras. Jean era um tipo alto, esguio e de olhar profundo e triste, como se de sua altura vislumbrasse algo a que nós não tínhamos acesso. Era louro, de olhos azuis e pele clara. Nada de semelhança física comigo, todavia, Lucien e os demais nos chamavam de "gêmeos", os *trigêmeos*, e isso eu só entendi mais tarde. Para completar o grupo, além Gérard e Lucien, ainda havia Richard e Moss, dois tipos baixinhos, característicos do centro do país e que eram um tanto polêmicos, desordeiros, não entre si, mas em relação a tudo que os cercava. Aos poucos, fui entendendo que isso era devido à curiosidade e muito interesse em revirar coisas para entendê-las. Considerando-se que esses quatro estavam há mais tempo na Confraria, eu não me sentia no direito de questioná-los. Intrigava-me ver como, ao lado de um comportamento discreto e ponderado de Lucien ou mesmo de Gérard, havia lugar para esses baixinhos baderneiros. Nem Lucien, nem Gérard dava muita atenção às badernas, apenas as tolerava e achava até certa graça nos dois. Eram os de menor estatura e mais invocados e tão bons de copo e mesa quanto os demais, reservadas as proporções.

Soubemos, em nossas discussões que, além da formação que pretendíamos, em Artes, havia muitos sábios ensinando importantes conhecimentos: Teologia, as Leis e as Curas, mas esses campos não me interessavam de forma profissional. Esse ambiente de profundo estudo, de discussões, de difusão do conhecimento era algo que teríamos de enfrentar, à medida que avançássemos em nossa formação. Soubemos mais, que em diferentes locais do país havia principalmente mosteiros que, ao lado da formação específica de monges e de clérigos, também transmitiam os conhecimentos nessas áreas, alertando os alunos para as grandes mudanças que se estavam realizando no país e no mundo, e tudo isso estimulava muito a minha curiosidade. A vida já não me parecia tão limitada, tão circunscrita aos limites desta região.

Discutíamos a austeridade e a justiça que o novo Soberano estava impondo aos senhores das terras e a necessidade de se avaliar bem a lealdade devida a este e àquele. Não se pode ser leal a dois senhores, principalmente se os interesses, às vezes, são antagônicos. Em nosso caso, não havia muito problema, pois existia lealdade tácita entre o senhor dessas terras e o

Soberano; este, arregimentando forças em caso de eminente perigo, de invasões ou de lutas contra inimigos comuns; aquele, participando de forças e exércitos, quando solicitado, para dar cobertura em outras partes do território e auxiliando no suprimento dessa gente.

Havia, também o direito de cobrar impostos localmente e o pagamento das quotas ao Soberano, o que nem sempre se fazia de forma pacífica. Entretanto, nesse terreno, como no terreno dos suprimentos, as discussões até agora não haviam gerado lutas armadas, o que não se poderia afirmar que sempre seria dessa forma. Igualmente, a questão da segurança dos viajantes, responsabilidade de cada senhor em suas terras não estavam bem definidas, pois os assaltos se sucediam e não era muito simples viajar de um ponto a outro, sem fazer parte de um comboio ou sem ter uma escolta adequada. E isso tudo ao lado da necessidade de plantar, de fabricar os utensílios necessários ao cotidiano, de se treinar nas artes da guerra, de construir locais de moradia, de fortificar o Castelo, cuidar dos doentes e das doenças que se espalham rapidamente, cuidar da família (quem a constituiu), do culto a Deus e tantos e tantos mais afazeres que faziam parte de nossa vida, do dia a dia de nosso povo. Quando eu decidi ser construtor, eu sabia que muitas dessas coisas que vinha fazendo até então teriam de ser abandonadas, pois a nova profissão, a arte de construir com pedras exigiria que eu mantivesse tempo integral para a atividade. Sete longos anos me foram solicitados para que se completasse a primeira parte de meu aprendizado, para somente depois desse interstício poder me candidatar ao companheirismo de estudos e fazer novos progressos na Arte Real.

As informações que tínhamos vinham por meio de companheiros em nossas reuniões periódicas e por cantores, menestréis, contadores de histórias que percorriam o país mostrando sua arte e seus espetáculos. A estrutura era mais ou menos a mesma, ou seja, após o período de apresentação para os nobres e para o clero, os burgueses e camponeses tinham direito, mediante o pagamento de poucas moedas, a assistir aos atos, ouvir os cânticos e, assim, saber do que se passava na capital e em outras partes do mundo. A grande novidade que aparecia, cantada por diversos grupos, era a história de um jovem e valente cavaleiro, de nome Parcival, filho de uma viúva, que desconhecia sua origem nobre. Ingênuo, criado em condições rústicas, mas de coração muito puro, assume todos os ideais da cavalaria, é sagrado cavaleiro do Rei e, como todos os cavaleiros, encarrega-se da proteção das donzelas, da proteção dos fracos e necessitados, do serviço ao Senhor que o sagrou, do culto a Deus e à busca do Cálice Sagrado, que foi usado na última ceia do Salvador e onde Seu sangue miraculoso foi depositado, quando do ferimento que recebera em seus momentos finais no Calvário.

A história era um conto de amor e de aventura e entusiasmava a todos. Os apresentadores a cantavam com seus instrumentos e representavam suas partes mais importantes, e não havia jovem ou velho que não se emocionasse com as passagens desse herói, um tanto louco, um tanto santo, talvez como todos desejássemos ser, sem que se pudesse, devido às agruras do mundo. Uma história de terras não tão distantes, de cortes de reis que se situavam além dos mares, a oeste ou a leste de nosso país – ninguém sabia precisar, de lindas mulheres, cheias de encanto e beleza. Tantas vezes se assistiam a esses espetáculos e se ouviam suas falas que até já se sabiam de cor e faziam parte de nossas conversas com o grupo. Às vezes, eu me indagava se essa história, contada com tanta veemência, não teria um fundo de verdade, uma narrativa tão contundente, por certo não teria sua origem baseada na criatividade de um menestrel, mas recolhida e transmitida por tantos quantos a tivessem vivido em outras terras.

Havia outros poemas que cantavam amores impossíveis, trágicos em sua maioria, doces e suaves outros, que tinham o poder de nos emocionar e nos transportar para o campo da magia, da nobreza dos feitos e das paixões sublimes e inatingíveis. Poemas da Lombardia, da Saxônia, dos Godos, enfim, de todas as partes do mundo. Isso também chamava minha atenção para a identidade de sentimentos que existiam em todas essas partes. Aliás, parecia que, em certo aspecto, o autor dessas histórias era sempre o mesmo. Variavam os personagens, as terras, os feitos, mas os ideais e as mensagens centrais pareciam sempre ter um elo em comum. Parecia estar percebendo mais um daqueles detalhes óbvios que, antes de entrar para a Confraria me passariam totalmente despercebidos.

Certo dia, comentando com Gérard a esse respeito, ele me disse:

– De fato, essa mensagem faz parte da codificação singela e ao mesmo tempo profunda que nossos Maiores formaram para mostrar o Superior ao mais comum dos homens e ao mais elevado dos Iniciados. Vestida na forma de trovas e contos, pode-se penetrar no mais profundo dos seres as mais belas Verdades. Daí a arte da escrita hierática e das ciências da retórica e gramática. Em todos os povos, elas foram utilizadas para vestir as verdades divinas na roupagem da comunicação cotidiana. Parabéns por percebeis esse elo sutil, meu irmão, esse fio de Ariadne que une o Efêmero ao Eterno. É uma linha tênue, que apenas um coração aguçado percebe. Mostrais, com isso, como morrestes para o entendimento profano e estais sendo preparado para acordardes à vida que apresentamos. É o que chamamos sair da *vivência horizontal* humana. Esta sim é uma *Morte*! Como vedes, não morrestes em vossa Iniciação. Estáveis, sim, mortos antes de vos iniciardes, uma vez que estáveis dormindo como todos os homens comuns...

Aquela situação estava me deixando atordoado. Acaso estariam, ainda, tentando me confundir? De súbito eu me recordei da sensação de minha Iniciação e todas as terríveis dúvidas que me assolaram. O que Gérard estaria me dizendo? Como poderia se estar morto tendo vida, ou haver vida com a morte? Era noite e estávamos em um quarto úmido, escuro, sentados à mesa e à luz de apenas três velas. Gérard, percebendo a inquietação que me afligia, passou a mão em uma pena e um pedaço de pergaminho, e de maneira quase paternal discorreu:

– A palavra *dormir*, pela antiga e esquecida língua dos Iniciados das pirâmides da Líbia, era escrita assim:

qeṭ-t 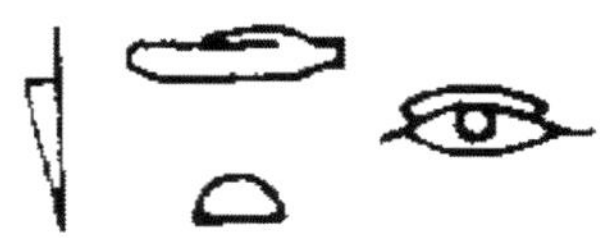

– Esses mesmos Iniciados, e em muitos outros povos, inclusive nós, cristãos ocidentais, associaram ao Mal e à Morte a ideia da Serpente. A serpente é um ser rastejante, que vive na horizontalidade da vida. A palavra mal, segundo os mesmos Iniciados, era:

Qeṭ 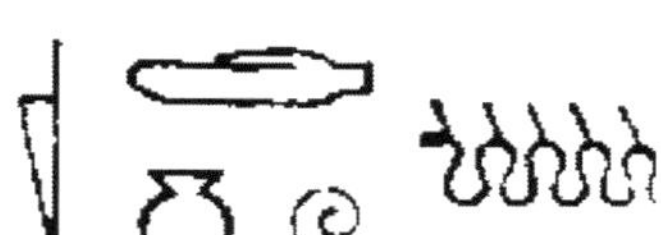

– Era uma serpente que personificava o Mal. Todos os humanos que não descobrem o fio de vida que une toda a manifestação estão imersos nessa Morte. Então, o ditado popular *que tal e qual grupo é um ninho de serpentes.* Isto ocorre a todos os que vivem apenas na horizontalidade do nascer ao pôr do sol. Dia virá em que obrarão na Verticalidade, do Meio-Dia à Meia-Noite...

– Acaso residirá aí a verdadeira Felicidade, tanto procurada pelos homens? Nesta verticalidade de que falais estará a resposta a todas as dores humanas? – eu perguntei.

– Sim, meu irmão. A DOR é a origem do DORmIR, ou seja, "Ir para a Dor". Todos os que dormem estão, invariavelmente, na horizontalidade tal qual a serpente, sofrendo do nascer do sol ao seu ocaso. Daí entendemos que, de todas as DORes do ser humano, a maior está na MORTE. Ambas têm uma origem comum. Aquele que atende ao Despertar, o DEZ PERTO, esse está próximo da Luz. A Luz, nesta região em que vivemos, é dada pelo Sol, representado pelos antigos pelo símbolo ☉. É como os Iniciados representam o número 10, o DEZ. Estar PERTO do DEZ, então, é aproximar-se da Luz. A esses, que saíram das Trevas, da escuridão sem cores, a COR foi DADA. Estão ACORDADOS! Eis, então, o verdadeiro sentido do despertar humano. É ficar mais próximo do Sol. O humano que cumpre essa meta ACORDA, ou seja, faz a Corda, a Linha, descobre o Fio de Ariadne. Esta é a linha de união que descobristes entre tantas histórias antes desconectas para vós.

– Mas, por que o homem comum não tem acesso a essa Luz? Será este mundo um mundo de Trevas? Por isso todos dormem?

– Sim. Os Iniciados são as verdadeiras Colunas, símbolo da Verticalidade, sobre as quais se assenta o edifício divino. A escuridão em que estamos imersos é uma característica deste mundo inferior. Deveremos iluminar-nos para iluminar esta casa que habitamos. Esta terra onde pisamos, esta Mãe Divina que nos alberga, chamada desde a antiguidade de *Infernus*, que significa *inferior*. Os que completaram seu ciclo de vivência nessa morada descem aos Infernos, tal qual Jesus e ressuscitam para a nova vida. Por isso, foi-vos exigida a Iniciação de Morte pela qual passastes. Somos os eleitos a erguerem os templos a Deus e os Castelos dos Senhores da Terra. Compreendeis, então, a importância de conhecerdes com profundidade essas verdades antes de penetrardes no aprendizado do Ofício? Essa Verticalidade deve permanecer. É essa a Força Fecundante dos Trabalhos de um Templo. A Força e o VIGor são erguidos tais quais uma coluna, por alguém que está VIGilante na Verticalidade, não dormindo. Trabalhareis, portanto, do Meio-Dia à Meia-Noite. Por essa razão, aos Iniciados a Verticalidade da vivência é exigida...

Eu estava perplexo. Afinal, eu tinha passado por tantas experiências, visto tantas coisas e acreditado que as tinha compreendido ao menos razoavelmente. Agora me sentia feito um legítimo estúpido, que sequer tinha claro o sentido de palavras tão singelas como acordar, despertar, vigiar, dormir, morrer... De fato, eu estava renascendo e igual a uma criança estava reaprendendo mesmo as palavras mais básicas. Quando pensei em me dirigir a Gérard, tão logo levantei meus olhos dos rabiscos que ele fizera sobre o tosco pergaminho, ele recolheu a pena e as notas que fizera e disse:

– Como vedes, nem mesmo um grão de areia é colocado sem que tenha uma razão de ser. Todo Cosmos é um imenso cadinho onde são preparados os ingredientes da Criação, e a Mão Superior que governa tudo e todo dá, quando muito, a liberdade relativa de nos alinharmos ao seu plano de Harmonia e Beleza. A nós, pequeninos amantes dessa Grande Obra, resta o desejo ardente de partilhar dessa Obra e a vontade férrea que apenas com o tempo irá se formando. Agora com licença, querido irmão. Por hoje é o bastante. Tereis muito mais a buscar por vós mesmos do que receber por outros humildes obreiros como eu. Preciso partir de madrugada para o Sul, para encontrar com outros irmãos que estão precisando muito de nossa ajuda. As Trevas estão tão ativas quanto a Luz em nosso reino. Não temos mais motivos para comemorar a não ser estarmos cautelosos e atentos. Orai e Vigiai!

E, levantando-se, deu-me as costas em direção aos seus aposentos. Foi a última vez que o vi.

Capítulo IV

Era tarde. Fui para meu quarto e deitei-me, quase sem sono. Não paravam de passar pela minha mente as palavras de Gérard e minhas inquietações quanto ao caminho que escolhera. Era prosseguir ou ter eternamente minha alma atormentada pela certeza de estar vagando sem rumo. Afinal, o pouco que aprendera naqueles dias já me mostrara um mundo real do qual eu não poderia mais negar a existência. Era crescer, verdadeiramente, feito uma criança que sabe onde e com quem aprenderá seus primeiros passos, ou ficar na horizontalidade da vida, tal qual uma erva rastejante em densa floresta, sem jamais se erguer sobre um caule robusto para buscar os raios do sol.

Não, não posso ter dúvidas quanto ao meu caminho. Afinal, sinto que estou em companhia de ótimos companheiros, ilustres e sinceros. Apenas confirmou a boa indicação que tivera de meu amigo Lucien. Mas, Gérard alertara-me não apenas para coisas boas, mas também comentou problemas sérios que acompanham a todo postulante. A que estava se referindo?

Mais tarde fui saber que Gérard partira ao Sul da França, em direção ao Languedóc. Um movimento devastador tomava conta do Ocidente e espalhava-se ao Oriente seu reinado de terror: as Cruzadas. Com o objetivo primordial de unificar as cristandades oriental e ocidental, a filosofia admitia abertamente a imposição da fé pela força. Chegava ao seu ápice a degradação da mensagem daquele que veio salvar a Humanidade pelo Amor e pela Compaixão. A mente humana não pode comportar todos os acontecimentos de que somos testemunhas, a não ser que reconheçamos esse pensamento reinante. De fato, quando escrevo estas linhas nem mesmo eu, às vezes, acredito no que presenciei. E, o que é pior, mesmo a irmandade a que pertencia sucumbiu a tal degradação que levou a um dos piores horrores de que a raça humana foi responsável.

Aquele ambiente tenebroso desenvolveu-se, quase que simultaneamente, no Sul da França, em Constantinopla e no Norte da Síria. Nesses três palcos estiveram presentes, pelos mais variados motivos, meus irmãos do Templo. Foi um triste capítulo da Irmandade e da cristandade em geral, principalmente ao considerarmos que seu grande mentor foi o Sumo Pontífice da Cristandade, o Papa Inocêncio III.

Jamais um Papa tão novo ascendera ao cargo. Seu comportamento foi definido já a partir de sua sagração. Seu sermão foi feito sob a citação de Jeremias: *Aqui e agora te dou autoridade sobre as nações; com uma palavra as erradicarás e as deitarás abaixo, as destruirás e deixarás em ruínas; com uma palavra as construirás e as reimplantarás.*

Desde a primeira cruzada de Urbano II, há mais de 100 anos, a Igreja não tinha um chefe tão ambicioso. Sob sua visão erguia-se um império clerical poderosíssimo. Constantinopla, obviamente, sempre o viu com muita desconfiança. Os resistentes do Languedóc, sempre arrogantes e desafiantes do poder papal, encontraram a pior resistência que se lhes poderia impor e seu verdadeiro decreto de morte.

O país está dividido. O clima e a cultura correspondem-se com os hábitos desenvolvidos em cada região. O Sul é quente e romântico, leve e agradável, inclusive no aspecto religioso. As histórias que ouço dos mais velhos me fazem desejar ardentemente conhecer esse verdadeiro paraíso dos piedosos e humanistas. Dizem que seu cristianismo é mais ortodoxo do ponto de vista do culto à pureza da lei. Em nada se assemelha, portanto, do declarado absolutismo papal, mais temporal que religioso. Gérard me falara diversas vezes desses que considerava nossos irmãos, apesar de muitas vezes não estarem ligados à nossa Ordem. Com o passar do tempo, pude entender que Gérard se referia ao tipo de trabalho que desenvolvíamos. Estávamos, apesar das diferenças culturais e geográficas, de alguma forma misteriosa, interligados magnificamente. Talvez seja a mesma ligação que muitos irmãos sentiram com o contato dos árabes e judeus no oriente. Havia algo pelo qual todos se uniam, e que os tornava muito semelhantes, apesar das diversidades.

Lembro-me de Gérard me relatar feitos extraordinários a respeito de povos do oriente, muito semelhantes à crença cristã antiga, que também estudava. Na verdade, muitas coisas que no decorrer de minha simples vida aceitava passiva e naturalmente, em conversas com irmãos mais velhos no caminho, como Gérard, foi mostrado um lado absolutamente fantástico e ao mesmo tempo simples. Verifiquei, então, que era tal qual nova linguagem, jamais a mim apresentada. Como poderia compreender? Afinal, quando adentrei o grupo, não sabia sequer ler ou escrever. Agora, novo mundo me era revelado, mais amplo, universal e harmônico, onde não existem diferenças de credo ou de interesses.

Pelo que tenho ouvido de meus irmãos, entendi que os povos, em geral, possuem sentimentos que, se fossem observados apenas no seio de nossa gente, seria fácil para todos compreenderem, mas quando vistos em povos que eram inimigos, por vezes eram ridicularizados nas interpretações. Eu me pergunto, por que não seria possível que um mouro, sarraceno, árabe ou judeu ou qualquer outro infiel pudesse expressar sentimentos nobres e dignos, como qualquer um de nós? A nobreza no pensar e agir seria prerrogativa dos cristãos? E, com toda a certeza, não haveria também cristãos de sentimentos cruéis, mesmo que fosse considerado pela Igreja um bom cristão? Eu vi muita crueldade nas lutas em que havia participado, mas tudo se justificava pela causa nobre, pela eliminação dos inimigos do Rei, dos inimigos do Senhor a quem obedecíamos, e que eram os inimigos da Igreja e de Cristo. E nunca havia questionado se era ou não preciso matar, torturar, sangrar a carótida, cozinhar os inimigos em óleo quente, aferventá-los, enforcá-los ou simplesmente condená-los à morte pelo fogo, como era o mais usual para com aqueles que estavam tomados pelos espíritos das trevas, negando a verdadeira fé na Santa Madre Igreja, em Jesus Cristo e em seu único representante na Terra, o Santo e Piedoso Papa, Vigário de Roma e do Mundo. Mas, mesmo por essa causa santa, não haveria algo de cruel nessas nossas atitudes? Contudo, tais perguntas eu nunca ousei apresentar em público, nem mesmo para os meus irmãos. Certamente, não seriam bem interpretadas e poderiam denotar certa fragilidade ou indisciplina de minha parte, e esse não era o meu propósito.

Conta-se que um grande vizir, sarraceno e infiel, lutou tão lealmente contra nosso pessoal na Terceira Cruzada, em que o nosso soberano se conduziu ao lado do grande rei e comandante Ricardo, da Inglaterra. Ambos reconheceram em Salatino – era esse o nome do infiel – as nobres e distintas condições de caráter próprias dos cristãos e, por outro lado, eu mesmo combati vários hereges que se diziam cristãos, e em momento algum percebi essas características de nobreza ou de retidão que se diz existir entre os nossos.

Parece-me, pelo que tenho observado pelos relatos de Lucien e de meus irmãos mais adiantados, que todas as pessoas em todos os povos manifestam esses mesmos sentimentos, sempre divididos em dois grupos. O primeiro grupo pensa apenas em seu progresso individual e material, uns dominando os outros por interesse. Todos os povos têm essa mesma manifestação, nas mais diversas formas de apresentação. O outro grupo quer progredir, conhecer profundamente a Deus e ao seu Desígnio. Não digo os clérigos que visam apenas ao poder, como Inocêncio. Esses estão no grupo materialista, apenas disfarçados. Os puros de coração que almejam ao Senhor, estes sim pertencem ao grupo espiritual. E são literalmente os mesmos, nos mais variados povos e culturas. Mais tarde entendi por que Gérard chamara a esses de "nossos irmãos". Os puros do Languedóc são desse grupo. Deus sabe o quanto.

E assim, enquanto pensava a esse respeito, o sono foi chegando e com ele, não sei bem se foi um sonho ou se foi uma visão, o fato é que quando acordei lembrei-me claramente da corte de Salatino. Era um ambiente luxuoso e extremamente limpo; rico em sedas, ouro, pedrarias e toda a sorte de objetos de arte, de fino e bom gosto. Lindas mulheres circulavam discretamente pela corte, vestidas com muito luxo, em seda, com os rostos cobertos com véu, muito ouro em joias e pedras preciosas. Lindos salões, plenos de luz e de sons, animados por tocadores de estranhos instrumentos e por cantores de vozes divinas, e toda essa alegria tinha lugar em palácios monumentais, construídos no mais fino mármore e pedras raras, cinzeladas com graça e leveza, com repuxos de água pura e cristalina. Pássaros exóticos cantavam pelos jardins, cercados por perfumadas flores, acompanhando as doces canções que provinham do pavilhão das mulheres. Todo o ambiente transmitia harmonia e muita paz e qualquer pessoa que por lá transitasse ficaria inexoravelmente imbuída desse espírito de tranquilidade e serenidade.

Os homens reuniam-se em um luxuoso salão, em que discutiam os negócios, as notícias do mundo, a evolução dos acontecimentos em todos seus domínios. Suas roupas eram leves e bonitas e seu armamento de um aço extraordinário, o que permitia obter perfis mais finos e mais resistentes. Não havia armaduras nem maças de guerra; as espadas eram ligeiramente curvas, para permitir fácil desembainhar, enquanto seu portador estivesse montado. E as cimitarras, nome que era dado a espadas mais pesadas, também curvas, eram tão afiadas ao ponto de cortar ao meio uma pena solta ao ar. As armas de longo alcance eram poderosos arcos que projetavam finos e penetrantes projéteis, mas possuíam leveza magnífica. Apesar de tudo, a guerra pouco interessava. Os homens estavam mais atraídos pelo comércio e pela arte dos números. Faziam proezas com as aritméticas, de maneira a divertir a todos, em ambiente cordial e alegre. Em tudo, era um mundo civilizado!

Eu sonhava que no nosso país pouco se conhecia acerca desse povo e aqueles que o conheciam calavam-se a fim de não demonstrar nossa inferioridade ou por motivos de sectarismo religioso. Mais ao Sul, em Córdoba, há um centro influente do Islam, e tanto a Igreja quanto os nobres e militares os combatem sempre, com toda força possível. Desses combates, do contato desse povo com seus então opositores, aparecia-me no sonho, que o Império crescia não somente em sua importância militar, política ou religiosa, mas e principalmente, cultural. Suas *Casas do Saber*, como existia em Córdoba, eram os centros de difusão do conhecimento, das matemáticas, das ciências dos astros, da filosofia, das ciências da alquimia e muitas outras.

Ao acordar, eu tive a sensação de que nosso povo estava sendo injusto com os sarracenos, talvez por preconceito, mas muito mais provavelmente por medo de que sua religião concorresse com a nossa. Não pretendo comentar isso com meus irmãos, pelo menos nesse momento, mas talvez um dia a tolerância religiosa impere e se possa falar sobre esses temas polêmicos, sem causar grandes discussões ou sem causar danos a quem quer que seja. Eu mesmo não me sinto preparado para entender esse sentimento que me passou, porque o medo e o antagonismo que carrego em meu coração ainda são fortes, eis que foram plantados quando eu ainda era muito jovem. O medo, parece-me, é um fruto da árvore da insegurança que nasce nos campos do desconhecimento mútuo, adubada por boas doses de ignorância e ressentimentos. Eu me pergunto qual é a semente dessa árvore, para que possamos extirpá-la.

Capítulo V

Os anos que se seguiram foram muito cansativos: Muito trabalho com as pedras brutas, cortando-as e as tornando cúbicas, estudando a lógica, a gramática e a retórica, dentro do programa do antigo *Trivium* das velhas tradições. Sob a orientação de Lucien, trabalhamos sobre as plantas baixas das construções, tentando colocar em nível tudo o que pudéssemos representar, mostrando os detalhes de construção, e aprendemos a marcar as obras no terreno, partindo da colocação dos ângulos e cercando o canteiro de obras com uma corda, na qual fazíamos oitenta e um nós, para facilitar a sua operacionalidade. Nosso grupo costumeiramente se reunia nesses locais, a campo, para discutir os segredos da profissão, ocasião que cuidávamos contra a indiscrição alheia, os curiosos e os mal-intencionados. Para tanto, tínhamos dois companheiros encarregados da vigilância, além de um guarda permanentemente armado e atento a tudo.

As reuniões no Javali de Ouro eram menos frequentes, alternadas a instruções mais práticas, contudo sempre recebíamos informações sobre a vida do país, sobre a Igreja e as notícias dos demais grupos de trabalho de nossa Confraria. Eu já suspeitava que a organização fosse bem maior e mais abrangente que a nossa região ou o nosso país. Não sabia, entretanto, que se estendia por terras aliadas como a Escócia e, tradicionalmente, inimigas como a Inglaterra. Isso veio ao encontro do que eu intimamente pensava de que em todos os lugares haveria chance de encontrar pessoas de bem, interessadas em valores maiores. Mesmo assim, era comum o meu questionamento: Por que cristãos nascidos em países diferentes se enfrentavam em campos de batalha, a fim de defender diferentes bandeiras ou opostos por lealdade a senhores de terras diferentes? Em verdade, trata-se de meandros da política, e eu penso que em uma irmandade como a nossa jamais poderia haver divisão por sermos normandos, saxões ou godos. Nosso país sempre deu asilo aos escoceses, porque nossos reis sempre tiveram disputas com os reis ingleses. Lucien dissera-me que tudo isso era consequência de fatos muito antigos, que datavam da colonização da Picardia, da Normandia, enfim, de todas essas regiões. Lucien ainda me informou que as raízes normandas seriam as mesmas raízes dos escoceses e por isso, os povos do Norte do país tinham mais afinidade com os *azuis* da ilha vizinha. E em épocas anteriores, os *homens do norte* conquistaram os territórios do Norte do país e foram se misturando às populações existentes, formando a etnia atual dessa região. Esse povo assim constituído invadiu e tomou o reino dos anglos e dos saxões que, posteriormente, foi retomado pelos *vermelhos*. Sendo assim, de acordo com Lucien, na casa real dos ingleses havia sangue francês do mesmo modo que o sangue escocês estava presente na casa real francesa, é difícil dizer onde não havia tal mistura, uma vez que as alianças políticas conseguiram o que as guerras de conquista não fizeram.

É, eu tinha muito mesmo o que aprender. Não sabia, por exemplo, que o Papado havia condenado nossa associação, embora a tolerasse porque necessitava de nós para a construção das igrejas, dos castelos e dos mosteiros. Os beneditinos costumavam construir conosco, e muito do conhecimento obtido na Ordem foi repassado pela estreita colaboração que desenvolvemos em nossas atividades. A propósito, interessante discussão que tivemos no Javali foi justamente sobre a origem desses conhecimentos. Clovis colocou em discussão a necessidade de normalmente participarmos dos ofícios religiosos dos beneditinos ou de qualquer outra ordem religiosa. Sua origem celta não rara entrava em contradição com os aspectos cristãos que nos eram exigidos. Richard pedira a palavra para, formalmente, dizer que tais conhecimentos realmente sintetizavam muito das antigas tradições egípcias, judaicas e, certamente, celtas e de outras origens perdidas nos tempos. Pedia que fosse paciente, pois ainda possuía pouco conhecimento para entrar em polêmicas e que não deveria afrontar a Igreja, sob pena de prejudicar a todos.

O Concílio de Rouen havia condenado as associações de construtores porque, certamente, não tolerava os segredos profissionais que guardávamos ciosamente e que não poderiam ser objeto de confissão. Nossa Corporação dependia da Igreja como financiadora das obras, das construções e, portanto, não havia por que afrontá-la. Algumas ordens, como a dos Templários, também eram importantes para nós e muito aprendíamos com eles. Eram cavaleiros muito rígidos em sua disciplina e ciosos de seus segredos. Alguém havia dito que Gérard fora enviado para o Sul a fim de trabalhar junto aos templários, como responsável por parte da construção de um de seus mais fortificados castelos. O mais importante e que nos interessava diretamente é que, no futuro, à medida que aprofundássemos nesses conhecimentos, muito nos seria revelado. Para o momento, a nossa função era ter presente nossos deveres sagrados para com nossa Ordem, o que incluía os deveres católicos de todo o cristão.

Jean era mais profundo. De certa forma, parecia ter tido contato com os conhecimentos sobre o Sul, sobre o Languedóc, de que Gérard falara. Jean era capaz de passar horas sentado, sem falar com ninguém, absorto em seus pensamentos ou em suas orações. Não gostava mesmo de falar, ainda que fosse cordial com todos e expusesse seus pontos de vista, quando solicitado a fazê-lo. Um dia, confidenciou-me que fora casado com uma bela moça de sua cidade, a amava profundamente e que sofrera muito. A peste a havia levado, assim também a muitos de sua aldeia. Logo após o falecimento de sua mulher, ele fugiu e se escondeu. Posteriormente, soube que o corpo não tivera uma sepultura cristã, sob a terra, mas que fora incinerado, como se fosse uma herege. O fato atormentou o pobre homem, que passou a sentir um misto de culpa e medo. Ou talvez não fosse nada disso, fosse apenas a saudade de seu amor, o certo é que ele era um solitário e triste que compensava sua dor com longos períodos de silêncio e de isolamento. Todavia, era um bom homem, bom parceiro, sério e meticuloso nas artes do ofício. O sofrimento, tal qual esse irmão enfrentou, é capaz de tornar as pessoas menos superficiais. O sofrimento é uma via de crescimento espiritual, de maturação e de introspecção. E dessa forma o nosso grupo se desenvolvia e crescia em instruções e conhecimento, na prática da lógica, da gramática e da retórica.

Um dia, Lucien, em um encontro no Javali, dissera-nos euforicamente que nos preparássemos para uma surpresa. O grande acontecimento teria lugar, e nós seríamos convidados a participar. Receberíamos novos profanos para a iniciação. Antes, porém, teríamos de passar por treinamento especial para esse evento.

– Trata-se de uma recepção como nós tivemos, anos atrás?

– Sim, uma iniciação igual àquela ocorrida com vós há três anos. Na verdade, observareis que já tendo decorrido três anos de vossa admissão e como fostes aplicados em vossas lições, perdestes vossa condição de *neófito*, adquirindo a de *aspirante*, ainda no Grau de Aprendiz.

– E podeis nos adiantar do que consta essa nova etapa de nossa preparação?

– Tereis mais quatro anos para obterdes mais intimidade com vossas ferramentas; tereis conhecimento da preparação de um candidato à iniciação em nossa Confraria, desde sua identificação até o preparo da cerimônia de sua recepção, e tereis vossas primeiras reuniões em um de nossos Templos Sagrados, recebendo vossos sinais de identificação e a Palavra Sagrada de vosso Grau.

– Então, o local em que fomos recebidos para iniciação era um desses Templos! Onde fica? Por que não fomos mais lá? Por que foram necessários três anos para essa etapa?

– O que eu gosto nesses neófitos é a sua curiosidade insaciável! Vamos lá! Os Templos da nossa Ordem ficam em lugares secretos, onde vós tereis acesso acompanhados de companheiros já experientes. Nesses templos, reúnem-se as *Lojas de Obreiros*. Nosso grupo de sete obreiros compõe-se de três aprendizes e quatro companheiros de trabalho que se reportam a mim, como o companheiro mais experiente. Nossa Loja compõe-se de três grupos de sete obreiros, totalizando vinte e uma pessoas, e mais nosso médico, que se reportam ao *Mestre de Loja*, o mais hábil e instruído de nossos companheiros. Os Mestres são os responsáveis pelos nossos trabalhos e pelas construções e se reúnem uma vez por ano, por ocasião do solstício de verão, homenageando nosso Padroeiro. Nossas Lojas reúnem-se periodicamente e, dentre as reuniões mais importantes está esta, que comemora o equinócio de primavera. Nessa data, toda a natureza se renova e esse fenômeno cósmico é comemorado por nós com a iniciação de novos candidatos à Arte Real. Esse é um conhecimento secreto, que vem da mais antiga tradição, e que cultuamos sigilosamente, porém com fidelidade e firmeza.

– O que quer dizer *Loja,* e como se indica um candidato para a Real Arte dos Construtores em Pedra?

Dessa vez foi Moss quem respondeu:

– Muitos dizem que o termo *Loja* vem do grego, *Logus*, *conhecimento*; eu, pessoalmente, acho que vem de uma língua mais antiga e quer dizer *mundo*. As nossas Lojas representam para nós o mundo onde estamos inseridos, e não me é permitido avançar mais neste conhecimento, neste grau. Por outro lado, posso vos dizer que a identificação de um candidato ao aprendizado do trabalho com as pedras é uma das mais difíceis tarefas com que vos defrontareis. É preciso, em primeiro lugar, que seja um homem livre, não sujeito aos grilhões da terra ou a compromissos tais que não o permitam investigar livremente todas essas coisas. Temos muita afinidade com as ordens religiosas, com as ordens cavalheirescas, cultuamos a religião, mas não podemos impedir que nossos irmãos escolham outras religiões, outros cultos para sua honesta e firme prática; não podemos impedir a iniciação de um profano que seja de nacionalidade diferente da nossa, pois a Ordem existe em todos os lugares, independentemente dos governos, os quais respeitam e aceitam dentro de seus territórios.

– Em segundo lugar, é necessário que seja uma pessoa de bem, não escravizada ou vinculada a um senhor, um homem respeitado e respeitável, temente a Deus, segundo a sua concepção, com mais de vinte e um anos de idade; não é necessário que seja oriundo da nobreza, que tenha um título reconhecido, nem mesmo das novas classes emergentes, mas é preciso que seja virtuoso e de espírito livre. É preciso que tenha tendência à arte da construção, que goste de tratar com esses materiais e que conheça alguma coisa muito preliminar desse ofício; sua lealdade, sua fidelidade e firmeza são testadas por diversos irmãos, em situações as mais incríveis, sem que ele perceba que está sendo testado, e isso leva mesmo muito tempo. Além disso tudo, deverá submeter-se ao exame do médico, para que se constate que não possua defeitos físicos que o impeça de trabalhar, nem que seja portador de doenças que possam contagiar os irmãos. Nós costumamos dizer que o fazemos passar pelo *teste da exclusão da letra B* e isso compreendereis mais tarde; esta exclusão significa que o candidato não pode apresentar deficiência física de qualquer espécie e não pode ser bastardo ou libertino! Em outras palavras e para ser bem sintético, o candidato à nossa Corporação deve ser um jovem perfeito, sem mutilações, sem vícios corporais, inteligente e capaz, nascido de pais honestos.[1]

– É bem rigoroso! E quanto tempo deveremos estagiar em nível de aprendizes, antes de avançarmos em nossa preparação?

– São necessários sete anos para que sejais perfeitos e em condições de serdes elevados para o grau seguinte, como já deveis saber, caso estejais atentos. Mas não vos impacienteis, pois por essas etapas muitos dos mais renomados homens já passaram. Tereis de vos aperfeiçoar mais, tereis de trabalhar muito nas pedras brutas, até que atinjam a forma cúbica, necessária à Grande Obra. Estais compreendendo?

– Bem, pacientemente, sendo esse o caminho que escolhemos, nada mais resta do que o seguir, esperando sermos sempre dignos da memória daqueles que nos precederam!

– Dar-vos-ei a conhecer um pouco mais dos deveres a que estais submetidos: Primeiro, nossos artesãos não devem empreender um trabalho quando não estejam aptos a levá-lo a um bom termo; vossa habilidade sempre será controlada por exames que vos serão exigidos; aprendizes e companheiros somente participarão efetivamente da obra quando tiverem completas suas instruções; nenhum aprendiz será aceito por um período inferior a sete anos de instrução; somente o Mestre de Loja velará

---

1. A exclusão da letra B somente faz sentido na língua francesa.

pela justa e perfeita administração dos salários; todo aprendiz, companheiro indisciplinado ou mesmo rebelde será levado à presença do Mestre de Loja para ser julgado e condenado a penas disciplinares, perante sua Loja; aprendizes e companheiros jamais devem escarnecer de sua colaboração para com o Mestre de sua Loja, enquanto a ela estiverem ligados. Todas essas advertências, do mesmo modo todo conhecimento que recebereis, deverão ser perpetuados em vossas mentes, pois estais proibidos, pelo juramento que prestastes, de escrevê-las ou de gravá-las de qualquer outra forma. Não tenhais medo de esquecê-las, pois o uso de vos comunicardes conosco as farão parte de vossas vidas, assim também são vossos olhos e vossa boca.

– Como pode ser controlado o efetivo cumprimento de todas essas regras em uma organização tão grande como a nossa?

– Em primeiro lugar, por mais longe e isolado que estiverdes, vossa consciência nos precederá como vosso vigia; não obstante, como sabeis, também em qualquer reino, em qualquer localidade, sempre encontrareis vossos irmãos, dispostos a vos ajudar ou a vos punir se assim fordes merecedores! Podeis contar sempre com nossa presença, seja ao vosso redor, seja internamente em vós, e vereis que esta última sempre vos será mais rigorosa e mais efetiva!

Capítulo VI

Registro aqui fatos surpreendentes que me atingiram de maneira quase que indescritível, com relação à Antiga Ordem dos Construtores em Pedra, Carpinteiros, Ferreiros e Fundidores. Não sei se este é o nome pela qual nossa associação é conhecida, mas isso não vem ao caso. O fato é que todas essas coisas não devem ficar registradas, todos os nomes devem ser esquecidos, todos os rituais devem ser decorados e nunca gravados. Mesmo essas notas que, sem qualquer pretensão, eu escrevo, não o deveriam, pois em primeiro lugar estou jurado a não o fazer, e somente me permito, porque essas páginas deverão ser enterradas, ou queimadas comigo; em segundo lugar, porque o faço somente para o meu uso pessoal, talvez como uma prova de minha insegurança, talvez por vaidade de poder registrar por escrito coisas que estou vivendo e que até meus vinte e tantos anos não o poderia fazer, por simples ignorância. Não pretendo que alguém, um dia, possa ter acesso a elas ou que, de alguma forma isso se possa tornar público. Não, não haverá essa chance, mas se houver peço desde já que desconheçam e neguem como verdade tudo o que aqui ficou. Eu mesmo afirmo que fantasio a verdade e nada pode ser levado a sério. Assim, meus irmãos não precisarão perdoar meu perjúrio, porque essa pequena indiscrição não tem por objeto violar o que quer que seja.

– Estais prontos para seguir-nos – perguntou Lucien.

– Sim, estamos! E muito curiosos com o desenrolar dos fatos que nos foram prometidos a partir de agora!

O que se seguiu foi, no mínimo, surpreendente. Fomos conduzidos a nada mais nada menos que ao castelo fortificado da Santíssima Trindade, de propriedade do Senhor Conde De Montagne! Estávamos boquiabertos e sem nada comentar. Ao chegarmos, fomos levados à ala principal e, no salão usado para banquetes, por trás de uma parede que a divide de outras salas de uso restrito, através de uma porta pesada, colocada no centro de um pórtico ornado por duas enormes colunas, encimadas por estranhos símbolos e tendo ao alto um triângulo com dois de seus lados iguais. Fomos introduzidos em uma sala ampla, ornamentada com bandeiras e estandartes os mais diversos, além de muitos objetos de arte, outros tantos relativos à guerra e à profissão. Essa sala, nos foi dito, chamava-se *dos passos perdidos* e aqui era suposto que nós deixássemos todos os objetos estranhos ao cerimonial que se iria desenrolar, assim como as armas que porventura possuíssemos. Encontramos outros irmãos naquele ambiente, tanto de nosso grau quanto companheiros, cingidos com símbolos que os colocavam em destaque dos demais. Estávamos respeitosamente silentes, quando por essa mesma porta em que entráramos, ladeado por dois irmãos também cingidos de símbolos adentrou o próprio Senhor De Montagne! Eu não fui o único surpreso! Percebi o ar jocoso de Lucien e de Moss nos observando discretamente. Todos o saudaram como o *Mestre da Loja* e seus paramentos, tanto o avental de trabalho quanto a alfaia que sustentava sua espada eram de tecido de seda, azuis, ao contrário dos nossos que eram brancos e de pele de cordeiro. A uma ordem de De Montagne, uma segunda porta se abriu de par em par, correndo para dentro das paredes e, internamente ao seu lado, entre mais duas colunas, um irmão armado de espada guardava a entrada de um Templo magnificamente ornamentado, predominando a cor azul-celeste! Não devo entrar em detalhes sobre essa decoração, pois afora alguns elementos já conhecidos e que usávamos para a marcação dos canteiros de obras e algumas ferramentas com as quais tínhamos certa familiaridade, não entendi o sentido dos demais objetos que lá se encontravam.

Todos tínhamos lugares predeterminados nesse Templo, assim também funções específicas, tudo com muita ordem e disciplina, respeitando-se rigorosamente uma ritualística que todos sabiam de cor, na ponta da língua. Em determinado momento, fomos convidados a renovar, diante da Bíblia Sagrada, nosso juramento de segredo dos Sagrados Deveres, das coisas que viéssemos a tomar conhecimento na Arte Real e recebemos nossas Ordens, de maneira que poderíamos, a partir de então, nos identificar quando quiséssemos ou quando fosse necessário. Tomamos conhecimento do nome dos candidatos à iniciação que se daria no equinócio de primavera e de todas as sindicâncias a que foram submetidos, com os respectivos pareceres, todos favoráveis, e na presença de seus padrinhos foram escrutinados pelo sistema tradicional, mantendo-se incógnitos os votantes e seus votos. Observei que todos os documentos lidos, todos os registros feitos tiveram o mesmo destino antes do encerramento da sessão: Foram fincados na ponta da espada de um dos irmãos e ali incinerados.

Ao final da cerimônia, fomos convidados a um banquete no salão do castelo que também se revestira de forma ritualística. Ao contrário de nossos jantares no Javali de Ouro, a única mesa estava armada na forma de um imenso *U*, com lugares predeterminados a partir do centro, que estava ocupado por De Montagne e mais quatro irmãos. A qualidade das iguarias servidas, do vinho e das demais bebidas era indiscutível e os brindes se sucederam em uma sequência também predisposta, seguindo rígida ordem, em que a palavra somente era usada por nossos companheiros mediante a concessão do Mestre de Loja.

Nesse banquete brincava-se muito, ria-se e se dava pouca importância aos temas de lógica, gramática ou retórica, pouco também aos temas da profissão. Falava-se muito da unificação do Reino, dos combates nas diversas frentes das Cruzadas, das lutas no Languedóc, das intenções de cada senhor, dos Pares que tinham assento e reconhecimento na Capital, a antiga Lutécia. Falava-se da magnífica abóbada que se planejara erguer em Amiens, a mais de 130 pés de altura, às inovações que se estavam introduzindo na arte de construir. Quando eu quis saber mais detalhes sobre essas novas técnicas que diziam ter tido origem em nossos irmãos germânicos, Lucien fez um gesto que me obrigou a calar. Mais tarde eu soube que teria acesso a essas informações, não apenas como curiosidade geral, mas como parte de nossos estudos, no grau mais avançado. Falava-se das novas contratações de obras e daquelas em andamento, tanto sacras quanto laicas. Eu ficava excitado em saber que participaria diretamente de alguma dessas construções, conforme nos fora informado. Falava-se, também, da tendência de criação de núcleos de moradia independentes do poder dos senhores das terras, *as comunas*, em que homens-livres estavam vivendo em conjunto, muitas vezes estimulados pelo poder Real, e que constituíam uma maneira nova de se organizar, de defender os interesses comuns e de não necessitar ficar na dependência da proteção de um Cavaleiro, de um Suserano e, obviamente, sem lhes pagar por isso. É claro que o pagamento ao Rei não será dispensado, mas ainda assim é melhor para todos, menos para os antigos barões!

Soube, nessa ocasião, de uma notícia inquietante: Uma ordem monástica, fundada há pouco tempo em Touluse, por um tal Dominic Guszmán, os *Dominicanos*, recebeu a autorização papal para instalar tribunais para apurar crimes de heresia, contra Deus, contra a Santa Madre Igreja e contra o Papa. Os mais críticos, como Clovis, já os estão chamando de *domini canem*, cães do Senhor, pejorativamente, é claro. Todos nós ficamos muito receosos, principalmente com esse poder em mãos dos padres da Ibéria. Os tribunais terão o direito de promover investigações, de arregimentar provas e testemunhos, de julgar e de punir os faltosos com as penas as mais diversas, desde a morte ao fogo, à degola ou quaisquer outras formas, passando por toda a sorte de tortura e indução à confissão. Eu mesmo não sei o quanto eu resistiria a esses suplícios, e se não estaria disposto a jurar qualquer coisa que os inquisidores desejassem, somente com a ameaça de qualquer ato. Por mais treinado, por menos suscetível à dor e ao sacrifício físico, por mais acostumado aos exercícios de mortificação, tudo tem um limite, e eu desconheço até onde eu mesmo poderia chegar. Já tivemos notícias de julgamentos cruéis, que terminaram em fogueira.

Ao fim da ágape, Clovis, Jean e eu tivemos mais uma magnífica lição de Lucien e de Moss, antes de deixarmos o Castelo, a propósito dessas preocupações sobre os tribunais dessa inquisição.

– Vede, meus irmãos, como é sábia a nossa Instituição! Não permitimos que intruso algum frequente nossas ágapes ou nossas reuniões e, mesmo ao abrigo de qualquer indiscrição, fazemos queimar todos os documentos, todas as relações de nomes, não permitindo que nada disso fique registrado. É por isso que é importante que memorizemos tudo e que deixemos à posteridade nossas práticas gravadas em nossa memória!

– Temos ainda um último recurso: Gravamos na pedra as lições que desejamos passar adiante. Assim, qualquer irmão, que tenha tido a Iniciação, muitos e muitos anos após a nossa morte poderá ler nas pedras dos castelos e das catedrais a nossa mensagem perene e eterna. Basta que seja um irmão atento e que esteja em sintonia espiritual conosco! Nossos códigos de transmissão dessas mensagens sempre estarão ao abrigo da curiosidade alheia, porque se confundem com cenas do cotidiano ou mesmo com cenas sacras, que nossos contratadores nos mandam gravar! É assim que temos a certeza de que nossa mensagem será perene e revelada a quem as quiser ver!

– E como poderemos ter certeza de que esses inquisidores não nos perseguirão? – eu perguntei.

– Não temos essa certeza, meu amado irmão! Em diferentes oportunidades já foram decretadas condenações à nossa associação, tanto pelo Papado quanto por senhores que lhes são servis. Sob o pretexto de que desejam cuidar *que nenhum cristão seja perjuro*, querem conhecer nossos juramentos, impor-nos constrangimentos no confessionário e violar nossos conhecimentos. Não são todos os padres que assim procedem, mas este ou aquele bispo dá cobertura a esses inquisidores, assim também muitos senhores nobres e mesmo muitos homens que pensam que são livres, estão comprometidos com a Hierarquia e lhe são fiéis, não pensando duas vezes em nos difamar ou entregar nossos nomes àqueles que nos querem mal.

– Muitas vezes somos perseguidos em nome do mesmo Cristo que reverenciamos, que é nosso Deus. É por isso que devemos ter todo esse cuidado com os locais de nossas reuniões, com nossos Templos e com nossos sinais de identificação como vós os recebestes, procurando preservar vosso juramento! Por isso, vos aconselho, uma vez mais: Sede prudentes! Sede sempre discretos, e não vos ligueis a desconhecidos que se mostrarem muito curiosos sobre nossas leis e nossos princípios. A força e o poder de nossa Organização vêm justamente de vossa discrição e dos segredos que recebereis. Não vos preocupeis a não ser em bem decorar os rituais que vos são sendo ensinados de lábio a ouvido e com vossos compromissos de fidelidade aos deveres que vos são impostos.

– Na verdade, quer dizer que nossos irmãos confrades, principalmente do Reino da Hispânia correm o perigo de ter seus segredos violados, e nossa Organização destruída naquele reino, mesmo que possam obter a proteção real ou de senhores poderosos. Isso é muito ruim, pois pode se refletir aqui e em todos os lugares onde haja pedreiros livres e arquitetos trabalhando na Arte Real. É verdade que essa Confraria existe em todo o mundo?

– Vossas preocupações são procedentes. Estamos muito temerosos de que esse movimento que ameaça pela indiscrição, pela tortura e corrupção venha destruir o legado das antigas tradições que nossa Ordem procura preservar e transmitir aos que lhe sucederem, através dos anos e dos séculos. Se forem instalados tribunais inquisitoriais, muitos dos nossos perecerão e muitos segredos, detalhes de métodos de construção ficarão perdidos para sempre, pois não acredito que bons irmãos revelem seus segredos e, com isso, os levarão para a eternidade. A Ordem a qual vos ligastes é universal, diferindo de local para local em sua administração, em suas técnicas de ensino e em sua ritualística, adaptando-a sempre àquilo que diz respeito a este ou aquele grupo de etnias, isto é, para os saxões, falamos como saxão, para os judeus ou para os germanos utilizam-se de seus linguajares, suas experiências, recomendando-se sempre que se respeite as maneiras de pensar de cada um. Por isso, somos conhecidos no mundo dos ocultistas como *livres pensadores*. Nos opomos, dessa forma e frontalmente a ideias como essa dos tribunais de inquisição, mas não vamos afrontar o Papado ou quem quer que seja, como fizeram os anglo-saxões. Respeitamos o proceder desses irmãos, mas queremos que o nosso proceder também seja respeitado e isso se dará, inevitavelmente, pois são nossos princípios.

– Mas é difícil entender esses procedimentos! Temos muitas diferenças com os ingleses e com outros povos também!

Temos muita afinidade com os escoceses, que sempre foram nossos aliados e combatem os ingleses; contam que desde que a Normandia tomou a Inglaterra, as coisas ficaram mais fáceis para os escoceses. Depois, com as vitórias dos ingleses, nossos aliados do Norte da Ilha migraram para cá. Por que não entramos nessa luta a favor de nossos aliados? Por que não instruímos nossos irmãos de lá, para fazerem frente aos inimigos de nossos irmãos?

– Meu caro Clovis: Essa não é uma organização política, é uma organização de construtores, de obreiros da pedra, que precisa preservar o conhecimento que recebeu da antiguidade, no trabalho a que nos propomos. Nós defendemos, sim, da injúria e da calúnia e cultuamos as boas relações para obtermos bons contratos. Boicotamos aqueles que querem nos destruir ou que não desejam pagar o preço justo pelo trabalho que estamos preparados a realizar, mas não temos poder de constranger quem quer que seja, pois isso fere profundamente nossos princípios de autonomia e autogestão. Os problemas dos ingleses são dos ingleses; política é política e nosso objeto é a construção, de acordo com os segredos do ofício que recebemos. Pode ser difícil separar essas coisas; poderia ser mais simples se tivéssemos um papa ou uma organização administrativamente supranacional. Isso não existe. Cada Loja tem autonomia sobre seus obreiros e há um respeito ético no que concerne aos preços das tarefas e às obras em que cada Loja se envolve. Podemos criar tantas Lojas quantas forem necessárias, trocar ideias entre Mestres de Loja, mas não podemos administrar a maneira de pensar das demais Lojas. Talvez um dia possa haver uma grande organização supranacional; hoje, estamos satisfeitos de poder, mais ou menos para dirigir os fatos que nos concernem, dentro do espaço geográfico que temos a capacidade de dominar. Depois, se temos irmãos em países que se combatem, como poderíeis julgar com quem está a Verdade? Deixai que cada irmão, no fundo de seu coração, seja inspirado por Nosso Senhor e que cada Loja, consensualmente, promova a harmonia entre os irmãos de seu quadro e entregai a Deus o que é de Deus. Orai e trabalhai!

No trajeto para nossos alojamentos, ficamos sabendo que nosso grupo fora escolhido para receber um Companheiro germânico, Iorg, que detém bons conhecimentos de arquitetura ogival, em que as paredes são mais leves, a iluminação do ambiente é melhor e as ogivas podem ser mais altas. De certa forma, Iorg viria a preencher a lacuna aberta com a viagem de Gérard, completando, assim, o número de sete obreiros, que nos fora revelado como necessário. Iorg vinha de Strasbourg e participara da construção da catedral daquela cidade. Por sorte, falava a nossa língua, o que viria simplificar a comunicação.

Capítulo VII

O verão desse ano foi insuportável. Por todo o lado o ar estava fétido. Os rios minguavam e suas águas estavam escuras, barrentas e malcheirosas. O lixo apodrecia por todos os cantos. Os corvos e os chacais eram poucos para dar conta dos cadáveres de animais mortos em razão da falta de água, do calor excessivo e do ar pesado e empestado que todos respirávamos. As pessoas sentiam-se mal e adoeciam sem que fosse possível favorecê-las, a não ser rezar. Meus companheiros e eu decidimos fazer um mutirão na aldeia para enterrar o lixo ou queimá-lo, operação esta que necessitava cuidados muito especiais, pois com a seca, não raro uma fagulha faria arder parte da mata ou mesmo os lindos telhados de capim das casas, quando não uma das ainda inúmeras construções em madeira. Chegou-se a propor um édito proibindo as construções em madeira e os telhados de palha, para se evitar os grandes incêndios que consumiam boa parte dos bens de nossa gente.

Ao lado desse quadro difícil, havia a constante arregimentação para a guerra. Por um lado, isso facilitava muitas vezes uma depuração, pois qualquer um poderia tomar a cruz e partir para o combate, indo morrer longe dessas paragens. Em geral, quem o fazia em massa eram os menos abonados, os que tinham dívidas para com Deus e, obviamente, para com os homens. Centenas de desesperançados, talvez milhares de arrependidos tenham ingressado nos exércitos que se puseram em marcha em nome de Deus. Até vejo nisso uma vantagem, levando a lutar pela causa da Igreja justamente os mais sanguinários salteadores, assassinos, ladrões, adúlteros e mulheres de má vida, deixando nossas aldeias mais limpas dessa escória.

Contudo, essa espécie de pensamento também me enchia de culpa, uma vez que esse povo estava sendo conduzido pela ambição já vista das cortes papais que fazem profundo eco no coração dos senhores da guerra e das terras. A guerra é fratricida, quando tem lugar nos territórios pátrios, pois considero que o Sul também é nossa gente; até pode ser justificada, quando dirigida aos inimigos da Pátria ou a povos hostis. Gérard, secretamente e para muito poucos, execrava qualquer tipo de guerra ou de combate, acreditando que todos os humanos sejam irmãos, mesmo os pagãos ou os declaradamente infiéis. Gérard não admitia sequer os duelos pela honra ou por uma dama. É interessante usar nossos conhecimentos de lógica para observar os diferentes ângulos dos mais angustiantes fatos que estamos vivendo.

Iorg foi-nos formalmente apresentado no Javali de Ouro. Um sujeito baixinho, calvo, gordo, mas não obeso, mas muito inteligente e preparado. De ampla experiência profissional, trabalhara na construção da catedral de Strasbourg. Lucien o apresentara como detentor dos segredos das construções ogivais. À medida que os monges deixaram de construir, passando à nossa Confraria as obras que pretendem, podemos começar a ousar e a aprender as novas técnicas que, segundo disse Iorg, *empurram a construção para cima e para Deus*. Muitos desses segredos estão, segundo ele, nos materiais usados, na marcação do canteiro de obras e do plano geral da construção. No grau de adiantamento que me encontro, conheço alguma técnica de marcação da obra, da leitura das plantas baixas, da disposição em cruz das naves e, no caso dos mosteiros ou dos castelos a disposição ideal das salas e dos quartos, com o aproveitamento das aberturas de locais para o uso do fogo de aquecimento para os períodos de inverno. Mas, há muito o que aprender. Já é bom não ter de ficar todo o dia na pedreira, deixando esse trabalho para os grupos de neófitos; quando há necessidade, ou pelo tipo de trabalho que se está executando, ou pela necessidade de se correr com algum cronograma de obra, todos nós voltamos às pedreiras e retomamos os trabalhos pesados. Quando se trata da nobre arte da escultura, os melhores Companheiros, mais hábeis com o cinzel e com mais desenvoltura são convocados a escolher os blocos de pedra adequados ao seu trabalho e a deixar ali representadas as cenas que cabem.

Na condição de Aprendiz, deveríamos observar os mais capazes e servi-los, absorvendo assim os conhecimentos profissionais devidos ao nosso desenvolvimento. Nessas obras, em geral, usamos a pedra franca, desta região, que é mais macia e aceita bem mais a cinzelagem. Essa pedra, de acordo com Iorg, também pode ser usada para confecção de colunas, pois permite que os perfis sejam mais apurados. Eu não entendi muito bem essa questão da coluna, todavia, percebia que esse tipo de pedra proporcionava delicadeza às peças, além do que a pedra franca permite ser polida e dar a forma que nos fosse determinada.

– Em Strasbourg, dizia Iorg, à medida que a construção evoluía, fomos criando as melhores condições de estudo e de trabalho para nossos irmãos: Oficinas de corte e de arte, estudo das ciências sagradas, biblioteca, enfim, tudo o que fosse necessário para o bom desempenho da profissão. No início, ainda tínhamos monges que trabalhavam lado a lado conosco, mas essa situação foi sendo alterada e agora a obra está praticamente entregue à nossa Confraria, de acordo com os recursos postos à disposição. Temos muitos companheiros trabalhando lá, de várias nacionalidades e origens e mais de uma Loja opera no mesmo edifício, em canteiros de obras separados e alguns contramestres que fazem a articulação, que também chamamos *harmonia*. Nisso tudo, o exemplo vem de cima, ou seja, dos mais capazes, dos Mestres de Loja e dos melhores oficiais da Arte Real. É um exemplo permanente de humildade, de tolerância e de fraternidade.

– Podeis adiantar-nos algo sobre essas técnicas de construção – perguntei.

– Posso dar-vos uma notícia, uma vez que o estudo dos cálculos somente o fareis quando atingirdes o Segundo Grau. Mas observai: Para elevar as ogivas, temos mais aberturas para iluminar o prédio e temos paredes mais leves, no estilo que chamamos *gottliebe*, é necessário que se alivie o peso que repousa nas paredes. Iorg pegou um guardanapo, dobrou-o e o arrumou em semicírculo, como se fosse as paredes laterais de uma construção e colocou o seu prato sobre esse semicírculo, que desabou.

– Vede o que acontece quando o peso da abóbada é excessivo para a resistência das paredes? Poderíamos sustentar esse mesmo peso de abóbada se tivéssemos paredes mais grossas, que eu poderia representar aqui com uma folha de papel dobrado ou com um guardanapo tratado com goma de amido. Porém, eu posso sustentar essa abóbada de outra forma. Iorg tomou quatro facas, as fincou na mesa em quatro pontos e colocou o prato sobre seus cabos, absolutamente estável, envolvendo todo o conjunto com o guardanapo sem dobras. – Vede que consegui o mesmo efeito, deslocando o peso para as colunas. Posso ainda sustentar o mesmo peso com um número maior de colunas, com perfis mais finos ou – e aqui é que está a genialidade do estilo *gottliebe* – dividindo o peso da abóbada, apoiada em traves inclinadas e amarradas pela ponta e apoiadas nas colunas, mais ou menos assim: Tomou uma faca, colocando a outra faca maior, apoiada na primeira e com sua ponta fincada na mesa mostrou com o dedo a resistência que obtinha no cabo.

– Percebeis como podemos distribuir os pesos das construções e como podemos obter paredes laterais tão leves que sejam apenas tapumes e, por conseguinte, podemos enfeitá-las com aberturas, com janelas ou com vitrais?

– É um estilo bonito e parece bem complicado para se chegar ao cálculo básico para erguer a obra! Temos paciência, vamos chegar ao conhecimento dessas técnicas!

– São grandezas, meu caro Thierry, com as quais entrareis em contato e vereis como elas mesmas se farão sentir em vossas vidas. Precisareis conhecer outros instrumentos de trabalho, também novas maneiras de conduzirdes os instrumentos que já possuís. Nossa Ordem coloca todas essas instruções a seu tempo, até para vos testar em vossas virtudes, das quais a persistência é uma das mais importantes. Estais certos de que tudo aquilo que para o homem do povo, para o profano é uma virtude extraordinária, para nós não passa de uma obrigação, de um fato permanente e corriqueiro de nosso dia a dia.

– Por enquanto, tratai de bem trabalhar e de aprender. Vosso salário vos compensa e o tendes regularmente recebido, e quando for o tempo eu mesmo pleitearei o seu aumento. Agora, tereis mais uma oportunidade, pois no próximo inverno, passadas as festas populares, entraremos no tempo de quaresma e de penitência. Aproveitaremos esse período para aprofundarmos alguns conhecimentos que somente podem ser transmitidos nessa época do ano, pois se trata de mensagem de renovação.

As doenças grassavam e não se sabia como estancá-las. Dr. Maude, o médico de nossa Loja, nos instruía para continuarmos o combate ao lixo e as práticas de higiene pessoais, mas era muito difícil conscientizar os habitantes da aldeia da importância daquela ação. Nem mesmo a gente do castelo levava a sério as recomendações que lhes eram passadas, tornando-se necessário que se obrigasse às práticas que queríamos.

Richard estava conversando com um grupo de pessoas quando eu cheguei. Ele dizia que o Tinhoso estava solto, que era preciso satisfazer sua fome de podridão oferecendo-lhe os cadáveres dos animais recém-mortos, em piras construídas com pedras, especialmente para esse fim, nas quais se fariam arder com betume. O grupo se mostrava impressionado com a farta descrição que Richard lhes fazia do negro banquete da Besta com as oferendas que lhes eram imoladas. Perguntavam detalhes acerca dos dentes e do hálito Daquele, e Richard não se negava em esclarecer, criando situações as mais inusitadas.

Após a dispersão do grupo, eu lhe questionei a respeito de tanta informação, e ele simplesmente respondeu que estava de acordo com o entendimento daquele povo. Argumentou que não tinha validade passar instruções de outra maneira, a não ser naquela forma de linguagem que eles estavam acostumados. – Pelo medo e superstição acabavam cedendo – complementou Richard.

– Esse método de convencimento é eficaz, os padres usam muito, mas não é do meu jeito de ser. É por isso que eu gosto de ficar calado, recluso, fazendo as coisas que eu preciso, sem me envolver com esse pessoal – disse Jean. – Não tenho jeito para conduzir grupos ou para convencer pessoas. Eu quero ser apenas um bom pedreiro, um profissional competente. Na verdade, penso que cada um de nós tem uma vocação e é bom que seja respeitada!

Apesar dessa posição mais ensimesmada, Jean era sensível ao sofrimento do povo, apenas que, talvez em razão de sua experiência, tivesse uma maneira própria de se proteger das fortes emoções que isso tudo suscitava.

As cenas de degradação da vida eram aterrorizantes. Muita gente morrendo, muita gente sofrendo que até fico pensando que as invencionices de Richard não eram tão inverossímeis. Algo estava no ar, nos alimentos ou na terra, alguma coisa invisível que transmitia a doença e a morte. Nem o fogo, nem as rezas surtiam efeito. Nas casas abafadas, o cheiro da peste; lá fora, o retrato da dor e da desolação. Gente seminua ou mesmo nua andando entre os casebres, ou nas matas feito animais; gente visivelmente doente, circulando entre os sãos, na mais completa promiscuidade. Não havia muito o que ser feito, apenas recolher cadáveres e dar-lhes uma sepultura decente, enquanto forçávamos o povo a mudar hábitos de vida a fim de podermos sobreviver. O ar tornava-se irrespirável, e as noites mal dormidas, devido ao calor, ao cansaço, à sujeira geral, aspectos que não contribuíam para o clima de nosso grupo.

Suspendemos os trabalhos de corte, polimento e esculturas com pedras; suspendemos nossas reuniões no Javali, permanecendo apenas os encontros à noite, de acordo com nossos usos e costumes. Nessas ocasiões, com o grupo reunido, além do estudo referente à profissão, trocávamos ideias sobre as condições de vida e a precariedade dos meios que dispúnhamos para enfrentar o que, em verdade, estava acima de nossas possibilidades de controle.

Diante desse quadro desolado, marcado pela angústia, chegou a pior notícia que poderíamos receber: Um mensageiro vindo do Sul, do Languedóc, relatara um massacre na aldeia onde Gérard deveria estar trabalhando e seu provável falecimento, vítima da violência insana, gratuita, de uma guerra fratricida, estimulada por Inocêncio III, para combater os *hereges* cátaros. Logo Gérard, um puro por natureza, um pacifista, irmão de seus irmãos. Ficamos chocados, arrasados, sem ter o que fazer.

Contaram a respeito de certa permissão não autorizada pelo Senhor De Raymond de as tropas leais ao papado não atravessarem seus domínios, porque não queria ver seus súditos mortos, mas a pressão foi tão forte que ele teve de ceder. Naquela época, o assassinato do legado de Inocêncio foi fundamental para que a pressão aumentasse e para que De Raymond voltasse atrás de sua decisão, não apenas concedendo o direito de passagem, mas participando ativamente das lutas contra os *hereges*. O que se viu foi a sucessiva tomada de cidadelas cátaras e o massacre de todos os seus habitantes, indistintamente. O banho de sangue foi total, sempre seguido de saques e grandes incêndios. Esta situação, segundo o narrador, tem se repetido em todo o Sul, e o resultado é sempre o mesmo: Morticínio em nome de Deus, sem chance de explicação, sem identificação de culpa, sem apelação ou qualquer misericórdia que lembre os valores do cristianismo.

Nada mais cruel, mais vil do que estimular esses lutadores do Norte do país a combaterem seus irmãos do Sul, em nome do mesmo Deus. Estou mais que certo de que existem interesses outros que não os doutrinários e de fé, alegados pelas autoridades católicas nesse processo. E digo isso, porque ainda tenho bem presente minha própria experiência, quando ganhei minha liberdade, lutando com o exército de De Montagne. O que me movia mesmo não eram as indulgências, mas sim o saque dos cadáveres. Nessa época, não tinha eu qualquer estudo, ou conhecimento do mundo espiritual. Não que isso justifique qualquer erro por mim cometido, mas hoje sei que mais se pode exigir daquele que mais tem e que, portanto, eu não mais faria esse tipo de vandalismo.

– Há certeza da morte de Gérard? – perguntei.

– Não. O relator destas notícias *não viu* Gérard ou o seu corpo; mas é muito provável que os fatos contados sejam reais, pois mais de um relator os contou de forma semelhante. E o local onde Gérard se encontrava é esse mesmo, sendo *altamente provável* que tenhamos perdido um precioso irmão. O que nos resta fazer é uma cerimônia, que somente nós conhecemos, de despedida desse irmão, em data apropriada, que será marcada pelos nossos superiores. E também, mandar rezar missas em sua intenção, se o bispo assim o permitir.

– Padres! Cada vez sinto menos confiança nessa gente que quer dominar o mundo, não para levar a fé, mas para ter o domínio material e o poder sobre os reis e os senhores, para que lhes paguem tributos e sustentem seus luxos. Não sei como podem reverenciar o Cristo, que foi pobre, que mostrou sempre despojamento; não sei como pregam a pobreza, enquanto suas instituições vivem abarrotadas de ouro, do ouro roubado do povo para quem pregam! Não se pode deixar essa gente fora de nossos assuntos?

– Thierry, não vos desespereis com o que vedes ou sabeis. Já experimentastes da Taça Sagrada e sabeis que não deveis permitir que a amargura de sua bebida vos faça esquecer as delícias de sua doçura! Tentai tirar de todos esses episódios uma lição de vida, algo positivo, que vos sirva. Mesmo da morte de um querido irmão tentai ver uma lição e, com humildade e tolerância, procurai vos instruir sobre os fatos aparentemente ruins e negativos. Vede, caro Aprendiz, mesmo na traição, na volúpia e na ganância de parte desse clero corrupto há lições preciosas, como o ouro, que é garimpado na escória! Ide para vosso quarto, aquietai vossa mente e buscai em vosso coração as respostas de que necessitais!

CAPÍTULO VIII

Com o fim do verão, a própria natureza parece preparar-se para o longo sono hibernal. Os dias ficam mais curtos, a paisagem amarelecida, os campos perdem seu verde já escuro, predominando as cores do marrom e do cinza. Os mares de frutas do outono trazem abundância de fragrâncias e de sabores exóticos. Eu gosto do outono. Talvez porque signifique o fim de uma estação plena de problemas, ou talvez porque a poesia da natureza que se despede, recorde algum eco longínquo que minha memória não mais pode registrar. O certo é que a beleza das cores pastéis inunda minha alma e aflora o sentido de um ser que amadurece e se torna disponível para a Grande Obra. Este ano não tem sido diferente. As manhãs frias trazem fina neblina que a brisa se encarrega de espalhar e deixar que o azul do céu iluminado pelo astro-rei apareça perto do meio-dia. Dias e noites magníficas deixam o nosso ânimo melhor, mais ativo, mais equilibrado.

Soubemos da criação, em Paris, de uma sociedade de eclesiásticos seculares que se dedica ao estudo e ao ensino gratuito. Obra do capelão do Rei, o padre Robert de Sorbon, apenas para deixar presente em nossas mentes que nem tudo que vinha dos padres era mau, interesseiro. Existem bispos que nos perseguem, é bem verdade, mas há outros tantos com os quais trabalhamos em total liberdade e com quem até trocamos segredos de construção. Há mesmo aqueles que contestam os atos do Papa, como o Bispo de Reims o fizera, em épocas passadas, provando a falsificação de documentos pela hierarquia da Igreja, para embasar seus sórdidos argumentos de dominação e de opressão. A verdade é que a realidade de nossos tempos é definida pelos poderosos eclesiásticos da Igreja e eles nos incutem que são os únicos mediadores entre Deus e os homens e que nós precisamos deles nessa função. Há muita sordidez sob as batinas, mas aprendi com Iorg que também nossa Confraria não estava isenta dos maus irmãos. Confesso que nunca havia pensado nisso, dessa forma, mas Iorg argumentava que os *homens são falíveis, ainda que nossa instituição não o seja,* e relatou-me casos de expulsão de irmãos que tiveram comportamento considerado inadequado frente aos nossos usos e costumes e à moral que ensinamos.

– Em nossa Ordem – dizia ele, buscamos a *perfeição*, logo, reconhecemos que não somos perfeitos! O caminho que se abre a nós, para a busca da perfeição é o caminho do autoconhecimento, dos exercícios espirituais e do incessante vigiar de nossas ações. Não temos outra opção senão nos conhecer profundamente e sermos verdadeiros conosco!

– Preparai-vos! Já estais em condições de receber um aumento de salário! Teremos de cumprir certas formalidades e, no próximo equinócio será vossa vez de serdes recebidos Companheiros! Vosso Mestre de Loja está muito feliz em poder vos conduzir a esse grau em que os Augustos Mistérios da Mãe Natureza abrir-se-ão diante de vossos olhos!

Essa boa notícia foi trazida pelo Lucien que exultava de alegria, em nossa última reunião a campo. Juntamente, disse-nos que receberíamos última instrução no grau de Aprendiz e que logo após a cerimônia que ele denominou de *rito de passagem*, retomaríamos as reuniões no Javali.

A instrução que nos faltava foi dada por Richard e Moss e se tratava de uma discussão complexa sobre os quatro primeiros números e seu significado secreto, criando uma série de associações de analogia e síntese com fatos da vida espiritual, dos terciários e quaternários, como ele se relatou. Richard referiu-se a essa instrução tal qual uma antevisão de todo o aprendizado que deveria ser seguido.

– Vereis, amados irmãos, que essas primeiras grandezas com as quais estão sendo familiarizados no encerramento das instruções desse Grau, além de seu valor intrínseco, representam verdades misteriosas e profundas que legamos das antigas tradições.

– Deveis estudar essas propriedades dos números nas obras de Pitágoras, na ciência oculta da Cabala Sagrada, em Vitruvius e em outros autores. Todos os povos da Antiguidade fizeram uso emblemático dos números, o que se evidencia nas dimensões, orientação e forma das pirâmides que encerram verdades universais que muito poucos sabem desvendar. Essas verdades foram transferidas, através de nossa irmandade, à construção das catedrais, dos mosteiros e dos edifícios civis de maior importância. Todos os povos da Antiguidade tiveram um sistema numérico ligado intimamente à religião e ao culto, pois sabeis que a *matéria* é inseparável do *espírito*, do qual exprime a imagem e revelação, para glória do Senhor.

– Entretanto, há números que parecem predominar na estrutura do mundo, no *tempo* e no *espaço* e que parecem formar a base fundamental de todos os fenômenos da natureza. Esses números foram tidos sempre como sagrados, pelos povos antigos, pois representam a expressão da ordem e da inteligência das coisas, como exprimindo mesmo a própria divindade. Se, com efeito, aceitarmos que as coisas materiais são apenas o invólucro que cobre o invisível, o imaterial, como a flor que conduz seu perfume, se considerarmos a matéria apenas como efeito e símbolo dessa imaterialidade, com mais forte razão os números, de concepção puramente abstrata, deverão ser considerados sagrados, pois que representam as Leis Divinas que vos serão dadas a conhecer dentro dos Mistérios Menores, em cujo entendimento já tivestes vossa iniciação.

– Sabeis que a tradição dos antigos colégios que guardaram à posteridade o segredo desses Mistérios dividia o ensino em duas etapas: o *trivium*, que acabastes de cursar, aprendendo a lógica, a gramática e a retórica, e o *quatrivium*, que começareis agora e devereis estudar a aritmética, a geometria, a astronomia e a música.

– Começareis pela aritmética que é a arte de contar, a ciência sagrada dos números. Sua utilidade é por demais conhecida dos povos cultos, e de sua aplicação depende o cálculo das grandezas e a expressão numérica das medidas, muito necessárias em nossa profissão de construtores. A geometria, por sua vez, nos dá a conhecer a extensão, suas propriedades e dimensões. Os povos antigos a desenvolveram para, de maneira prática, definir os locais onde construíam suas propriedades e, mesmo que houvesse cheias de rios ou quaisquer outras destruições de marcas no solo, através dessa ciência sagrada pode-se reconstituir a forma e a extensão das áreas. A astronomia estuda os astros e sua movimentação e nos ajuda a bem localizar os edifícios importantes como as catedrais. Por fim, a arte mágica e sublime da música é um precioso dom que conduz nossos espíritos ao mais elevado degrau da emoção, harmonizando-nos com o mundo e com aqueles com quem temos contato. Além desses ensinamentos básicos, desenvolverás perfeito conhecimento dos materiais de construção, sua aplicabilidade, maneira de emprego e as composições que se podem ou não fazer. Conhecereis, também, novos instrumentos de trabalho e, principalmente, novas maneiras de aplicar os instrumentos que já vos foram confiados, à luz dos conhecimentos que auferireis.

Devereis vos inteirar da história e das ordens arquitetônicas da Antiguidade e sua aplicação nas construções dos edifícios sacros e leigos.

– Tereis, também, de viajar pelo mundo. Tereis de conhecer grandes obras de nossas confrarias e pessoas interessantes que são mestres de seus conhecimentos; tereis de manter vossos olhos, corações e mentes abertos para que nada vos escape dessas lições preciosas que a vida vos reserva entre nós. É dessa forma que exigiremos que polis as pedras cúbicas em que vindes trabalhando aplicadamente até agora!

– Podeis, por favor, ser mais claros em vossas colocações? O que pretendeis dizer com *polir as pedras cúbicas*? Acaso seremos reconduzidos às pedreiras?

– Procurai entender. Como Aprendizes, tivestes de discernir entre o vício e a virtude, entre o erro e a verdade, antes de poder progredir do Ocidente ao Oriente, das trevas à Luz. Na condição de Companheiros de trabalho e de estudos devereis estar aptos a responder à pergunta: *Quem somos*? Essa resposta será vossa chave para mais esse degrau dos mistérios que vos esperam. O mundo que está à vossa frente não é mais o concreto, o domínio da realidade objetiva, mas o mundo dos Princípios e das Causas, atravessando regiões de dúvidas e de obscuridade, em busca daquelas iluminadas pelos conhecimentos que adquirireis em vossas pesquisas e indagações.

– Pois, eu vinha precisamente conjeturando sobre esses aspectos, entendendo que existe uma mensagem velada por trás de cada palavra que colocais. Cada nome, cada ato parece ter um significado diferente daquele que à primeira vista parece ter. Por exemplo, *desbastar a pedra bruta* eu pensei inicialmente que fosse apenas cortá-la da pedreira e dar-lhe a forma cúbica ou aquela forma que me fosse solicitada por meu mestre, mas até esse simples ato começa a ter conotação diferente, assim também quase tudo o que falais passa a ter sentido secreto que somente a nossa convivência permite que se revele!

– Estais realmente prontos para receberdes vosso aumento de salário! A compreensão do simbolismo hermético de nossos instrumentos e de nossas operações é a condição que necessitamos para vos dar a continuidade de vossos estudos e o progresso que certamente fareis na ascensão dos degraus da Escada de Jacob. Teremos, daqui até o final do ano, várias oportunidades para vos esclarecer, para aumentar vosso conhecimento na Arte Real e, aplicados como sois, tenho a certeza de que em breve teremos entre nós valiosos buscadores, caminhantes dessa senda infindável que a nossa profissão e a nossa Corporação nos facultam. Mas lembrai-vos sempre: cada conhecimento que incorporais aumenta vossa responsabilidade para convosco mesmos e para com a humanidade de que estais a serviço. Não vos deixeis iludir pelo brilho dos metais preciosos, pelo luxo das roupas ou pela pompa das cortes! O essencial está tão visível como a brisa que ondula os trigais maduros e o perfume inebriante que o vento Sul traz!

– Ide para vossos alojamentos e refleti sobre a instrução que recebestes. Vede o que mais podeis inferir do que vos foi dito.

Não pude dormir. Uma centena ou um milhar de ideias germinavam em minha cabeça. Decidi sair do quarto e buscar um lugar quieto e reservado para poder pensar: A capela. Acomodei-me em um dos bancos e, na escuridão apenas quebrada pela luminosidade da chama votiva iniciei minhas preces, procurando acalmar meus pensamentos. Embalado pelo perfume típico da noite, ouvia o resfolegar do ar que entrava por minhas narinas e do ar que saía ritmado pelo palpitar de meu coração. Percebia que a quantidade de ar que entrava era a mesma que saía. Percebia que, entre um fluxo e o outro, havia pequeno lapso, como se nada acontecesse naquele momento. À medida que fixava minha atenção em minha respiração, via à minha frente linda imagem de uma estrela, como se fosse um pequeno sol de cor amarela, semelhante a ouro velho, que refulgia faiscando incessantemente. Não me assustei. A sensação de calma era maior que tudo. Eu apenas olhava, fixamente, aquela luminosidade que se tornava cada vez maior e mais nítida. Em certo momento que não soube precisar, de forma instantânea, a estrela dividiu-se em duas de igual tamanho, brilho e forma. Idênticas, ambas eram uma só e eram duas! Vi, nesse exato momento, que ambas *sopravam* uma terceira estrela também idêntica e entendi imediatamente o significado dessa imagem e a sua correlação com os três primeiros números. As três estrelas formavam um triângulo perfeito, com os três lados iguais e, sobre a primeira, no topo e ao fundo, pairava a imagem de uma coroa real. O triângulo todo era de luz, talvez produzida pelas estrelas ou talvez fosse dele mesmo; não era uma luz ofuscante como das estrelas, mas era de uma limpidez nunca vista e de claridade impressionante. Ainda no mesmo instante, percebi que uma quarta estrela se formava e toda a figura transformava-se, projetando um braço maior para o solo, fincando-se firmemente no chão, e a figura magnífica de um crucifixo surgia, ainda com o triângulo desenhado sobre os três primeiros braços e a coroa real ao fundo e acima. Nesse instante, vi um menino ou um rapaz e algo me fez pensar na figura de Jesus crucificado e isso desviou minha atenção por um segundo. Percebi que se formava uma quinta estrela, mas o desvio da atenção impediu que a imagem se concretizasse. Toda a figura se desfez com a mesma rapidez com que se tinha formado. Olhei em volta e notei que o sol já havia nascido e que todo esse quadro que parecia ter durado apenas um segundo, na verdade, havia consumido todo o resto da noite. Levantei-me extasiado, com sensação de alegria e serenidade. Dirigi-me para o meu quarto apenas para lavar o rosto e retornar para o refeitório onde, dentro de mais meia hora, meus irmãos se reuniriam para a primeira refeição do dia. Decidi não dizer uma só palavra sobre o acontecido, nem para Lucien. Não que não merecesse minha confiança, mas apenas que eu gostaria de refletir mais sobre o fato, antes de o discutir com quem quer que fosse. Não me julgo santo, nem mesmo privilegiado ao ponto de ter aparições tão fantásticas como aquelas. Temia ser mal interpretado, pois não sei o que os outros diriam a respeito!

Capítulo IX

Com o decorrer dos dias, chegou a data do ritual de nossa passagem ao grau de Companheiro em nossa Corporação. Dessa vez, fomos conduzidos sem vendas ao Templo, sob o castelo do Senhor De Montagne e, em cerimonial muito bonito, onde ratificamos nosso juramento, recebemos a palavra sagrada e com ela nos foi entregue a letra B, que agora fazia par com outra letra pendurada nas colunas à entrada. Recebemos, também, uma palavra-senha que nos dava direito a entrar nos recintos secretos, sós ou acompanhados, de forma que podíamos nos identificar à porta, assim como outros sinais do Grau. Recebemos novos instrumentos de trabalho, uma espada e uma espécie de lema que seria como um *norte* na profissão de construtores.

Tínhamos a Loja composta, e um irmão que eu somente conhecia de vista, pois pertencia a outro grupo de trabalho, pronunciou um discurso belíssimo que tento reproduzir.

O Companheirismo representa a reunião, por agrupamentos profissionais, dos operários especializados nas construções religiosas e monumentos importantes que constituem os marcos da Humanidade. Passando pelas pirâmides, pelo Templo de Salomão em Jerusalém e pelas nossas catedrais, ele inscreve sua marca indestrutível em todos os edifícios e obras importantes do mundo.

Herdeiros das medidas descobertas pelos homens dos megalitos, os Companheiros conservam e utilizam tais conhecimentos particulares ligados, como sabemos, às estrelas ao Sol e à Terra. Esse equilíbrio, essa relação secreta entre o Céu e a Terra, em harmonia com a Natureza, possibilitaram a construção de monumentos de grande beleza e de resistência incomparável.

Foram os sacerdotes boreanos, mais tarde chamados druidas, detentores dos segredos das civilizações perdidas do Ártico, que propagaram entre nós esse conhecimento e essa civilização nova que se tornou a base da magnífica cultura ocidental, mas foi principalmente o Egito que canalizou e guardou piedosamente esses segredos, tornando-se assim o grande e digno herdeiro dessa antiga tradição nórdica, da qual os antigos imigrantes haviam recolhido o sacerdócio das civilizações desaparecidas. É a Esfinge, com seu quaternário enigma – *Querer, Ousar, Saber e Calar* – que representa a verdadeira pré-história do antigo Egito Ocidental.

Com os druidas, eles traziam o grande conhecimento da Luz Criadora, das leis e das medidas que regem e determinam as da Natureza. Estas últimas foram confiadas aos Companheiros e eles lhes permaneceram fiéis e as transmitiram sigilosamente, de lábio a ouvido a seus sucessores, durante milênios, sem desvendar seus segredos. Esse fato constitui a diferença entre seu trabalho e o dos demais artesãos. Os métodos e os meios não são semelhantes, mas os resultados se constatam na solidez dos trabalhos e na beleza das obras-primas que a Humanidade herdou. Elas são equilibradas harmonicamente com as forças que nos dirigem, e isso explica tudo.

Suas medidas e, particularmente, o côvado sagrado teria sido utilizado com outras medidas na construção da Grande Pirâmide e no Templo do Rei Salomão. Esse côvado encontra-se também nos megalitos da planície de Carnac e confirma a origem ocidental dos Companheiros que se serviram das medidas estabelecidas pelo importante conjunto Crozon-Carnac-Avebury-Stonehenge.

Com a chegada do cristianismo, os Companheiros desapareceram com o druidismo, mas só aparentemente, isso em razão dos sobressaltos sofridos por esse país em todo o primeiro milênio. É preciso entender que um pouco antes do nascimento de Jesus em Belém, a Gália sofrera uma invasão romana. Os druidas organizaram a resistência que, embora heroica, não conseguiu resistir à sólida potência das legiões, obrigando a muitos dos nossos a se refugiarem na Escócia e na Irlanda. Mas Roma iria, por sua vez, ser batida pelo Cristianismo, que se desenvolvia cada vez mais, vindo da Grécia e da Arcádia. Trazia nova mensagem, elevando-se contra a escravidão e propagando a Lei do Amor, o amor ao próximo, como forma de amar a Deus. O Império Romano terminou por cair, definitivamente, sob os choques repetidos das invasões germânicas que destruíram, em grande parte, a civilização galo-romana.

Foi o Cristianismo a reerguer as ruínas e salvar os valores espirituais, base de nosso mundo civilizado. Os mosteiros tornaram-se, nessa época, os grandes centros intelectuais do nosso mundo e foi com base nessa organização que a vida do país foi reconstruída e reorganizada. O Colégio dos druídas, que havia subsistido secretamente, forneceu muitos elementos à direção da nova religião, auxiliando na derrocada do politeísmo romano. Docemente, a Ordem se restabeleceu e os monges Irlandeses e Escoceses, antigos druídas convertidos ao Cristianismo, vieram pregar a nova religião nesse país. São Columbano, particularmente, instalou o grupo de abadias de São Vandrilo, na Normandia e construiu importante abadia em Luxeuil. A Ordem Beneditina havia recolhido numerosos druídas. A metafísica e o conhecimento religioso do druidismo apresentavam grande afinidade com o Cristianismo, não havendo choques entre as duas religiões que, pouco a pouco, se interligaram.

O primeiro estabelecimento beneditino foi instalado em Saint-Benoît-sur-Loire, bem perto do centro de reunião dos druidas que lá se encontravam todos os anos para decidir sobre as diretrizes a serem tomadas na direção do país. A Ordem Beneditina possuía, entre suas armas, um carvalho truncado, árvore sobre a qual se recolhia o agárico. O carvalho era a árvore sagrada dos druidas e isso confirma a introdução dos conhecimentos druídicos nessa Ordem. São Bento, chefe da Ordem, era representado segurando, em uma das mãos, um vaso quebrado do qual sai uma serpente. O vaso, bem como o carvalho truncado trazem a prova da ruptura da tradição. A serpente, a *guivre* dos druidas, era o grande símbolo da Luz Criadora, unindo o Céu e a Terra.

Carlos Magno, nosso grande Rei, manteve a ordem e apoiou o Cristianismo, auxiliando o desenvolvimento das igrejas que, em sua época, eram construídas em madeira. Após o desmembramento de seu império, vêm novamente as invasões estrangeiras e, graças ao sistema de fortalecimento dos Senhores das terras, dos nobres, a sociedade se renova e se estabelece exatamente sobre as bases da antiga sociedade céltica.

Por volta do Século X, talvez em razão de muitas superstições, houve um surto de construção de igrejas, mas dessa vez usando-se as pedras como material de construção, dentro de um estilo que lembra o romano, esboço de uma sociedade nova que conservaria em parte a recordação e os segredos do espírito céltico. A Ordem dos Construtores adotou a arte romana, formando suas escolas adaptadas às condições geográficas de sua região. Podem ser citadas as três mais importantes que se situam em Bourgogne, no Poitou e em Auverne.

As abadias agrupavam em sua volta oficinas de trabalhadores em pedras, carpinteiros, marceneiros, forjadores. Inicialmente, sob a orientação dos monges, criavam-se verdadeiras escolas de arquitetura, restabelecendo o velho Companheirismo que se julgava desaparecido, após séculos de silêncio. Os segredos haviam sido conservados no mistério dos conventos beneditinos, herdeiros dos conhecimentos dos druidas. Os Companheiros se organizaram. A regra chamou-se "O DEVER".

O primeiro grupo dos *Filhos de Salomão* ficou conhecido como Os Companheiros Estrangeiros do Dever de Liberdade e trouxe para esse país os conhecimentos de Hiram, construtor do Templo de Salomão, ele próprio, iniciado nos segredos do conhecimento egípcio e druídico. O segundo, ao qual nossa Loja está vinculada, é o de *Mestre Jacques* ou do *Santo Dever de Deus*, também chamado Os Companheiros Passantes. Sua iniciação, como sabeis, é principalmente reservada aos trabalhadores de pedras, aos carpinteiros, marceneiros e serralheiros. O terceiro grupo é chamado *Os Filhos do Pai Soubise* ou Os Bons Soldados. Sua origem é muito antiga. Esses três grupos são representados pelas estátuas dos três personagens que os designam e guardam uma forte correlação com as três ordens arquitetônicas da Antiguidade.

É necessário observarmos também um quarto Dever, de origem muçulmana e que se manifesta no levantamento dos pórticos poliobados das igrejas romanas. Elas aparecem principalmente nos caminhos que conduzem a Santiago de Campostela, onde fica evidente que a construção se faz sobre uma base mística e secreta. A dedicatória é sempre uma frase reservada, sagrada, um pensamento religioso escolhido pelo chefe da Ordem. Por exemplo: "Deus é Grande." Para realizar essa dedicatória, utiliza-se a Cabala Sagrada, a ciência misteriosa dos números, correspondendo um valor a cada uma das letras e usando-se o alfabeto sagrado.

Apenas o Mestre de Loja conhece os traçados reguladores, e sua assinatura é representada por um sinal secreto, um símbolo, uma rosa, a grande flor mística, como ocorre em Bourbon-l'Archambault. Os Companheiros são apenas os executores. Essa solução de realização é o meio de exprimir secretamente os Augustos Mistérios da Mãe Natureza e compreende o uso das medidas sagradas. Ainda aqui os Companheiros foram os executores notáveis e fiéis das grandes obras monásticas que cobrem o solo de nosso país com a inestimável riqueza das catedrais e basílicas.

Sabemos que São Bernardo restabeleceu o culto da Virgem, venerando-a e instalando-a na iconografia religiosa. Com isso, ele dá prosseguimento ao culto da Mãe que eternamente foi matriz e criadora, protetora e nutriz. Com isso, ele se aproxima também do druidismo que sempre reconheceu a igualdade da mulher na sociedade. O mundo celta fizera dela uma deusa, a mãe dos deuses e homens que distribuía a todos a sua proteção divina. Chartres, a catedral do mundo celta, possui em sua cripta a Virgo Paritura dos druidas, a Virgem que deveria conceber, bem antes do aparecimento do Cristianismo. Isso tudo deu origem a notáveis obras-primas, das quais os Companheiros se orgulham da autoria e as distribuem por todo o território pátrio, em outros países onde somos ativos e no além-mar.

Eis porque lhes convém tão bem o nome de Companheiros do Dever. Eles souberam cumprir com coragem e dignidade esses deveres que atualmente os honram tanto. Guardam a fé no ensinamento tradicional, transmitido no segredo de suas reuniões; acreditaram nesses ensinamentos e *crer já é criar*. Foram no passado e continuam sendo no presente, criadores e inovadores. Nada se faz no mundo de belo e de grande sem a sua participação. Seu amor pela obra, que chega à obra-prima e seu entusiasmo natural pela perfeição faz com que esta Corporação seja admirada e respeitada. Esse devotamento à Lei do Amor, que enobrece seus corações, conduziu-os naturalmente a se tornarem os Cavaleiros do Trabalho e da Fraternidade.

Durante toda essa exposição, percebemos que o Companheirismo desempenhou papel de grande importância na elaboração da civilização ocidental. Fomos e continuamos a ser os detentores e conservadores de grande parte dos conhecimentos antigos que se tem mantido sempre secretos. Sabemos que esta página é apenas a primeira de uma série de aprofundamentos que serão exigidos de nós.

Após a conclusão da cerimônia que nos elevou a esse grau, houve, como de praxe, nosso banquete ritualístico que sempre fazia parte de nossos usos e costumes. Lucien disse-nos que, a partir desse momento, muita coisa mudaria em nossas vidas, alertando-nos para os perigos e ameaças que se abrem ao conhecimento dos mistérios. Não posso imaginar o que seria tão terrível que merecesse essa observação de um irmão comedido e discreto como Lucien. Já aprendi, entretanto, a não menosprezar suas advertências que, em sua totalidade, são justas e perfeitas.

Pessoalmente, eu gostaria de ver algumas dessas obras-primas que o irmão citou em seu discurso e até mesmo participar desde o início da construção, mesmo que fosse de alguma igreja paroquial, dessas que têm sido edificadas por todo esse país. Os monumentos de beleza de que temos notícias são de muito valor para a humanidade. Amiens, por exemplo, segundo nos foi dado a saber, é uma obra magnífica, recém-iniciada, e qualquer Companheiro teria muita honra em participar dos trabalhos das oficinas instaladas, aceitar o desafio de mostrar sua habilidade aos irmãos ali presentes e, sobretudo, trabalhar para a Glória do Senhor, para a luz, brilho e esplendor de Sua magnificência. Eu sonho com uma volta à minha região, à minha terra, não que esta não seja boa, mas há algo dentro da gente que faz lembrar as planícies vastas, a brisa suave, o clima temperado onde não há nem neve nem calor em excesso. Lembro-me das curvas do rio Somme e de suas águas langorosas que se arrastam refletindo o sol e as nuvens do céu azul e sereno. E das pescarias que meu pai fazia nesses lugares paradisíacos, e eu o acompanhava! A delícia desses dias de criança, inconsequente e faceira, compensavam a dura vida de camponeses presos à terra, às obrigações para com o Senhor que detinha a propriedade e o direito sobre tudo e todos do lugar.

Com essas lembranças fomos caminhando até nossos alojamentos. Na praça, uma festa estava terminando, com alguns embriagados ainda agarrados aos vinhos e à algazarra característica de fim de noite. Percebi que uma jovem, de não mais que vinte anos, forcejava para arrastar para sua casa um homem mais velho, embriagado, mas dócil, enquanto seus amigos o seguravam pela manga das vestes. Era um tipo pequenino, mas parecia uma menininha, com cabelos castanhos e olhos claros, grandes. Parecia ter muita energia, dessas pessoas que são determinadas em tudo o que fazem. Todos riam muito, menos a jovem, que se empenhava seriamente em "convencer" o homem a caminhar. Aproximei-me, com intenção de amparar o cavalheiro.

– Permita-me ajudá-la!

– Meta-se com a sua vida!

Era um bichinho selvagem. Meus irmãos riram de mim, caçoando de minha iniciativa frustrada. Ao mesmo tempo, a moça escorregava no chão irregular e liso da praça e não conseguia mover o homem. Ela estava determinada, mesmo contra todos e contra tudo. Insisti em ajudá-la, ela continuou a desprezar meu esforço. Por fim, Clovis, bem mais corpulento que eu, conseguiu segurar o homem e, nas costas dele, sob o riso dos demais, fomos conduzindo nosso fardo.

– Para onde a senhora quer que o levemos?

– Para aquela casa! Desculpe-nos o vexame! Sinto-me envergonhada dessa situação!

– É seu marido?

– Não, é meu pai. Ele não costuma se embriagar sempre... Quer dizer, não tanto assim. Eu me sinto muito mal quando ele me faz passar por essas situações vexatórias com estranhos.

– Nós não somos propriamente estranhos, somente que nos últimos anos estivemos sem contato com a aldeia e por isso não nos conhecemos.

– Os senhores são militares? Ou quem sabe enviados reais?

– Nada disso! Estamos estudando artes, para nos tornarmos construtores.

– Ah! Que bom! Não gosto dos militares! São intrometidos e arrogantes! Meu pai é camponês, planta uvas e faz vinhos nas terras que De Montagne nos cedeu, contra o pagamento em espécie.

– Produtor de vinho, é? Dá para entender!

– Metido! Meu pai não é um bêbado! Às vezes, exagera um pouco... Mas não é um bêbado! Ou o senhor nunca bebeu?

– Calma! Não há mal algum em um pileque de vez em quando!

– Eu me sinto muito envergonhada! Por ele, é claro! Parece que não sabe mais a hora de parar! Se minha mãe fosse viva, talvez ele a respeitasse!

Chegamos a casa. A moça abriu a porta, e Clovis depositou o fardo cuidadosamente sobre um catre, logo à entrada.

– Qual é seu nome?

– Helène. Helène D'Avirs. Meu pai é Pierre. E o seu?

– Eu sou Thierry, e este é Clovis. Estamos às suas ordens. Sempre que precisar, pode nos procurar, através de Lucien.

– Agora não precisa mais ser através de Lucien, disse Clovis. A senhorita pode nos encontrar diretamente nos alojamentos junto ao Mosteiro, sempre que precisar, pois já temos permissão para sairmos à vontade.

Pierre já roncava a sono solto. Despedimo-nos de Helène, e eu saí com uma sensação de coisa já vista ou de ter conhecido essas pessoas anteriormente. Ao mesmo tempo, forte batimento cardíaco, falta de ar e gosto estranho na boca. Nem Clovis nem eu trocamos palavras enquanto caminhávamos para casa.

Deitado, a luz daqueles olhos grandes e inquietos e o som daquela voz de seda não me abandonavam. Custei muito a dormir.

Capítulo X

... E é através do esquecimento de si que melhor se exprime a função do Construtor. Recriador das formas celestes sobre a Terra, ele não inventa nada, mas se coloca humildemente em uma cadeia multimilenária de transmissão do conhecimento.

– Thierry! Não entendestes uma só palavra do que se disse até aqui!

– Ahn?

– Pego em flagrante! Estais aqui?

– Sim, sim, falava-se da inspiração ao estilo ogival...

As risadas foram totais e arrasadoras, bem ao estilo das tabernas. Todos já haviam percebido que havia algo, mas somente Clovis estava realmente entendendo o que se passava e, com um olhar matreiro, fuzilou Iorg, que se esforçava em mais uma bela instrução.

– Vamos continuar. Colocado tal qual um intermediário entre Deus e o mundo, o Companheiro Construtor exprime na Terra o plano divino e assim sacraliza a Natureza. Torna-se, por seu despojamento, um instrumento de Deus e, somente por uma grande transmutação o Homem pode atingir a pureza interior suficiente para que, fazendo desaparecer a opacidade produzida por seus instintos materiais, a luz divina consiga passar sem obstáculos por si, concretizando-se em sua obra. O Construtor sabe que é um instrumento espiritual e que a amplitude de seu gesto ultrapassa sua personalidade e exprime sua individualidade, seu verdadeiro ser. Sua prece está na sua prática e na transmutação da matéria, polindo a pedra bruta. É a qualidade interior do obreiro que confere, ao objeto que produz, sua característica sagrada.

– Thierry, vos devo advertir que punimos severamente os indisciplinados, os desatentos, os que não estão em condições de seguir nossos ensinamentos.

– Irmão Iorg, não é este o caso. Apenas estou um pouco cansado, mas vos posso garantir que isso não vai acontecer mais. Eu vos peço desculpas por minha involuntária falta de atenção, se a tive.

– Meus irmãos! Vamos interromper esta parte de nossos estudos aqui – disse Lucien. – Thierry, podeis vir comigo? – E fomos caminhando lado a lado pelo pátio interno do Mosteiro.

– O que está havendo? Faz dias que estais desatentos, como se estivésseis em outras terras. O que está acontecendo? Acaso estais cansado dos cursos, das práticas ou da nossa companhia?

– Não, nada disso! Eu mesmo não sei o que acontece comigo. A verdade é que minha mente não se desvia de uma linda moça que conhecemos outra noite, quando voltávamos do nosso ritual de passagem. Ela me pareceu familiar, ou talvez muito amiga. Engasgo toda vez que penso nela e não consigo me dominar, sempre pensando em seus olhos, seu rosto e seu jeito determinado, mas ao mesmo tempo suave. Seu perfume inebriante não sai de minhas narinas e o balançar de seu corpo tortura minha imaginação a cada momento que passa! Acho que estou enlouquecendo!

– Ah! Está explicado! Estais apaixonado! A flecha do cupido apanhou-vos! Quem é a felizarda digna de vossos anseios e responsável pelo vosso mau aproveitamento em nossa Confraria?

– Chama-se Helène D'Anvirs e tem um pai alcoólatra, Pierre.

– Sorte vossa! De ambos! Helène é a quinta filha do velho Pierre, um camponês produtor de vinhos. Seu avô foi um cavaleiro, proprietário das terras onde o velho Pierre planta hoje, com seu terceiro filho, Jean Pierre. Quando o avô tomou a cruz, as entregou para a Igreja. Acompanhou a Quarta Cruzada, integrando nossas tropas e morreu no Além-Mar. De Montagne tentou recuperar as terras, conseguindo somente uma parte que entregou para o velho.

– Ele, então, voltou a ser o proprietário da gleba?

– Não, ele as usa como se fossem dele, mas não tem mais o título de propriedade. De Montagne conhece o problema do velho que, como observastes, não sabe se controlar com o vinho. Mas é uma excelente pessoa, tirando essa fraqueza.

– Tem mais filhos, ele? Tem mulher?

– Pierre é viúvo. A peste levou sua mulher e uma filha, mais velha que Helène. O primogênito é militar, como o avô e está presentemente em campanha na Palestina. Claire, a segunda filha, entraria para o convento na ocasião que a mãe morreu. Ficou cuidando do pai. Jean Pierre casou-se e mora na casa da propriedade rural, que pertence a De Montagne. Já tem filhos, que o ajudam na produção. Helène tem hoje cerca de dezenove anos. Está, como vós, em idade de se casar! Mas, eu vos aconselho a completardes vossos estudos e, antes de assumirdes um compromisso maior, deveis fazer vossas peregrinações, vossas viagens pelo país.

– Mas, eu nem sei se ela lembra de mim!

– É ainda mais grave! Vossa inexperiência nesses assuntos não vos deixa pensar com lógica. Mas não vos precipiteis, Thierry, vereis que todas as coisas se acomodam no devido tempo, com a Graça de Deus! Helène há de se lembrar de vós e muito mais do que isso, deverá estar ansiosa por vos encontrar novamente. Procurai-a, discretamente!

– Não sei bem como, mas acharei um jeito. Depois vos contarei nossa conversa!

Encontrei Helène no dia seguinte, justamente na praça. Ela estava linda, com os cabelos castanhos presos, aquele mesmo ar determinado. Quando me viu, meio que se assustou, talvez porque não me esperasse ali. Minha respiração suspendeu e fiquei visivelmente embaraçado somente em vê-la. Estava acompanhada de outra moça, mais ou menos de sua idade, um pouco mais alta e aloirada. Cumprimentei-a de longe. Ela retribuiu com discreto sorriso. Ela desperta em mim sentimentos com os quais eu não estou familiarizado, mas que são bons. Gostaria de ser mais desinibido e de conversar com ela. Talvez em um próximo encontro eu possa lhe dizer o que penso. Mas, tudo o que eu penso, esqueço quando a vejo, como nesse momento e nem posso falar isso para o Lucien porque certamente irá rir de mim. Não tenho mesmo experiência com *moças,* que são visivelmente diferentes de *mulheres.*

– Olá, Thierry! Como vão seus estudos?

A iniciativa foi dela. Corei, perdi o jeito, não sabia o que dizer ou o que fazer com o chapéu, com as mãos, para onde eu deveria olhar.

– Olá! Vão bem! Como está a senhorita? E seu pai, melhorou?

Dei-me conta da gafe. Afinal, não se pergunta se o porre passou dias após o fato. Fiquei mais embaraçado, e ela deve ter percebido. Misericordiosamente, não se referiu ao assunto, limitando-se a responder formalmente a primeira parte. Como se houvesse um silêncio gritante, ela veio em meu socorro.

– Posso lhe apresentar minha amiga Berenice?

Após as apresentações formais, que serviram para dar ar mais ameno ao encontro, fomos caminhando, os três em direção a um canto da praça onde havia um tronco de árvore, deitado, onde as moças sentaram-se. Eu brincava com a ponta da botina, esfregando-a contra umas asperezas do chão.

– Onde vocês estavam, quer dizer, todo esse tempo...

– Oh! Estávamos em casa...

– Não, eu quis dizer... todo esse tempo, que não nos conhecemos antes? Quer dizer, antes dos últimos sete anos?

– Por que sete anos?

– Bom, foi o tempo que eu levei para sair da reclusão no curso que estou fazendo...

– Há sete anos Helène e eu estávamos bem aqui, na aldeia! Ela tinha então onze anos e eu, doze! Parece que faz tanto tempo!

– É! Com onze anos eu nem notava sua presença! Quer dizer, a presença de vocês... quer dizer...

– Não precisa ficar encabulado – disse Berenice, um homem de estudo e bem-apessoado como o senhor não precisa dar atenção a duas meninas camponesas como nós!

– Discordo, vocês são dignas de toda a minha atenção e cortesia, pois são senhoritas e embelezam meus olhos e alegram meu coração!

– Como o senhor é gentil conosco! Principalmente conhecendo-me nas condições que o senhor me conheceu, ajudando-me a resolver um pequeno problema doméstico, pelo que nem agradeci ainda...

– Nem precisa agradecer! Até faço questão de poder auxiliar sempre que necessitar. A senhorita pode ter certeza de que em mim sempre terá um amigo à disposição.

– E com o seu amigo grandão, será que também posso contar?

– A senhorita gostou dele?

– Sim, claro, também ele foi muito gentil naquela noite!

– Clovis é seu nome. Ele é um cavalheiro com as damas.

– ... E com seus pais também!

À medida que o diálogo evoluía, sentia uma alfinetada de ciúme do meu irmão e amigo Clovis! Eu apenas vira Helène, não havia qualquer contato mais profundo e, entretanto, o sentimento que ela me despertava era de insegurança, em relação a ela mesma, de ciúme em relação a quem lhe pudesse interessar ou de vontade de tê-la em meus braços, se assim eu ousasse. Fico pensando, como pode ser um sentimento tão grande e que eu não conhecia, que apenas a visão de uma pessoa e ali está ele, como um dragão, a lançar suas chamas por onde quer que alcancem. Um coração que bate como se fosse sair pela boca apenas pela visão de sua doce imagem; falta de ar, sufoco só em vê-la. De onde vem esse sentimento?

– O senhor parece que está ausente...

– Anh? Desculpem-me! Eu só estava pensando...

– Pensando o quê?

– Nada! Nada em especial!

– Ah! O senhor tem segredinhos!

Helène colocara um ar matreiro e aquele seu jeito determinado nesse diálogo e isso me fez corar, como se eu estivesse escondendo algo ou como se eu fosse culpado de alguma coisa.

– Não é isso, eu só estava observando a beleza do... dia, da natureza em nossa volta, desse maravilhoso perfume que esta abençoada região nos brinda!

– Ah! E é chegado a mentirinhas!

Não gostei. Senti-me invadido, descoberto, pego em flagrante. Será que ela sabe ler pensamentos?

– Menina, seja polida com o moço! Queira desculpar a insolência da minha filha, senhor. Por mais educação que a gente queira dar a essas meninas, sempre a presença da mãe é insuperável. Eu nunca vi como essas meninas de hoje são atrevidas!

Pierre, com sua cabeleira branca e olhos esbugalhados, havia chegado por trás de mim sem que eu tivesse percebido. Helène ficou meio constrangida, mas disfarçou bem e assimilou a reprimenda do pai, que prosseguiu:

– Venha, meu jovem, eu lhe ofereço um gole de *armanhac* de minha reserva particular!

De certa forma, a iniciativa, que aceitei sem titubear, serviu para quebrar um pouco esse ar constrangedor que a nossa conversa estava tomando. Eu estava ficando sem saída, e o convite do velho foi providencial. A conversa com ele girou em torno do trivial de nossa aldeia, do tempo e da safra que estava sendo colhida.

De volta ao Javali, à noite, comecei a contar ao Lucien esse meu encontro. Ele não deu muita importância e foi logo desviando o assunto para coisas que lhe interessavam. Até que chegou Jean, com uma pergunta que estava no fundo da minha cabeça, mas que, talvez pelos acontecimentos que eu tentara relatar, eu não a expressara até então. Jean indagava como que De Montagne, sendo um nobre e militar, estava envolvido nessas coisas de construção, com a nossa Confraria.

Foi Lucien mesmo que respondera:

– Percebeis que Édouard de Daubertin, VI Conde De Montagne, foi aceito na Corporação dos Construtores não por suas posses ou títulos, mas por seu interesse pela Arte Real. De Montagne foi um dos mais importantes mestres construtores do Palácio dos Peregrinos, em Jerusalém e, por sua formação inicial, especializou-se em construções de natureza militar. Sua posição frente aos Pares do Reino e a dedicação de sua família e sua mesma, em favor da consolidação da monarquia e do Reino, deram-lhe condição ímpar frente ao Rei e a Corte. O clero o respeita, e os monges o têm na mais alta estima, tendo sido muitas vezes aceito pelas duas partes para mediar suas contendas, em lugar dos chefes religiosos. É um iniciado, um homem justo e perfeito em suas decisões, amado pelo seu povo e respeitado por todos. Para nós, construtores, é um mestre exemplar, simples e harmonioso.

– E seu nome, qual é a origem? – perguntou Jean.

– A origem é normanda. Sua família adaptou-se logo nesta região, desde os tempos primitivos das invasões e aqui se estabeleceu. Podeis observar que em seu escudo há figuras e características que nos dão muito a pensar, como a águia em prata, que traz em suas garras um ramo de loureiro e outro de oliveira, a cruz de Lorena em seu peito, os três globos que representam a Santíssima Trindade e o campo blau, significando a justiça e a beleza. O formato do escudo, entretanto, é normando e o nome distintivo recorda a região de sua origem, montanhosa. A linha de sangue escocesa também está presente, como se pode notar, assim também a profissão de fé no Cristianismo católico e romano. Isso tudo encimado pela coroa de nove pérolas que indica seu título nobiliárquico e lhe confere autenticidade de senhor de propriedades e distinção de um lugar entre os Pares do Reino.

– Sem dúvida, existem outros militares na Ordem, igualmente construtores. Será por causa desses senhores que praticamos um rito iniciático, além de termos de estudar todas as matérias que nos são propostas?

– Não é bem assim. O rito que praticamos é muito antigo, e a nossa tradição conta que foi trazido pelas inúmeras migrações que os escoceses tiveram de fazer para nosso país em séculos anteriores, em busca de asilo político. Esse rito deve ter sido caldeado com os conhecimentos secretos dos monges que, antes mesmo do grande rei Clovis I, já estavam cristianizando a região. Esses conhecimentos, como sabeis, foram se integrando com os conhecimentos druídicos e tudo isso há mais de um milênio. Sabe Deus como chegaram até nós! Conta a tradição que um senhor, muito rico e poderoso, iniciado em diferentes campos da ciência oculta, mestre na alquimia e no cálculo, viajava por todo o mundo para orientar as iniciações na Arte Real, por seus próprios meios, dispensando qualquer tipo de transporte. Não se tem a não ser testemunhos verbais, passados de geração em geração, de todas esses feitos! Mas, acredito que tais informações sejam suficientes para vós. Guardai-as no fundo de vossos corações e não as reveleis, senão quando autorizados, a bons e fiéis irmãos! Mudemos de assunto!

Capítulo XI

O Templo não é somente uma imagem realista do mundo, mas bem mais, uma imagem estrutural, quer dizer, que reproduz a estrutura íntima e matemática do Universo.

Assim Iorg começava sua preleção sobre as catedrais, contando que esse tipo de igreja nasceu com o desenvolvimento das comunas, sendo a igreja onde o bispo tinha sua *cátedra*, em uma *arte nova*, em contraposição ao mundo antigo, à antiga teologia então centrada nos mosteiros e nas ordens regulares. As ordens seculares colocam o clero em contato com o mundo e fazem da arte a expressão de um Deus presente nas cidades e nas cortes, continuava ele. A catedral, portanto, centro da comunidade, é considerada uma recriação do mundo com todas suas leis de criação, estabelecendo assim uma relação trivalente entre o Homem, o Templo e o Mundo. Verdadeiro ponto espiritual, a catedral age como intermediária entre Deus e o homem que participa na concretização de Sua obra.

Todos ouviam calados; Jean estava visivelmente contrariado, mas eu não entendia por quê. Iorg é brilhante em suas alocuções e consegue transmitir com simplicidade e objetividade o que é a *arte nova*, o estilo ogival e em que difere do estilo anterior. Perguntei como é concebida a catedral, quais seus fundamentos sagrados. Iorg retomou a palavra para dizer que a catedral reproduz os três níveis de que se compõe o Universo, isto é, o Céu, a Terra e o Mundo Subterrâneo. Segundo a tradição, completa ele, o Homem é também um universo em miniatura, composto de três níveis: O Espírito, a Alma e o Corpo. O Mundo, o Templo e o Homem foram criados segundo o mesmo modelo; a ligação entre o Homem e seu Criador é realizada pela Catedral.

Iorg assume um ar de professor, estimulando a discussão com seus alunos, bem ao contrário dos magistrados que faziam suas preleções sem ao menos se certificar se havia alguém ouvindo. Discutia abertamente cada um dos níveis citados, mostrando como cada um deles cabia no plano da catedral. Mandava ler os clássicos, principalmente Platão e Aristóteles e seguia rigorosamente seu método, estimulando a racionalidade e a cultura.

Clovis pergunta como tem início a construção de uma catedral e Iorg responde:

– É a escolha do lugar que é determinante para que o edifício cumpra sua função. Que seja em uma colina, em uma ilha, em um rio, ou simplesmente um local sagrado das velhas tradições, o espaço escolhido deve ter as qualificações necessárias para a coabitação das três regiões do Universo. Nesse local, faz-se um ritual propiciatório e secreto, à meia-noite, em noite de plenilúnio, pedindo-se permissão às entidades da Terra por feri-la e mostrando-lhes que esta é uma razão de ordem superior, divina.

– Não me parece muito *católica* essa prática – diz Jean. O bispo contratante da obra a autoriza? Ou estais tratando com as Trevas um assunto que dizeis ser sagrado e de Deus?!

Richard saltou em defesa do amigo.

– Esta prática, Companheiro, é muito antiga e a realizamos secretamente. Vós estais sob juramento, portanto, não vos compete saber, neste momento, a opinião dos bispos ou dos abades sobre nossas práticas. Guardai para vós as vossas inquietações!

– Como o Espírito governa a Matéria, prosseguiu Iorg sem dar muita atenção à polêmica que se iniciava, o *Mestre da Obra* faz erguer um eixo vertical no sítio escolhido, estabelecendo o contato com as potências ordenadoras do Céu. Este eixo é o que organiza o espaço horizontal, como o ato litúrgico da encarnação de uma Alma. Sua projeção no solo determina que o Mestre da Obra trace ali um círculo, e a interseção de sua projeção com o círculo ao nascer e ao pôr do sol determina o eixo Leste-Oeste, ou *Decumanus*; a sombra do eixo vertical ao meio-dia determina o *Cardo* e a direção Norte. Assim, traçamos o *Quadrado do Céu*; tomando essas diagonais como apótemas de nova figura, fazemos a *quadratura do círculo*, traçando o *Quadrado da Terra*. Os vértices desse quadrado serão os pontos de sustentação da estrutura, e os diáconos estarão prontos para ali marcar os ângulos retos, lançando as *pedras angulares*. Todo esse estudo está vinculado à data de sua implantação, que definirá a dedicação do templo a ser erguido. Enquanto o Quadrado do Céu dá a orientação fixa, ou seja, a dedicação da obra, o Quadrado da Terra significa a encarnação do princípio celeste. O casamento desses dois quadrados produz um octógono que vós ireis encontrar na forma dos antigos batistérios ou de certos castelos de origem religiosa.

– O eixo vertical permanece no centro da obra até o seu final – perguntei.

– Não, o Mestre da Obra deverá derrubá-lo e, mais adiante, fará construir a Flecha da igreja, que o substituirá. Quando da construção da Flecha, novo ato propiciatório terá lugar, desta vez ao meio-dia e não mais secreto, aberto a toda a comunidade, com enorme festa. É como entregamos o edifício às hostes celestes.

– E por onde devemos começar a construção, após a demarcação e o lançamento dos ângulos?

– Certamente pela parede leste, pois do Oriente vem a Luz! A pedra fundamental se assentará no ângulo nordeste, lembram-se?

– Ah! Entendi! A planta baixa da catedral é uma projeção horizontal do Universo. Em razão da orientação solar, cada ponto cardinal indica uma posição do ciclo das estações ao longo do ano e das horas, no decorrer do dia! Caminhar dentro da catedral é o mesmo que imitar o percurso do sol durante o ano, das trevas à Luz! O Outono, ou o crepúsculo está no Oeste; o Inverno, ou a noite está no Norte; a Primavera, ou o amanhecer está no Leste e, enfim, o Verão, o meio-dia, está no Sul!

– Perfeito! Assim, podeis observar que, dependendo do mês do ano ou da hora do dia, uma ou outra porta nesta ou naquela fachada será aberta ou se encontrará fechada! E também, observai como vos deslocareis dentro do Templo, de maneira profana, ou como iniciados! Observai que o local menos claro da catedral é o Norte, lugar das trevas, do frio, do mundo invisível, o mundo subterrâneo; O Leste, o Oriente, é associado à Vida, onde o Sol se eleva, à primavera. É nesta posição que colocamos o altar; o zênite solar, o apogeu da criação está associado ao Sul, ao verão, quando a natureza está madura e harmonizada; a queda do Sol em seu poente, o ponto de contato entre o dia e a noite, entre a vida e a morte, entre o visível e o invisível é o Oeste, o outono do mundo, onde localizamos o átrio. A entrada na fachada oeste permite simbolizar a passagem do mundo profano ao sagrado, do material ao espiritual! É por isso que esculpis com todo o amor e harmonia, as cenas de conteúdo religioso do percurso iniciático que o Homem deverá efetuar dentro da catedral, para que aquele que dali se aproxime seja informado, se tiver olhos para ver e conhecimento para assimilar as mensagens que lhes deixamos.

– É um conhecimento riquíssimo esse! Bendigo os antigos construtores que o souberam passar, de lábio a ouvido, até nós!

– Isso aumenta vossa responsabilidade, Thierry, de transmiti-lo da mesma forma às gerações futuras, sem os alterar ou deturpar. Toda doutrina espiritual se opõe a manipulações, a imposições e, portanto, os neófitos que se propõem a percorrê-la deverão estar bem-informados do percurso que realizarão antes de entrar na Via.

– Vós que estais nesse Caminho, atentai para o fato de que o templo representa o Universo também os corpos do Homem, como se este estivesse deitado, tendo o altar em sua cabeça, os braços em súplica, no transsepto e a fachada oeste os pés. Essa tradição não é específica dos templos cristãos, mas vem da Líbia e da Índia e das culturas religiosas mais antigas do mundo. A entrada na catedral significa a entrada em seu próprio corpo, ou seja, uma introspeção, o antigo adágio do *Conhece-te a ti mesmo e conhecerás o Universo e teu Deus.*

– Como esse conhecimento chegou até nós?

– Certamente, já o sabeis: Como nós o fazemos chegar a vós; como aqueles que nos precederam na Arte Real o fizeram chegar a nós; como vós o fareis chegar àqueles que vos sucederem: Limpo e Puro! Sabeis que a Infinita Sabedoria provê, por seus meios, aquilo que suas colunas necessitam para sustentar o Templo Maior! Já ouvistes falar no Conde de Saint Germain?

– O Universo, retomou Iorg, resplende de beleza divina, seguindo rigorosamente uma matemática, uma combinação sublime de números que regula seus movimentos, pois está nas Escrituras que Deus tudo criou com números, pesos e medidas. Na imagem dos três níveis do Universo, três ciências divinas ordenam o mundo: O Cálculo qualifica o Espírito, a Geometria, a Alma e a Arquitetura, o Corpo. A catedral, imagem reduzida do mundo, existe pela síntese de suas três ordens, criando um casamento harmonioso da Ideia, da Forma e da Substância. Cada número representa um princípio ordenador, uma Ideia. O próprio corpo humano está estruturado de acordo com os números e dele se infere a Proporção Áurea de que nos fala Pitágoras em suas obras.

Iorg prosseguiu sua explanação acerca das proporções contidas no triângulo, no quadrado e no círculo e suas correlações com o mundo sagrado; a escolha dos materiais e sua domesticação para que a Mensagem seja gravada, para impor a ideia-forma. Daqui, conversamos sobre a música, suprema expressão da matemática e a sua aplicação nas construções, mas como disse Iorg, este é um tema que será abordado mais adiante.

Nos dias seguintes, a paz da aldeia foi quebrada com uma novidade estrondosa: Chegara um prisioneiro do Sul, fortemente escoltado por homens de De Montagne, que foi imediatamente conduzido para o castelo. Diziam que se tratava de um prisioneiro de Monteségur, uma fortificação rebelde ou herética ou as duas coisas, do Sul do país, onde se travava uma guerra de natureza religiosa contra os cátaros. Eu tinha tido conhecimento desse grupo, por informação do falecido irmão Gérard, mas não lembro bem do que se tratava, apenas lembrava que me havia despertado certa simpatia, o que não combinava com um *prisioneiro*. Não cheguei a ver o aparato, mas foi dito que a carruagem, fechada e fortemente defendida, fora conduzida para o castelo, em hora discreta.

Nessa mesma noite, esse foi o assunto no Javali. Não havia mais informações, mas eu propus a questão de o que vem a ser o *cátaro*, o que Richard se prontificou a responder.

– É preciso voltar muito na história, até os primórdios do Cristianismo. Havia diversas tendências, segundo as variadas interpretações da *mensagem* deixada aos apóstolos. Dessas tendências, aquela que tinha mais afinidade com as antigas tradições, ainda que não lhe fosse totalmente fiel, é a mensagem cátara. Sua origem é muito remota e talvez tenha iniciado com Mani, que começa a propagar seus ensinamentos e, como Jesus, ficou famoso pelas curas espirituais e pelos exorcismos. Seus seguidores o proclamavam "o novo Jesus" e até mesmo lhe atribuíram um nascimento a partir de uma virgem – um pré-requisito para deidades da época. Também foi salvador, apóstolo, iluminador, senhor, levantador dos mortos, piloto e navegador. Sabemos ser essa uma designação de *Iniciados*, que conhecem o desígnio humano de *Na-Vega-Antes*, relacionada com nossa procedência divina, de Vega, a estrela mais venerada pelos celtas que a cada 24.000 anos troca com a estrela Polar a primazia de ser a luz do Norte do mundo.

– Mani considerava Jesus, Buddha e Zaratustra seus predecessores e afirmava segredos que Jesus havia revelado de forma obscura e oblíqua, através das parábolas. Seus ensinamentos consistiam em um dualismo gnóstico, com imponente e elaborada cosmologia. Perpassando tudo, havia a eterna luta da luz contra a treva, e o mais importante nesse campo de batalha era a alma humana. Mani, como os cátaros afirmam, defendia a reencarnação e defendia uma classe de iniciados, *um eleito iluminado*. Referia-se a Jesus como *o filho da viúva*; declarava Jesus mortal, ou divino no sentido metafórico, devido à iluminação. Como Basilides, sustentava que Jesus não morrera na cruz, mas fora substituído por alguém. O próprio *Al Corão* afirma: *Eles não o mataram, nem o crucificaram, mas eles pensaram tê-lo feito*.

– O termo *cátaro, puro,* apareceu mais tarde; são muitas vezes denunciados como *maniqueístas,* indicando sua presumida origem. Referindo-se aos cátaros da Renânia, o beneditino Eckbert, reitor da Catedral de Colônia, informa que eles celebravam uma festa em honra a Mani; o bispo de Chalon, Roger, escrevia ao bispo de Liège para lhe indicar que os cátaros de sua diocese pretendiam receber, pela imposição das mãos, o Espírito Santo, que não era outro senão o próprio Mani.

– Encontram-se cada vez mais cátaros mais ao Norte da Europa: Soissons, Liège, Reims e até nas margens do Rhône, em Cologne e em Bona, onde numerosos hereges são vitimados pelas chamas. A Lombardia, atravessada frequentemente por viajantes búlgaros, foi um dos países mais atingidos e Milão foi, durante muito tempo, considerada o centro bastante ativo da heresia. O Papa Inocêncio III, agindo com particular brutalidade tenta, com grande esforço, conter a corrente. Mas é no Sul occitano, nos territórios languedocianos e provençais do conde de Toulouse que o catarismo registra os maiores sucessos. Do fim do século XII ao princípio desse século, o neomaniqueísmo desenvolve-se como um rastilho e conquista o direito de cidadania nas terras visigóticas, de Garona ao Mediterrâneo e com tal força que sua doutrina parecerá, em breve, triunfar sobre o catolicismo. A região de Garona é uma velha terra druídica. Os druidas, os sábios sacerdotes celtas, tinham uma filosofia bastante elevada. Acreditavam nomeadamente na migração das almas e na reencarnação. É neste velho princípio que veio enxertar-se a heresia arianista no século VII, à qual se converteram os reis visigodos. Assim, os condes de Toulouse, oriundos da nobreza germânica, eram os descendentes diretos dessas famílias, não sendo motivo de admiração o fato de o catarismo ter encontrado no Languedóc um lugar privilegiado para se desenvolver.

– No Sul languedociano, o catarismo é o ponto de convergência de duas forças: a primeira faz proceder ao catarismo o maniqueísmo, religião que apresenta o dualismo das forças deste universo: Luz e treva, bem e mal, espírito e matéria. O maniqueísmo, por sua vez, deriva largamente do culto esseniano, de onde se originou Jesus. Aqui, desfiamos mais um nó no novelo do mistério do Graal: a ligação de José de Arimateia – um essênio – como o portador do Cálice Sagrado que o leva à Inglaterra céltica, crava seu cajado no local de fundação da abadia de Glastonbury para, 500 anos depois, ter o Rei Arthur, o Urso celta (arth), cujos feitos serão relatados vivamente somente através dos trovadores que hoje conhecemos.

– Consideram-se os essênios responsáveis pelo laço e o ponto de reencontro entre os platônicos ou pitagóricos, de um lado e o budismo do outro, o que nos leva à segunda força de atração do catarismo. Os essênios, tal qual os budistas, professavam o dualismo do mundo. Tinham três ordens de aderentes, com três graus de iniciação; praticavam os banhos sagrados, como os brâmanes e os budistas; condenavam os sacrifícios sangrentos; abstinham-se de carne e vinho e praticavam uma moral exemplar.

Nesse ponto da dissertação, houve um forte tumulto na rua, em frente ao Javali. Eram alguns homens de De Montagne que, armados e certamente já bêbados, promoviam uma baderna entre si, trocando palavras de baixo calão e ameaças de luta armada. Lucien achou melhor interrompermos nossos trabalhos e saímos, discretamente, pela porta dos fundos...

Capítulo XII

Meu contato com Helène ficou mais tranquilo, desde o último encontro, que se encerrou com um convite do Pierre para ir à sua casa. De certa forma, isso me franqueou o ingresso, mas não franqueou a aproximação com a jovem, da forma como eu desejaria. Aos poucos, nós fomos nos tornando amigos, e eu já conseguia esconder meu embaraço diante dela. Helène significava para mim muito mais que eu a ela e disso eu tinha certeza. Ainda que eu me sentisse muito bem em sua presença, intimamente ouvia meu coração disparar, mas ao mesmo tempo controlava essa emoção desviando atenção para outra coisa.

Conheci sua irmã mais velha, Claire, muito simpática, amável e matronal. Lembra minha mãe, com seus cuidados especiais e suas ranzinzices de camponesa migrada para uma aldeia. Posso vê-la queixando-se da falta de produtos, de alimentos, na aldeia e comparando as condições atuais com aquelas da área rural, como fazia minha mãe, infernizando a vida de meu pai. Nós, os filhos, sem saber o porquê daquela ranzinzice, não dávamos a menor atenção. Queríamos mais é estar com nossos amigos pelas ruas, ou fazer traquinagens à primeira vítima que aparecesse.

Muitas vezes Pierre contava fatos de sua meninice, comparando com o momento atual. Eu, pessoalmente, traçava paralelos com os meus dias de traquinas e cada um achava que seus dias eram melhores. É claro que a geração atual leva muita vantagem, porque o mundo se modificou, porque as oportunidades são maiores, ou porque ser criança hoje é bem mais fácil do que a alguns anos!

Enquanto falávamos descontraidamente sobre esses assuntos, Helène pousou, de forma casual, sua mão sobre a minha. Fiquei literalmente paralisado, rubro, sem saber o que fazer! Uma onda sufocante subiu pelo meu pescoço até o rosto, deixando a boca seca. Parecia que Pierre não tirava os olhos de mim. Parecia que eu estava sendo pilhado em algum pecado ou em alguma falta injustificável. Para Helène, era como se nada estivesse acontecendo. Seu rosto estava imutável, sua voz inalterada. Pierre me olhava como se estivesse tudo normal. Eu não sabia se tirava a mão ou se deixava. Olhei para Helène e seus olhos matreiros estavam se divertindo comigo. Decidi entrar no jogo dela e tomei sua mão, entrelaçando meus dedos com os seus, delicados e miúdos, comprimindo-os docemente, brincando com sua mãozinha. Ficamos assim até que ela mesma se cansou e, arranjando um pretexto de buscar alguma coisa, levantou-se. Estava mesmo na hora de eu ir embora. Assim, aproveitei o momento para também me retirar, despedindo-me de todos e, por último de Helène, que me acompanhou até a porta. Não lhe disse nada, apesar de querer dizer-lhe tudo. Eu estava calmo, mais senhor de mim mesmo. Marcamos, informalmente, para nos vermos no dia seguinte, no final da manhã. Pareceu-me que Helène resplandecia ao luar, que estava ligeiramente ofegante ou que quisesse dizer algo.

No dia seguinte, não descansei enquanto não fiz um longo e pormenorizado relato dessa minha experiência ao Lucien. Ele não deu muita importância, limitando-se a me dizer que estava tudo bem, que assim é a vida, que a Mãe Natureza é muito sábia e outros enigmas dessa ordem. Eu, porém, tomara uma decisão: Iria falar à Helène tudo o que me ia à cabeça, tudo bem pensado e estruturado, de acordo com toda a lógica que havia aprendido. Como é que eu vou *perder* para essa *frangota*, pensava comigo mesmo. Afinal, se ela é um pouco petulante, eu sou mais experiente.

Um fato importante tinha acontecido: Fora convocado para uma reunião, para a noite de plenilúnio, no Castelo. Não foram todos convocados: Soube que seria um grupo menor e que haveria uma grande revelação a ser feita, um segredo que exigiria mais cuidado que os demais, que teria condições especiais para seu conhecimento, pois envolvia a segurança de todos, especialmente de nosso mestre e mentor. Uma verdade poderosa e terrível, que poderia mudar o rumo da história. Lucien não costumava exagerar em suas observações, de modo que fiquei mais do que curioso, apreensivo e bastante preocupado.

Enquanto o momento não chegava, trabalhávamos nos projetos em andamento. Iorg detinha-se no aprimoramento das nervuras de sustentação das abóbadas e do embelezamento das volutas que encimam os capitéis das colunas de apoio.

– Os gregos, dizia Iorg, reconheciam três ordens arquitetônicas: Dórica, Jônica e Coríntia. Mais tarde foram incluídas as ordens Toscana e Composta, derivadas das anteriores. As ordens de arquitetura estão caracterizadas, principalmente pela forma, dimensões e adornos das colunas. O diâmetro, levando em consideração o módulo, determina a altura que, por sua vez, condiciona o fuste. Os adornos dos capitéis indicam a ordem arquitetônica. A Dórica, a mais simples, simboliza a força do corpo humano, o homem; a Coríntia representa a beleza, a mulher. O Companheiro precisa conhecer esses segredos e desenvolver sua habilidade na escolha dos elementos de decoração para cada parte do Templo. Entretanto, esse conhecimento não deve torná-lo orgulhoso, nem se crer superior a seus irmãos, mas sim deverá lhe aportar tolerância e benevolência para com os demais.

– Assim, dentro da arte da arquitetura, à proporção que o artífice vai polindo sua pedra, também vai fazendo novos progressos consigo. Enquanto constrói templos materiais em honra à divindade, igualmente edifica seu templo imaterial, em honra às virtudes, ao crescimento moral, ao aperfeiçoamento do Homem, retirando a jaça, limpando a imundice acumulada em seu coração e liberando o esplendor da chama crística que identifica os humanos como irmãos. É por isso que chamamos a arquitetura de *Arte Real*.

– Podeis agora nos revelar de quando datam esses conhecimentos?!

– Se soubesse por certo vos revelaria. Esses conhecimentos perdem-se na noite dos tempos. Remontam talvez a cinco mil anos antes do nascimento do Salvador, quando as construções da Antiguidade foram erguidas. Assim o foram os Templos do longínquo Oriente, as pirâmides do Egito, os jardins da Babilônia e o nosso modelo de perfeição, o Templo erguido pelo Rei Salomão em honra a Jeová, em Jerusalém, a cidade sagrada, santuário de todos os cristãos.

– Como podemos ter certeza de que esses conhecimentos foram transmitidos íntegros, de tanto tempo?

– Somente o tereis por vossa fé. Somente tereis certeza daquilo que vos transmitimos quando, em vossas peregrinações pelo país e por outras regiões, vossa fé for reforçada por tudo o que observardes e por tudo que vossos próprios olhos vos indicarem. Sem dúvida, tereis ajuda de muitos irmãos que vos acompanharão em todo o vosso trajeto. Depois disso, trabalhareis em um de nossos canteiros de obras, fora dessa região. Podereis, se assim for de vossa vontade, guiados pelo desejo de servir, com a determinação de vossos superiores, realizar uma peregrinação aos lugares santos, como muitos têm realizado, não apenas a Jerusalém, mas a Santiago de Compostela ou a outro sítio de vosso interesse. Nossa Ordem vos receberá sempre, pois em qualquer lugar que estiverdes estareis sempre a serviço.

– Isso demanda tempo e algum recurso. Como poderemos obter recursos para essas jornadas?

– Eu vos digo que sempre estareis a serviço e que, portanto, não tereis razão para vos preocupardes com esses detalhes. Vossas necessidades serão supridas.

– Há perigos nessas viagens? Assaltos, latrocínios, tanto se fala sobre essas dificuldades.

– As tréguas de Deus vos facilitam as imunidades. Podeis sempre vos deslocar durante esses períodos que vos será mais seguro. Depois, tereis sempre um salvo-conduto para vossos deslocamentos e cartas de apresentação para os Senhores que nos são amigáveis em todos os reinos, assim também documentos que provam vossa condição de construtores em viagem. Essa prática antigamente era precedida por contatos formais. Hoje, os contatos já estão feitos, e de certa forma se espera movimentação, sobretudo quando há grandes catedrais ou obras importantes em curso.

Este diálogo, assim franco e fraternal, teve lugar entre os Companheiros de nossa Oficina, no mesmo Javali, como que preparatório para os períodos de instrução que se seguiriam. Nessa noite eu estava muito excitado, não apenas pelas importantes notícias trazidas por Lucien, mas pela decisão que tomara. Custei a dormir, preparando um discurso, uma apresentação para a minha eleita, que encontraria no dia seguinte.

Quando cheguei ao lugar combinado, Helène estava lá, mais linda do que nunca, fresca como a manhã ensolarada e brilhante que se desenhava, brincando com uma flor que despetalava à brisa fria e perfumada que tudo envolvia. Cumprimentei-a com um *Olá*, que a pegou de surpresa, pois não havia notado a minha chegada.

– Como passou o senhor de ontem para hoje?

Quase não respondi, mas pensei rapidamente e resolvi enfrentar meu problema de uma vez:

– Helène, por favor, vamos deixar essas senhorias de lado e nos tratar como amigos?

– Como amigos? É assim que o desejas? Eu tinha uma expectativa maior... deixe-me ajudar-te. Eu gostei de ti desde a primeira vez que te vi, quando me ajudaste com Papai, naquela noite de péssima memória.

– É, na verdade eu sinto o mesmo pela senhorita... quer dizer, por ti, mas sempre achei que o teu interesse fosse pelo Clovis...

– Pelo teu amigo grandão?! Não seja bobo! Não viste que a Berenice se encantou naquele homenzarrão?! Tu não entendes essas coisas do coração!

– É, começa a fazer sentido! Mas, não sei se o Clovis percebeu o que me estás dizendo! Posso confidenciar-lhe isso, quando o encontrar mais tarde?

– Claro! Vocês homens precisam levar um empurrãozinho para que se deem conta do que se passa à volta! Não sei com que se ocupam o dia inteiro que os deixa tão... abstratos! Os militares só se ocupam de armas e de combates; os nobres, de política; os artesãos, de sua arte e vocês, certamente, devem viver falando das pedras e das construções e sem se ater à beleza do mundo que nos envolve!

– Não é bem verdade! Estás sendo injusta comigo! Nós trabalhamos com força e com beleza, e certamente já o sabes!

– Sim, eu apenas quero estimular-te para que saibas que eu também gosto de falar sobre a sabedoria dos antigos, dos poemas dos trovadores, das canções de amor e das lendas que envolvem os nossos heróis. Vou contar-te um segredo: O padre Hughes ensinou-nos, Berenice e eu, a ler e a escrever!

– Que surpresa! E teu pai, o que diz disso?

– No princípio ele foi contra, e Claire dizia que havia coisas mais importantes para uma mulher fazer do que ficar de barriga encostada numa mesa, com essas coisas escritas. Para ela, é mais importante cuidar da casa, do marido e dos filhos do que se abrir para o mundo do conhecimento, e veja o que lhe aconteceu: Não tem marido nem filhos, nem entrou para o convento como queria, mas ficou cuidando de Papai!

– Ora, apesar de tudo, foi uma escolha dela, não te parece? E depois, ele consentiu? É muito difícil que tenha acedido assim, sem maiores problemas. Do pouco que eu o conheço...

– Bem pouco o conheces! Meu pai tem uma cabeça à frente de seu tempo! Não te deixes enganar pelo seu aspecto bonachão ou por seu interesse pelo vinho. Papai não tem lustro, não sabe ler nem escrever, mas tem muito bom-senso e sempre viveu em companhia de homens cultos, para os quais fornecia seu vinho e os produtos de sua plantação.

– Não quis ofender ninguém! Sei bem o valor de teu pai e sei também que toda essa situação que hoje ele vive não é culpa sua, mas talvez de uma fatalidade ou da má sorte que, às vezes, nos persegue.

– Que nada! Meu avô, que com essa história de cruzadas, botou tudo fora entregando as propriedades para os padres. Em outros tempos, as terras não tinham valor, ninguém dava nada pelas florestas e por matos que hoje são muito valorizados. As propriedades de nossa família podiam sustentar toda esta comunidade, produtivas que eram e muito bem-cuidadas. Papai conseguiu recuperar uma parte delas, com o auxílio de De Montagne. Isto lhe valeu certa inimizade e má vontade, entre os clérigos. Mas, De Montagne é muito rico e muito poderoso, tem grande apoio por parte do Rei, o que faz com que nosso bispo o bajule sempre e esqueça o passado. Eu até te diria, não há nada mais curto do que a memória dos padres... quando assim os interessa!

– E hoje, quem é que toma conta das propriedades remanescentes?

– Meu irmão está lá, com sua família e mantém a produção de vinho e de cereais. Continua fornecendo para o Castelo e para a aldeia. Minha cunhada faz pães e embutidos, além de laticínios e algumas especiarias, o que nos dá sustento. E assim é a nossa vida, sem luxos e com muito trabalho!

– E qual é o teu trabalho neste quadro todo?

– Como o meu trabalho?! Eu ajudo minha irmã com a casa! Eu ajudo o padre Hughes, que eu respeito muito, com a igreja da comunidade. E o que mais pode uma mulher fazer, hoje?

– É, tu tens razão! Não há muito mais a fazer nestes dias!

E nossa conversa foi continuando dessa forma, até o momento em que Helène pediu licença e retirou-se. Acompanhei-a até a porta de sua casa, muito feliz porque não me senti mais inferiorizado por sua agilidade mental, também porque ouvi dela o que realmente desejava saber: Que ela estava interessada em mim, não no Clovis, e que eu tinha chance de conquistá-la se me empenhasse. E eu seguramente o faria!

Capítulo XIII

– Thierry, nós temos uma missão muito delicada para vós.

Isto me foi dito antes de iniciarmos os trabalhos em nossa oficina e em tom bastante grave, diria até solene. Lucien e dois outros trabalhadores de pedra estavam em volta de uma tosca mesa de madeira, nos aposentos de meu amigo, que mandara me chamar. Minha primeira sensação foi de um calor na boca do estômago que, racionalmente, fiz desaparecer com um suspiro profundo, mas não apaguei a certeza de que havia um problema no ar.

– Sabeis que nosso irmão Moss tem um temperamento muito forte, um homem que não leva desaforos para casa, como dizem por aí e que nós temos muito trabalho em fazê-lo vencer suas paixões, mas muitas vezes, nos é difícil até mesmo um diálogo. Vós tendes demonstrado muita habilidade no trato com as pessoas, e chegou a hora de usardes essa habilidade em favor da Ordem e da disciplina que deve reinar entre nós.

– Moss entrou em forte desentendimento com outro irmão de nossa Oficina – falou um dos desconhecidos –, e dessa estupidez chegaram facilmente às ofensas pessoais e a promessa de lavá-las ao Campo das Justas.

– A Ordem não vê com bons olhos as Justas, os duelos e, no caso de irmãos, inclusive os proíbe porque vosso primeiro juramento, como lembrais, foi o da fraternidade. Mas, se não estiverdes harmonizado com vossos irmãos, afastai-vos, até que possais perdoá-lo ou que o motivo de vossa desarmonia se tenha desvanecido. Aliás, a própria Igreja proibiu as justas e os duelos, muito embora os cavaleiros e os nobres continuem insistindo nessa prática. O fato é que não queremos ver sangue correndo entre nossos irmãos.

– Vossa missão será de dissuadi-lo, de impedir que um crime seja perpetuado em nome da justiça ou em qualquer outro nome. Sabeis que esta missão é muito importante para nós, para nossas Oficinas, para a Ordem e para vós. Sabeis, também, que é indispensável manterdes o máximo sigilo acerca de tudo o que aqui se passou. Ide agora, meu irmão! Que Deus vos ilumine!

Saí meio confuso dessa reunião e confesso, sem saber por onde começar. Moss nunca foi muito dado aos diálogos, principalmente os de natureza pessoal. Sempre o considerei autoritário, um tanto arrogante, mas eu creditava isso à sua origem, do centro do país. E por que eu fui escolhido para essa missão? Certamente, haveria outros mais capazes, com mais intimidade com esse irmão. Eu nem mesmo supunha ter habilidade no trato com as pessoas. Contudo, uma decisão eu tomara imediatamente: a de procurar Moss e colocar-me a par do seu ponto de vista.

Enquanto eu me planejava, caminhava em direção ao ateliê momento em que repentinamente encontrei Moss. Estava taciturno, fechado. Eu me surpreendi com sua aparência, mas tentei não demonstrar. Foi ele quem iniciou a conversa.

– Foi bom mesmo vos encontrar! Eu preciso de um grande favor pessoal do irmão, ainda que não tenhamos, por assim dizer, grande intimidade.

– Em que posso eu servir ao meu irmão – indaguei, com a intenção de ganhar tempo para "organizar o contra-ataque".

– Sabeis, caríssimo irmão, que muitas vezes a vida nos remete a situações que nós não escolhemos e sobre as quais não temos o menor controle. Presentemente, encontro-me em um desses impasses que não desejei entrar, mas que só vejo uma saída, para a qual desejo contar com vossa benevolência e complacência.

– De que se trata, irmão?

– Em uma de nossas discussões acadêmicas, tive minhas opiniões grosseiramente contestadas por um cafajeste, que não faz jus a pertencer à nossa Sublime Ordem e nem mesmo ao nome que tem, e esse indivíduo ofendeu-me profundamente. Esta situação só pode ter uma saída honrosa: o Campo das Justas. Sabeis que muitos de nossos e até a hierarquia clerical têm-se oposto a essas soluções em que os antigos diziam colocar a sorte nas mãos de Deus. Meu padrinho negou-se a me representar por discordar dessa forma. Sentir-me-ei profundamente honrado se puderdes apadrinhar-me nessa liça.

– Sabeis, meu irmão, que nossa Ordem...

– Não desejo saber os impedimentos de quem quer que seja. Apenas se meu irmão conceder-me-á esta honra, ou colocar-se-á do lado dos demais, impedindo esse ajuste de contas. Aceitais ou não me apadrinhar?

Na hora, pensei que seria melhor não o contrariar. Seguramente eu perderia sua confiança e o diálogo. Imediatamente, pesei que, se eu aceitasse, embora pudesse parecer uma adesão e um compromisso com a ideia da justa, seria a melhor maneira de ainda ter algum tempo para dissuadi-lo ou para negociar uma saída honrosa com a parte contrária.

– Sim, meu irmão, aceito a honra que me concedeis de vos acompanhar ao Campo das Justas e desejo que meu irmão possa informar-me logo dos detalhes necessários, pois nunca tive a ocasião de apadrinhar alguém nessa situação.

– Obrigado, meu irmão! Também vós demonstrais coragem nessa vossa decisão. Vos agradeço do fundo de meu coração! Provais a lealdade a vosso juramento de fraternidade! Mas não há grandes detalhes que deveis saber antecipadamente, somente que vos proíbo de negociar qualquer acordo que vise cancelar ou postergar o duelo. Tereis de negociar, isso sim, o local e a hora, de maneira que seja discreto aos olhares curiosos e longe de nossos irmãos que possam interferir em nossos propósitos.

Senti-me muito mal, pesado, certo de que alguma coisa não estava bem colocada e que eu estava sendo empurrado a atitudes que talvez não fossem as melhores, mas que eram frutos de minha decisão. De qualquer forma, desse ponto, não havia possibilidade de retrocesso. Não conheço a parte contrária e não sei de suas habilidades com as armas; Moss, por sua estatura pequena, não pareceria bem o tipo de "campeão", de que nos falam as canções românticas dos nossos trovadores. Jamais, após ingressar na Confraria, toquei em armas para situações de combate e não sei se Moss estaria convenientemente adestrado no uso desses instrumentos.

Nessa noite nem dormi. Passei-a pensando em como eu poderia, sem trair a confiança de Moss, ser leal à Ordem e dissuadir o brigão de seu intento. Todas as formas possíveis de dissuasão passaram diante de mim, e eu as considerava absolutamente infrutíferas. Há sentimentos que precisam ser respeitados em uma pessoa e esse da honra é um dos mais elevados. Não sei ainda a razão de tal desentendimento, mas deve ter sido das mais graves, para chegar a esse ponto. E isso também para mim não era relevante. O meu problema estava em como evitar o duelo, sendo o padrinho de um dos contendores e não tendo autorização para mediar sequer um pedido de desculpas da outra parte. O complicador era que nem com Lucien eu poderia contar, uma vez que foi ele quem me passou o problema e iria querer a solução, como era de seu feitio. E foi pensando em todas essas questões que me veio à lembrança Gérard e suas preleções sobre a morte, o dormir, o iniciar e o finalizar. O que teria acontecido com Gérard, dado como morto na região Sul do país? Como teria sido sua morte? O que realmente acontece na morte? Teriam razão os reencarnacionistas ou os redencionistas?

Na manhã seguinte encontrei Moss, solitário, caminhando em direção à Capela do Espírito Santo. Alcancei-o e caminhamos juntos, falando sobre as coisas mais triviais de nosso dia a dia, até que me referi a Gérard e às suas aulas. Moss ouvia-me atentamente, até que mencionei a questão do reencarnacionismo. Sua transformação foi súbita e inesperada – estacou onde estava e indagou-me fortemente:

– Quem vos contou? Como sabeis?

Pego desprevenido, eu não entendi o porquê de sua rápida mudança.

– Como sabeis o motivo de meu desentendimento? Com quem andastes investigando a meu respeito? E quem vos autorizou a tanto?

– Não sei de coisa alguma e não sou homem de ficar bisbilhotando a vida de meus irmãos ou de quem quer que seja. E se não tendes confiança, resigno imediatamente a honra que me concedestes de vos apadrinhar. Eu disse essas palavras com muita convicção e com certa indignação, de forma que seu efeito foi também imediato e avassalador.

– Desculpe, irmão meu! Não tenho a intenção de vos magoar ou de vos ofender! Desculpe-me, por favor, e debite esta explosão ao meu nervosismo, frente a toda essa situação com a qual não desejaria estar envolvido, mas que o destino me jogou sem piedade! Prometo-vos que essa descortesia não mais se repetirá. Eu vos contarei e vos pedirei sigilo, acerca do motivo desse desentendimento. Estávamos reunidos, os irmãos de várias oficinas, estudando aspectos teologais do *Velho Testamento*, e eu mostrara aos irmãos que havia muitas menções que validavam a teoria reencarnacionista e que essa havia sido banida da fé católica por interesses políticos e espúrios, da corte de Bizâncio e que Roma concordou. Isto, portanto, não deveria ter influência sobre a Verdade, posto que os prelados reunidos em Concílio deliberaram passando por cima de verdades teologais e assim, uma vez mais, a Igreja aviltou, vilipendiou a mensagem dos Profetas e a Palavra Divina. Portanto, o que o clero faz é política e usa a fé, a Palavra e o próprio Cristo em defesa de seus inconfessáveis objetivos de dominar o mundo e viver no fausto e no luxo, enquanto o homem comum, o camponês, o pequeno comerciante, o artesão, esse vive mal, mergulhado em impostos, em dízimos, sustentando as orgias das cortes e da hierarquia de uma igreja cada vez mais corrupta e suja. Julien – esse é o nome degenerado – levantou-se em favor dos padres e da teoria redencionista, de maneira ofensiva para mim, e eu não pude suportar sua arrogância, sua insolência e petulância e imediatamente o desafiei para resolvermos isso de forma definitiva. Uma besta como ele não merece viver!

– E o meu irmão acha que no Campo das Justas, lutando contra um irmão de Ordem, resolverá o problema do reencarnacionismo ou redencionismo ou da vigarice da hierarquia da Igreja? Sabeis que compactuo totalmente com vossas ideias, mas não vos parece que essa seja uma questão muito maior? Eu disse isso com ar zombeteiro, para aliviar as tensões de nossa conversa. Moss entendeu e respondeu-me com um palavrão. Continuamos a caminhar lado a lado, com o mal-entendido desfeito. Mas, o meu problema ainda não estava resolvido.

– Ide, sem mais delongas, procurar meus contendores e marcai a justa em um local discreto e longe dos olhos e dos braços de nossa Ordem. Marcai à noite, como convém, nesta próxima minguante e providenciai tudo o que for necessário. Que Deus vos proteja!

Esse era o meu problema. Deixei Moss à porta da Capela e dirigi-me ao Mosteiro. Dois cavalheiros bem-apessoados me aguardavam para agendarmos um local para falarmos sobre o duelo. Imediatamente, identifiquei um dos dois como nosso irmão e me dei a reconhecer. Marcamos para a manhã seguinte, na sala reservada do Javali, entrando pela porta dos fundos.

Atendendo ao combinado, nós nos encontramos no local escolhido, de modo discreto. Eu cheguei sozinho, da outra parte também o irmão estava só. Após comentários de ordem geral, pois não competia lamentarmos ou aplaudirmos quaisquer dos gestos ou iniciativas, agendamos o duelo para dali a três dias, ao cair do sol, na clareira do bosque ao Norte de nossa aldeia, e que Pierre seria o juiz, a quem competia levar as armas. Julien escolhera o sabre gaulês, uma arma bastante comum entre nós e de fácil manejo. Estariam presentes, além dos contendores e seus padrinhos, o juiz, e manteríamos em segredo a data e o local. Imediatamente, informei a Moss do acerto.

Procurei Lucien e disse-lhe do insucesso de minha missão, tomando o cuidado de não revelar o que havia sido solicitado. Lucien pareceu entender o que ia em minha cabeça e em meu coração, pois não prolongou o diálogo. Suspiro profundo e ar preocupado foi tudo o que obtive dele. Eu já vira muito sangue correr, muita luta por muito pouco ou por motivo algum. Se os homens lutam por prazer, para mostrar quem é o mais forte, ou lutam por diversão como fazem os nobres em seus torneios, e, se isso satisfaz e entretém a maioria da população, um duelo a mais não é algo tão grave assim.

A manhã seguinte mostrou-se um dia pesado, como se o céu fosse desabar. Era prenúncio de mau tempo, sensação de opressão, como se estivéssemos fechados em um cômodo sem janelas e sem circulação de ar. É isso, parecia que faltava ar, o simples ato de respirar tornava-se difícil. Assim mesmo fui procurar Pierre mais pensando em rever minha amada do que lhe falar sobre o meu problema. Encontrei-o ofegante, tossindo sem parar, muito vermelho – uma crise sem origem aparente. Helène havia saído em busca da ajuda do doutor Maude. Claire abanava o Velho e eu, meio sem saber como poderia ser útil, aguardava ao seu lado. Doutor Maude, ao chegar, mandou Pierre deitar-se imediatamente e lhe tomou o pulso, constatando forte alteração. Aconselhou que Pierre se acalmasse ao mesmo tempo que investigava possíveis causas para aquele desconforto: algum incômodo, ou notícia que tivesse abalado o velho homem. Helène não tinha conhecimento do assunto, nem Pierre estava disposto a falar. Pierre apenas murmurava e nos olhava com olhos esbugalhados. Definitivamente, esse não era o momento mais adequado para eu lhe transmitir detalhes do que combinara com...

– Helène, esteve aqui um senhor grisalho, bem-vestido em uma roupa preta, portando uma espada?

– Não lembro! Ao menos que tenha vindo enquanto eu chamava o doutor. Mas, não demorei mais do que poucas horas. Posso verificar com os vizinhos, se essa pessoa esteve aqui, mas o que de tão importante pode ter acontecido?

– Há problemas, eu disse, que estão ocorrendo e que podem ter abalado a saúde de teu pai. Mas, o nosso amigo doutor Maude saberá cuidar dele e, com o seu carinho, logo se recuperará. Não há motivos para mais preocupações.

– Que problemas são esses, assim tão graves que possam tirar a saúde de um velho forte?

– Seguramente, não houve nada nesse sentido. Prometo que vou verificar, apenas para nossa informação e para protegermos teu pai de incômodos desnecessários. Enquanto isso, minha querida, esqueça esses maus momentos e se dedique ao bem-estar do Velho.

– Thierry, por que tanto mistério? O que está realmente acontecendo para exigir tão esmerados cuidados de tua parte? Ou acaso não confias em mim?

– Claro que confio, porque te amo e tu, melhor do que ninguém, sabes disso, mas por favor, eu só preciso de mais um ou dois dias para poder tirar tudo a limpo e, então, não vamos mais fazer disso um problema para nós. Tudo será bem esclarecido, eu te prometo!

Após esse encontro difícil, Lucien procurou-me assim que chegamos ao trabalho, pouco antes do meio-dia. Contei-lhe do ocorrido e da falta de oportunidade de participar Pierre a respeito dos acertos finais do duelo. Lucien confidenciou-me que, na noite anterior, o próprio Julien e seu padrinho estiveram com Pierre em nossa taberna, e haviam formalizado o convite. Pierre ficara muito nervoso, dissera Lucien, porque Julien é seu primo em segundo grau, filho de uma prima-irmã sua, com quem quase se casara, não fosse a interferência do bispo – não celebrar casamentos entre parentes consanguíneos, para evitar o que chamou de "doença dos reis". Para mim, ficou tudo claro.

– Lucien, nosso amigo, doutor Maude sabia desse acontecimento?

– Sim, meu caro, eu mesmo lhe comuniquei, quando soube que tua noiva o estava procurando. Minha intuição dissera-me que poderia ser algo correlato e, realmente, esse duelo pode ter sido um choque para o bom Pierre. Um fator a se considerar também é seu amor ao vinho, que nessas horas não deve ajudar muito.

No outro dia, apesar do mau tempo, fui logo à casa de Helène. Claire recebeu-me bastante preocupada, pois o pai não havia comido à noite e passara mal, vomitando todo o chá calmante que lhe fora dado. Dormira muito pouco e naquele momento repousava, cansado da noite anterior. Helène havia procurado o médico.

O doutor Maude desencontrara de Helène, mas chegara acompanhado de Jean Pierre, que eu não conhecia ainda. De imediato, trancou-se com Pierre e deixou-nos todos esperando do lado de fora. Em dado momento, chamou os filhos. Helène ainda não havia chegado. Eu fiquei ainda mais apreensivo. Algum tempo depois, o próprio doutor Maude nos informava o falecimento do Velho. Disse que Pierre tivera convulsões e que não suportara a pressão interna. Morrera vítima das convulsões. Pediu-me que fosse chamar o padre e que providenciasse um enterro digno para o bom velhinho.

Quando Helène chegou, a tomei pela mão e saímos juntos à procura do padre Hughes, seu amigo e mentor, para as cerimônias fúnebres. Helène estava inconsolável, agarrada a mim o tempo todo. Perguntou-me se eu estivera com o pai dela no momento de sua passagem e eu lhe disse que somente Claire e seu irmão estavam lá, juntamente com o médico, que atestou terem sidos as convulsões a causa da morte.

A chuva caía forte enquanto caminhávamos, como se o tempo não importasse. Voltamos totalmente molhados, acompanhados pelo padre. A família marcou o enterro para o dia seguinte, após o velório em casa, como rege o costume. É muito triste perder alguém que nem se quer se conheceu direito e que poderia ter sido um bom amigo; é muito triste ver seus familiares desnorteados na dor e na saudade. A morte é uma coisa que ainda não entendo: é o que existe de mais certo, não há quem mesmo lhe escape, porém ninguém a deseja!

Capítulo XIV

O enterro de Pierre foi embaixo d'água. Chovia mais do que na véspera, e nós nos abrigávamos como podíamos. Pouca gente, restrito à família e alguns amigos, mais por causa do mau tempo.

Lucien dissera-me, logo após a cerimônia, que Moss queria falar comigo. Mais um problema, sem dúvida, e eu já estava muito agastado com toda situação e a consequência dali decorrida. A mim parecia insensatez a tal história de lavar com sangue a honra e feridas de uma tola discussão sobre um assunto que interessa mais ao clero que a nós, construtores de seus templos. Deixei Helène em casa e me recolhi também.

Moss chegou meia hora mais tarde. Veio bastante contristado, um tanto estranho para o seu feitio. Depois de muito rodeio, foi ao assunto, dizendo que talvez, em virtude do mau tempo, fosse melhor alterar a data do duelo, ou talvez até postergá-lo *sine die*, até que as coisas na aldeia entrassem nos eixos. Eu não percebi claramente sua intenção, no entanto assim a caracterizei, pois após tanta impertinência e entusiasmo, desse a entender que até desistiria de seu propósito. É difícil entender um camarada assim! O fato é que, nem bem ele havia saído, chegou o padrinho de Julien, também com muitos rodeios, dizendo que havia convencido seu afilhado de que seria prudente se, em respeito à memória de Pierre, em respeito a uma amizade de família, o embate fosse adiado ou talvez até esquecido; mas não seria ele o primeiro a falar nisso e nem seria Julien, na qualidade de desafiado, que proporia uma desistência. Senti que os fatos estavam me conduzindo para o desfecho que eu queria, ainda que a morte do pai de minha querida significasse importante condição para o seu desenrolar. Naquela noite fiquei sozinho, em meu quarto, pensando em tudo o que havia acontecido e no desfecho daquela história. Pensei em uma estratégia para conduzir essa *conversação de paz*, o que faria nos próximos dias, sem perda de tempo e antes que algum fato pudesse modificar o atual contexto.

"O Homem põe, e Deus dispõe".

Às vezes, nem é preciso intervir. A chuva continuou por mais sete dias, forte como se toda a água do céu fosse lançada sobre a terra, para sua purificação. Não havia possibilidade de se pensar sequer em trabalhar ao ar livre ou de se duelar. Assim que, com os acontecimentos que enlutaram a família de minha querida Helène e mais a chuva intensa, houve um "deixa para lá" nessa história do duelo. Não sei qual a interferência que o Bispo regional possa ter tido sobre Julien, ou talvez o nosso Mestre, De Montagne, sobre Moss. O fato é que não se falou mais na pendência, e os dois beligerantes, embora sem se falar, continuaram suas vidas normalmente.

Lucien avisou-me que a reunião secreta no Castelo seria na noite do próximo plenilúnio e pediu-me o máximo sigilo, pois mesmo dentro da Confraria nem todos seriam convocados. Eu não fui colhido de surpresa porque havia sido prevenido acerca dessas disposições. Certamente, ainda seria aquela reunião que diria respeito ao prisioneiro cátaro que estava incomunicável, cuja sorte teríamos de deliberar.

A minha surpresa foi que, ao adentrar a sala secreta de reuniões, atrás do Templo, De Montagne sentava-se à enorme mesa redonda, tendo à sua direita um cidadão, de cabelos e barbas brancas, vestido com simplicidade, com um traje talar de cor roxa escura, portando um único adorno, um medalhão com a imagem do sol. Era um homem alto e, o que mais chamava atenção era o seu olhar: um tanto duro e frio, um tanto profundo, parecendo enxergar através de nós e através do tempo. De Montagne referia-se a ele com muito respeito e com certo carinho. Era um montanhês, oriundo de Tarrascón, um prelado cátaro de nome Inigo Lerouge. Não era prisioneiro, como nos fora dado a saber, mas havia chegado sob escolta, feito prisioneiro, para enganar a hierarquia da Igreja. Na verdade, era um hóspede secreto de nosso Mestre e, nessa noite, Dom Inigo se dispunha a falar a alguns de nós, sob juramento de sigilo.

– O que vos tenho a relatar são os fatos, cujo desenlace me é conhecido e que vós tereis a oportunidade de presenciar. Estes fatos são anteriores ao nascimento de muitos de vós e são graves, como denúncia a esses que se dizem emissários do Senhor, mas que, como constatareis, estão tomados pelo Trevoso.

– Em um ano não muito distante, realizou-se a Conferência de Pamiers, ocasião em que se defrontaram, em debates públicos, os *Legados Pontifícios* e os *Perfeitos* cátaros. Essa conferência serviu para nos demonstrar que a Igreja de Roma faria tudo para destruir o movimento religioso cátaro, chamado de *herético*. Sabeis que o meio político e social do Languedóc sempre foi impregnado de um espírito de tolerância, desconhecido no Norte deste país. A sociedade do Sul nunca foi compartimentada em castas fechadas, e o burguês sempre pôde ascender à nobreza, do mesmo modo que o vilão à burguesia. As cidades do Sul foram sempre mais povoadas e mais ricas que quaisquer outras. Toulouse é, pela sua importância, a terceira cidade europeia, logo após Veneza e Roma. Com sua maravilhosa Basílica de Saint-Gernin, Toulouse é conhecida como a cidade cor-de-rosa, cidade dos jardins e dos campanários. Nas numerosas vilas, os magistrados municipais, eleitos pelos habitantes, representam os tradicionais elementos da liberdade herdada da Antiguidade. A intensa atividade comercial facilita as trocas espirituais. Mas, o caso mais impressionante da civilização occitana continua a ser o extraordinário movimento literário dos trovadores, que surpreende pela sua amplidão. Com efeito, é de cerca de 500 o número de trovadores conhecidos: duques e condes, como os condes de Toulouse e de Foix que se correspondem em verso, enquanto, vós o sabeis, o então Rei dos Francos mal sabia escrever o seu nome. Essa literatura tem por tema principal o amor cortês, simbolizado pela palavra *parage*, que representa as virtudes da honra, da lealdade e da equidade, aplicando-as não unicamente à atitude amorosa, mas também às relações públicas e religiosas. Esse ideal trovadoresco tende para o absoluto e exprime-se, na análise sentimental, pelo amor platônico com desapego da carne. Os poetas e os cantores são todos penetrados pela mística cátara, que aspira ao amor divino; no auge das perseguições, foram esses os mais fiéis servidores da causa albigense.

– Como deveis saber, a perseguição da Igreja Romana foi deflagrada, desta vez, com o assassinato do embaixador Papal no Languedóc, Pierre de Castelneau, quando se preparava para atravessar o Reno. O conde de Toulouse, Raymond VI, foi acusado de armar o criminoso. O Papa Inocêncio desencadeou a Cruzada Albigense. Recuando, covardemente, Raymond confessou em Saint-Gilles seu *crime* e à excomunhão foi levado. O conde de Toulouse prometeu tudo o que a Igreja de Roma pretendia e que tomaria parte, pessoalmente, na cruzada que seria dirigida contra seus próprios vassalos, inclusive contra seu sobrinho, o jovem Raymond, Roger Trencavel, visconde de Béziers, de Carcassone, de Albi e de Nîmes. Trencavel já concluíra com o conde de Foix uma aliança ofensiva contra Raymond VI. Acabou se batendo contra a Igreja romana...

– A Cruzada Albigense, financiada pelo rico comerciante de Cahors, Raymond de Salvagnac, parou diante de Béziers. O visconde de Trencavel retirou-se, levando com ele todos os judeus da cidade, que muito temiam o antissemitismo da Igreja de Roma e dos barões do norte. Até então, as comunidades judias implantadas em todo o Sudoeste mantinham excelentes relações com a população cristã e com os senhores das terras. Vós podeis acompanhar o que houve, pelos versos da *Chanson de la Croisade*:

> *Os habitantes assistem à chegada dos cruzados, veem que o rei da luxúria vai invadir a cidade, que os tunantes saltam de todos os lados para os fossos, desfazem muralhas e abrem portas, enquanto os franceses do exército se armam apressadamente. Sentem que não poderão resistir e fogem o mais depressa possível para o mosteiro principal, a catedral de S. Nazário. Os padres e os clérigos vestem os paramentos sacerdotais e tocam os sinos como se quisessem dizer missa para sepultar defunto. Chegou, finalmente, o momento em que já não era possível resistir à entrada dos vagabundos; apoderam-se das casas a seu bel-prazer, pois cada um deles pode ocupar pelo menos 10. Rubros de cólera, esses debochados não têm medo de morrer; destroem tudo que encontram e apoderam-se de grandes riquezas. Se conservassem o que apanharam ficariam ricos para sempre. Mas, em breve, serão obrigados a abandonar tudo, embora tenham efetuado a conquista sozinhos, pois os barões de França querem despojá-los.*

– Esse massacre de 7 a 8 mil bons cristãos (católicos e cátaros), teve lugar na Igreja da Madalena de Béziers e do qual Arnaut Amalric, abade de Cîteaux, legado do Papa Inocêncio III, foi o promotor detestado (ficou célebre sua ordem a um oficial que indagava como separar os "nossos" dos "deles":

Mate-os todos. Deus reconhecerá os seus!) Não se enquadrava, digam o que disserem, *nos costumes da época.* Era mesmo uma forma de terrorismo bastante recente...

– Anos após, cruzados cercaram o Carcassone. O rei Pedro de Aragão tentou, em vão, intervir para que seus vassalos tivessem condições aceitáveis de paz. Os cruzados exigiram a simples e pura capitulação.

E partiu tristemente, diz a Chanson de la Croisade, *descontente consigo mesmo e cheio de preocupações quanto ao aspecto que o assunto tomava.*

– Estava-se no pino do verão. O calor era sufocante. O odor infecto espalhado pelos doentes empestava o ar, misturado com o do gado, vindo de toda a parte e que tinha se abatido. Nuvens de moscas rodeavam os moribundos e propagavam, pensa-se, uma espécie de peste. Ouviam-se os gritos das mulheres e das crianças que enchiam as casas. Os sitiados nunca tinham passado por tamanhos sofrimentos. Quando começou a faltar água, os poços estavam quase secos, o desânimo e o desespero apoderaram-se dos próprios cavaleiros. Então o Visconde, a quem o trovador Raymond de Miraval chamava de o Pastoret, aceitou, em circunstâncias que permanecem obscuras, parlamentar com os cruzados. Recebeu, parece, salvo-conduto e, acompanhado de uma pequena escolta, dirigiu-se ao encontro. Sob os olhares curiosos dos franceses e dos borguinhões entrou na tenda do Conde de Nevers. Não voltou a sair. Segundo a Chanson de la Croisade:

> *Entregou-se como refém por sua própria vontade. Agiu feito um louco, em minha opinião, quando assim se constituiu prisioneiro.*

– O que ides presenciar, a partir desses fatos que vos relatei, é a derrota militar e a vitória moral e espiritual de nossa gente.

De que valem heróis mortos, mártires cuja lembrança nos será eterna? De que vale o cheiro acre dos corpos queimando em fogueiras assassinas, erguidas em honra do Papa e da Igreja de Roma? Como pode Deus sentir-se engrandecido com a chacina de milhares de seres, chacina essa consubstanciada pretensamente em seu Santo Nome? E que direito Deus confere à Santa Inquisição de torturar, desonrar e matar Suas criaturas, criadas à Sua imagem e semelhança, como qualquer outro cristão, sarraceno ou judeu? Apenas a Esperança de que a mensagem do Senhor Jesus e de seu Cristo prevaleça sobre as forças do Mal e das Trevas, e um dia a Verdadeira Luz se imponha neste mundo.

– Nós temos planos de que, quando essas coisas se tornarem realidade, quatro Perfeitos, quatro dos nossos descerão pela parede rochosa de Montségur e fugirão para as montanhas levando com eles o segredo dos Cátaros, o Objeto Sagrado que permanece em nossas mãos. Este é um segredo que vos peço todo o sigilo. Tão logo o Santo Graal esteja em lugar seguro, uma chama brilhará na montanha vizinha anunciando aos cátaros que poderão morrer em paz. Esses quatro confrades seguirão aos quatro pontos cardiais, de maneira que ninguém saiba onde esse precioso tesouro será guardado, em nome de Deus e de todos os que verdadeiramente se dedicaram à Sua Obra.

– Mas há também incalculável tesouro material que, por certo, não queremos que caia em mãos inimigas. Parte desse tesouro será transferida para vossa Ordem e ficará aos vossos cuidados, para vosso uso e para o uso daqueles que sempre serviram à causa de Deus e da Luz. Esta é a minha decisão, que será respeitada por vós e por todos os nossos.

De Montagne retomou a palavra e após saudar o palestrante, disse:

– Dom Inigo Lerouge, sois hóspede permanente desta Casa e estais sob os cuidados de nossa Confraria, a qual vos prestará toda proteção e honra que um sábio de vosso valor tem direito entre nós.

– Vos agradeço tudo o que tendes feito por mim e pelos nossos e sei claramente que se mais não o fizestes é porque tendes a responsabilidade sobre aqueles que vos são fiéis. Que Deus vos abençoe, a vós, à Confraria de Construtores que dirigis e a todos os vossos súditos.

Terminada á reunião, ao nos recolhermos, levei comigo a impressão forte e doce daquele olhar que, certamente, nunca desaparecerá de minha mente.

Já havia passado a missa de sétimo dia de Pierre, quando eu encontrei Helène em sua casa. Estava irreconhecível. Já notara que ela estava diferente, mas acreditei ser devido à emoção do momento. Agora, estava fechada, como se fosse uma ostra em sua concha. Eu não estava entendendo o porquê daquela atitude. Tratei-a bem, tanto na missa quanto em sua casa; tratei bem sua família, mas Helène estava visivelmente mudada comigo. Tentei brincar com ela, sem resultado. Claire me fez um sinal que eu entendi de que era para não me preocupar muito com o assunto. Mas, como não me preocupar?!

No dia seguinte, levei-lhe algumas flores. O resultado foi imediato: Helène criou uma situação em que ficamos a sós e ela foi direto ao assunto que a atormentava.

– Senhor Thierry, agora que perdi meu pai e que sou um pouco mais responsável por mim mesma, desejo saber quais são suas reais intenções para comigo.

– Tão direta e tão formal! Nem acredito que essa menina possa ser assim, tão decidida! Como, intenções, brinquei.

– Não vos faça de desentendido. Eu estou órfã, mas sempre tenho um cavalheiro por mim! Desejo saber o que pretendeis, por que me visitais, por que trazeis flores?

– Certamente, porque desejo vê-la assim tão séria e formal. Ou porque desejo bater-me com algum cavalheiro que seja mais pela senhorita do que eu mesmo!

– E então?!

– Por que toda essa animosidade? Acaso não confias em mim?

– Como confiar, senhor Thierry, se nunca dissestes nem a meu pai, enquanto vivia, nem a mim qual o propósito de vossas visitas?

– Bom, menina! Se quiseres levar avante este assunto que é muito sério, desejo, em primeiro lugar, que o nosso tratamento possa voltar à mesma descontração e, por assim dizer, intimidade que sempre tivemos. Em segundo lugar, este é um assunto que, por sua natureza, deverá ser tratado com teu irmão Jean Pierre; mas como a modernidade dos fatos, em tua cabecinha, parece atropelar os bons costumes, é claro que tenho a intenção de pedir a tua mão em casamento. Mas, eu pretendia respeitar pelo menos o luto por teu pai, senão o ano convencional, pelo menos os trinta dias.

– É, eu o suspeitava – falou em voz baixa e sem me dirigir o olhar. Mudando um pouco o tom de voz disse: – É, devemos respeitar as convenções. Ainda não nos conhecemos bem, mas eu também confesso que gosto de tuas visitas e de estar contigo. Sei que Jean Pierre não se oporá que nos vejamos assim, mais seguido. Não vou te causar problemas, prometo que saberei controlar essa minha impulsividade.

– Minha querida menina! Não estou me queixando de nada! Só vamos respeitar nossos costumes, que são bons e nos dão muita estabilidade social e segurança!

Capítulo XV

Conforme os dias encurtavam, também o frio crescia, e a natureza mostrava a tendência ao sono e à morte. Os plátanos e as faias tornam-se vermelhos, cor de cobre; o verde exuberante que existira no verão vai dando lugar ao amarelo e depois aos tons de marrom. O céu torna-se mais carregado, não mais mostrando seu azul-cobalto, substituindo-o por sonhadoras nuvens brancas, que ora lembram rabos de galo, ora desenham formas e rostos no alto, fazendo-nos pensar na magia e na divindade desses seres que nossos ancestrais tanto falavam e que hoje poderiam ser os anjos, os arcanjos que velam por nós, incessantemente.

Pensava no mistério da vida, nos rostos enrugados dos velhos e na beleza das formas novas; pensava no mistério da luz que se sobrepõe às trevas e daqui tirava ilações com a vida humana e suas relações com Deus, através do Seu Filho, o Salvador e da sorte que nós temos de conhecer essas verdades, insofismáveis e imutáveis. Quão maravilhoso é ver que a cada noite se sucede um dia de luz, a cada inverno se sucede uma primavera de vida, a cada avô se sucede um neto, criança que nasce para glorificar o Senhor.

Caminhava despreocupadamente por uns bosques ermos e nem havia reparado que o sol sumira, porque a trilha era por demais conhecida. Absorvia o perfume outonal que enchia o ar, enquanto meus passos farfalhavam por entre folhas mortas e pequenos galhos que estalavam ao pisar. Seguia a passo normal, nem lento, nem apressado, muito mais de corpo presente do que com atenção voltada para a natureza que me circundava. Em um cruzamento de trilhas, que formava uma pequena clareira, provavelmente onde um dos olmos fora cortado, senti um cheiro acre, diferente do perfume que a relva exalava. Pensei tratar-se de um bicho morto; mas o cheiro era *diferente*, era como sulfuroso. Senti uma espécie de arrepio na coluna e, sem saber por que, parei e olhei em direção a uma árvore mais escura e lá estava ele. Ouvi instantaneamente sua gargalhada debochada e o mau cheiro que exalava dessa figura, imersa em bruma escura, com olhos faiscantes e duros, vestido em preto, com sua capa preta com forro vermelho. Usava botas e um alto chapéu; tinha as mãos peludas livres, com gestos rápidos e corteses e um belo rosto másculo salientando uma boca rasgada que transmitia devassidão e libertinagem. Levei o maior susto! Meu sangue gelou, as pernas afrouxaram e suor gelado passou pela minha fronte. Não gritei, porque não tive voz; não corri porque as pernas não obedeceram; não me sujei todo, nem sei por quê.

– Olá, Thierry – disse o sujeito.

– Vade retro, Satanás! Eu te esconjuro em nome do Pai, do Filho e do Espi...

– Hi, moço! Pare com isso!

– Vade retro, Coisa Ruim! E procurei imediatamente meu crucifixo.

– Ô moço! Para com essas bobagens! Guarda esse teu brinquedinho! Eu já vi milhares deles e todos são muito bonitinhos! Tu não vais te ver livre de mim só me mostrando essa cruzinha. Eu estou te acompanhando há muito tempo, e tu não me vistes. Olha, vamos só levar um papo, uma coisinha à toa, porque está na hora de me conheceres! Afinal, se tens tanta confiança nessas besteiras que dizes, o que te custa conversar um pouquinho comigo? Ou tu achas que outros como tu já não tiveram essa oportunidade?

De fato, eu não percebera que houvesse alguém me seguindo, tão pouco percebera qualquer movimento de alguém nas proximidades. Ainda reagi fortemente, dentro de todas as minhas convicções.

– Não quero conversa contigo! Sou filho de Deus e eu sei quem tu és!

– De quem tu achas que eu sou filho?! E quem tu achas que é o meu criador?! Não é verdade que Deus ama todos os seus filhos? Queres ser mais que Deus, negando-se até a dar atenção a uma de Suas criaturas?

– Sofismas! Tu és o Mal, Deus é o Bem!

– E tu que és filho do mesmo Pai, és o Bem ou o Mal?! Sabes claramente o que é o Bem e o que é o Mal? Praticas sempre o Bem, não é verdade? Não mentes, não é verdade? Entretanto, já mataste, já despojaste cadáveres, já prevaricaste e é isso que chamas de praticar o Bem? Ou estás mentindo?! Ou já não sabes mais diferenciar o Bem do Mal?

– Deixa-me em paz, ó Trevoso!

– Ô menino, mais respeito comigo, que ainda não me conheces! Se o que tu chamas de Deus fez a luz, o que existia antes da luz ser feita? Então, quem vem antes, o Senhor da Luz ou o Senhor das Trevas?!

À medida que falava, eu me empolgava com a lógica e a retórica e perdia o medo, tornando-me mais calmo, tranquilo. A figura tornou-se um sedutor, um senhor bem-apessoado, sem qualquer cheiro e sem aquele olhar que me arrepiara até a alma. Suas mãos já não faziam gestos rápidos e já não se mostravam peludas. Sua lógica era sempre *irretocável* e parecia que ele sabia o embaraço que me causava com seus argumentos; sua retórica era perfeita. A única coisa que ainda me trazia certo mal-estar com sua presença era a arrogância de seu jeito de parar em pé ou de falar, como se esperasse ser tratado feito majestade, olhando-me com superioridade ou talvez com desprezo.

– Não chegues perto! O que queres de mim?

– Calma! Podemos caminhar juntos? Vou me apresentar, enquanto caminhamos.

– Não precisa! Eu sei bem quem és!

– Sabes mesmo? Eu sou teu companheiro, o demiurgo, o artífice, o arquiteto, o intermediário entre o finito e o infinito, entre o criador e sua obra. Eu ensinei teus ancestrais a construir as cidades e a fundir os metais, ensinei a arte da criação, a magia da decoração. Não sou assim tão mau como muitos dizem! Eu tenho minha parte com todo o mundo e estou aqui para ajudá-lo, como a todos os teus irmãos! Sou bem mais rápido do que podes imaginar e aí é que eu levo vantagem, porque posso fazer muito mais. Assim como estou contigo, estou também com o Papa, com os Reis, com os senhores, com os servos e com os escravos. Não há exorcismo que me afaste: Todos terão de conviver comigo para sempre! Podes me chamar de Satan. Sabes o que quer dizer *Satan*? *Sat*, em uma antiga língua, é a verdade; *Han*, dá ideia de totalidade. Esse é o meu nome, *Verdade Absoluta.* Bonito, não? Mas se preferires, podes me chamar por qualquer um dos meus milhares de nomes, que estão sempre na boca do povo. Ou podes não me chamar, mas eu sempre estarei contigo. Esta é a minha Lei!

– Então, se estás sempre presente, o que é o inferno? O que é a redenção? Se tivermos de conviver contigo, quando é que vamos conviver com Deus, com o Salvador? Acaso estás negando a existência do Céu e da Vida Eterna na Graça Divina? Ou acaso estás dizendo que o inferno é aqui onde estamos?

– Essas palavras são tuas! Não nego nada, mas tu precisarás descobrir essas coisas por ti mesmo, na tua peregrinação pela Vida. E acaso sabes o que realmente se entende por Vida? Examine o que aconteceu com teu amigo Pierre. Acreditas que ele está embaixo da terra? Ou acreditas que ele está no Céu?

Tu não sabes nada, menino! Começa por aceitar a tua completa ignorância, para que eu tenha pelo menos ilusão de que és diferente dos outros que estudam contigo, ó pedreiro! E trata de calar essa tua boca grande sobre os assuntos que desconheces, porque tu podes ofender-me muito facilmente, e eu não aceitarei desculpas tuas. E fecha teus ouvidos para esses imbecis que se julgam doutores do conhecimento e que só perdem tempo com suas loucuras e que levam a grande maioria de vocês a acreditar nessas tolices. Esses são os responsáveis pelo Inferno, pelo Mal, pela Ignorância. Esses que se dizem *iluminados*, que se dizem *servos do senhor*, que se dizem *perfeitos*, esses são meus melhores agentes, difundindo o orgulho, a ambição, a soberba e a mesquinharia. E olha, ao contrário de que te ensinam, meus melhores agentes não estão entre os ladrões, os assassinos e os heréticos! Eu os coloco nos palácios e em todos os lugares onde possam chegar ao poder, ao mando, pois é lá que eles se tornam verdadeiramente eficazes!

– Pareces muito inteligente, considerando-se quem és! Mas, se é verdade que ages no mundo criando problemas para a salvação eterna e em busca de almas para a eterna danação, porque queres a mim, que sou pequenino, que não sou nobre nem clérigo, enfim, apenas um homem comum, um homem do povo, sem importância alguma?

– Tu és muito preconceituoso, Thierry! Quem quer, quem deseja não sou eu! Eu estou aqui para satisfazer os teus desejos. Queres riquezas? Tesouros? Bens materiais? Queres mulheres? Ou quem sabe aquela mulherzinha com quem tens conversado tanto, ultimamente? Quem sabe, até muito sucesso profissional, renome e glória nas cortes e junto ao Papa? Fala o que queres que eu estou aqui para te conceder!

– Em troca da minha alma, para sempre?

– E o que mais tu tens para me oferecer?!

– Olha, na verdade, nem sei bem o que dizer, porque o que eu quero é adquirir algum conhecimento e poder trabalhar dignamente, dentro de minha profissão e...

– Ridículo! Eu estou te oferecendo muito mais, estou colocando o mundo a teus pés e tu me vens com essa visão provinciana! Jamais serás ninguém! Nunca vais chegar ao topo! Estou perdendo a paciência contigo e acho que está na hora de eu ir andando. Até logo, Thierry, mas lembre-se que eu estou sempre por perto. Se tu mudares de ideia ou se tiveres alguma ideia, o que seria mais importante...

E a figura despediu-se dando solene gargalhada e, com mesura tirando a cartola, tomou um atalho que eu nem havia visto e sumiu da minha frente. Estava escuro, e eu apressei o passo. Nem tinha andado muito quando topei com Lucien.

– Lucien! Vistes quem estava comigo?

– Não estáveis sozinho? Não percebi ninguém por perto!

– Acho que tive uma visão aterradora! Eu estava falando com o Diabo em pessoa!

– O Diabo?! Não acredito!! Aqui, em pessoa?!!

– Claro! Sumiu agorinha mesmo, com uma gargalhada de gelar os ossos e um gentil cumprimento, com seu chapéu alto e sua capa preta!!

– Calma, Thierry! Estais muito nervoso, vendo coisas! Contai-me direitinho como foi esse vosso... encontro!

– Não acreditais em mim! Não vou me expor para ser objeto de caçoadas e troça.

– Não é bem isso! Não prejulgueis o que vos digo! Pensais que sois o único a ter tido uma visita dessa natureza? Lembrais do Sermão da Montanha? Eu até vos cumprimento, pois essa figura só aparece a quem já está no verdadeiro caminho! Os padres o chamam de Lúcifer e outros nomes e nos ensinam a combatê-lo; nós o chamamos de *Urgo* e reconhecemos nele o *Guardião do Umbral*, a região das sombras. O Umbral é o plano Astral, para onde o indivíduo tem de ir após a morte de seu corpo físico. E lá chegando, quem é que ides encontrar? – O Urgo! Que vos deixará passar ou não, que será vosso amigo ou vosso inimigo, dependendo de como o tratais nas vossas conversas. É tudo uma questão de vossa escolha! O Urgo é uma sombra da Individualidade, uma sombra que teve vida e deve ser respeitada e amada!

– Dizeis que eu devo respeitar e amar Urgo?!! Não vos entendo!

– Pensai, Thierry, como iniciado, não como um profano! O Urgo foi colocado junto a nós porque ele é a nossa verdade animal. É justamente esse animal que representamos com o avental de pele de cordeiro, que nos reveste de pelos para que lembremos esse nosso lado. O Urgo conhece apenas a Lei, a Justiça e o Dever porque sua natureza é angelical. Os anjos não conhecem o Amor! Não esqueçais, um anjo, mesmo caído, não deixa de ser um anjo, como um pássaro no chão não deixa de ser um pássaro! Nós precisamos ajudá-lo mostrando-lhe o Amor que este, os Humanos conhecem, mas não as criaturas angelicais! Trabalhando com a Individualidade e dando oportunidade para que Urgo se manifeste, que venha nos ver, que trabalhe conosco, ele vai aos poucos reconhecendo uma lei diferente da sua: vai conhecendo o Amor e é isso que ele procura! O Amor vai passando a ele; aos poucos se vai acostumando com a Luz e vai gostando, vai progredindo, de acordo com o que ele espera. Se nós não fizermos isso, ele nos cobrará até que o façamos, e ele tem esse direito!

– Quereis dizer que o Diabo não é um inimigo, mas um *equivocado por amor*?

– Santo Irineu, cuja obra já conheceis, afirma que Satan se rebelou contra a lei divina quando sentiu ciúme do homem, e Tertuliano afirma que o Diabo deixou-se dominar pela impaciência quando viu que o Senhor criava o homem à Sua imagem e por isso, por ciúme, enganou-o. Outros tratadistas afirmam que se o ciúme de Lúcifer em relação ao homem é um sentimento baixo e indigno de uma criatura angelical, também o é sua inveja em relação a Deus. A consciência da própria superioridade fez com que Lúcifer julgasse factível a possibilidade de uma emenda nas decisões de Deus; o livre-arbítrio que este lhe outorgara impediu que Deus pudesse intervir para o dissuadir. Assim, o Diabo foi condenado precisamente ao mais atroz dos castigos: o da incapacidade de amar. Mas o próprio Deus que, como seu criador, não pôde deixar de o condenar, não o poderá odiar. Condenado à tortura de amar sem ser correspondido, espera na eternidade a epifania de seu amor, o momento em que a criatura deporá suas armas e regressará ao seio do Pai para restabelecer a harmonia do Universo.

– E qual o papel do Homem nesse episódio?

– O Homem foi criado para redimir Satan, mas falhou em sua missão. Por comodismo ou por pusilanimidade, o redentor tornou-se cúmplice e *cúmplice escravo*, como acontece em todos os acordos de aparente igualdade que se estabelecem com os poderosos. Assim, o Diabo, sem poder contar com a ajuda de seu redentor, vai tecendo suas manhas e seus ardis, trabalhando incessantemente num trabalho que despreza: rumina sua nostalgia do Céu.

– E será, finalmente, o Diabo redimido?

– A finalidade última da redenção, que se estende a todos os seres, é a reconciliação universal. O último inimigo não será destruído, porque sua substância é divina, mas a perversidade de seu desejo é obra sua e não de Deus e, embora os teólogos não o admitam, não há dúvida para mim. Estou com aqueles que afirmam que a redenção deve ser total, para todas as criaturas e esta será, então, a esperada parusia.

– Devemos então trabalhar na Luz, enviando todo o Brilho e Esplendor a essa criatura?

– Não vos diria dessa forma: Esta criatura não precisa mais do que a Luz, mas como não está habituada a ela, deve ser conduzida, lentamente, com muita arte... É como se estivésseis vendados e, de repente, vos fosse arrancada a venda em pleno meio-dia. Ficaríeis ofuscado, não é mesmo? Mas, vamos andando que já está muito tarde, e há afazeres que nos esperam. Outro dia voltaremos a esse assunto, se for realmente conveniente!

Capítulo XVI

No final do ano, os fatos ocorreram de acordo com o planejado. Em primeiro lugar, minha grande satisfação por tudo o que acontecera, uma vez que minha vida começou a tomar rumo diferente.

Encontrei Helène com sua amiga Berenice em frente à nossa igreja. Após os cumprimentos de praxe, Berenice disse, com sorriso matreiro:

– Minha amiga tem algo muito importante para lhe pedir, senhor!

– É bobagem dessa linguaruda! Não tenho nada a te pedir!

– Não é preciso toda essa cerimônia! Helène e eu já temos suficiente intimidade para discutirmos nossos assuntos com tranquilidade! O que te está incomodando, minha querida?

– Eu só havia comentado com ela que desejaria que tu me acompanhasses à Missa de Natal!

– Sem dúvida! Mas antes disso deverei ter uma séria conversa com Jean Pierre a teu respeito! Mas nada que te preocupes, ou que nós já não tenhamos conversado, pois tua amiga vai ficar sabendo, em primeira mão, que desejo pedir-te em casamento e formalizar esta intenção após a Missa de Natal!

– Ora, veja! Minha melhor amiga vai se casar! Esta é a melhor notícia para este final de ano! E certamente que as bodas serão imediatamente, não?

– Embora seja essa a minha vontade, Helène sabe que é impossível, pois preciso fazer desde logo o *Tour de France*, a visita aos principais canteiros de obra de nossa Confraria e isso levará algum tempo, ainda. Mas, desejo formalizar minha intenção de casamento já, frente à nossa comunidade e com as bênçãos do Senhor!

Nem reparei que Helène estava rosada e sem saber o que dizer. Mas, foi ela quem tomou a iniciativa, com uma vozinha de mero acaso.

– Jean Pierre, meu irmão, deverá chegar amanhã, com sua família, para passar as festas conosco. Certamente, se o desejares, podes vir jantar em casa e assim terás tempo para essa conversa. De minha parte, tu, melhor que ninguém, sabes o quanto isso é importante para mim e o quanto desejo as bênçãos para essa nossa data!

– E quando ficareis sabendo os detalhes dessa viagem pelo país? Será uma viagem muito longa? Em quanto tempo estareis de volta? Para quando poderemos aprontar as bodas?

– Minha amiga! Não o pressiones assim, até porque podes espantar o meu noivo, brincou Helène. Tudo terá seu justo tempo, eu penso. Thierry precisa completar seus estudos para que possamos iniciar nossa vida juntos sem esses problemas, eu compreendo! Agora vamos andando, pois temos ainda muito a fazer para a festa de Natal!

Deixei-as, encaminhando-me para o início dos trabalhos do dia. Lucien esperava-me.

– Estais mais calmo?

– Calmo?! Acabo de ver Helène! Marcamos a formalização de nosso compromisso de casamento para a Noite de Natal, após a Missa. É claro que vou precisar de vós para pedir a mão da senhorita a seu irmão e isso deverá ser feito amanhã à noite, em sua casa, segundo entendi!

– Temos outras notícias que vos interessam, a vós e aos vossos companheiros, mas não vos adiantarei nada! Teremos nossa ágape de São João de Escócia e, nessa oportunidade, essas coisas vos serão colocadas por nosso Mestre. Até lá, vos dediqueis a concluir vossas tarefas de construtor e vossas obrigações com referência à Festa de Natal e às demais festas de encerramento do ano. Boa sorte!

E assim transcorreram esses dias hibernais, de paz e harmonia. Jean Pierre e Claire estavam muito felizes com nossa decisão. Claire achava a ideia boa, porque um homem iria morar em sua casa, trazendo-lhe o respeito da comunidade. Todavia, a notícia, entretanto, que eu ainda deveria viajar pelo país não foi aceita com a mesma alegria. Parece que as pessoas pensam apenas em seus interesses e descuidam o que os outros desejam ou precisam fazer. Helène estava conformada, ou melhor, consciente de que havia algo ainda a ser feito, e que eu precisaria ausentar-me por certo tempo. Nada disso impediu que, após a Missa de Natal, nos reuníssemos em sua casa, em família e contando com as presenças de Lucien e de padre Hugues para, à ceia, formalizarmos nosso noivado.

Mas, o mais surpreendente de fato aconteceu no dia de São João de Escócia. Na ágape ritualística no Castelo da Santíssima Trindade, De Montagne determinou os caminhos que nós traçaríamos a partir da Epifania. A primeira surpresa: Jean deixaria a Ordem. Sua intenção, manifestada a Lucien e guardada em segredo até aquela data, era de ingressar como acólito, no mosteiro beneditino. Trocaria sua profissão de construtor pela vida religiosa, no clero regular. Não houve qualquer demonstração de contrariedade por parte dos demais irmãos, apenas lhe desejamos boa sorte em sua decisão. Com os demais, a surpresa foi menor: Clovis atravessaria o Canal e trabalharia com os irmãos, em Londres, que estavam requerendo mão-de-obra formada para a construção da igreja dedicada a São Paulo. Moss seria deslocado para Florença, para refinar seus dotes de escultor. Richard e eu faríamos a peregrinação pelo país, visitando as obras e os prédios públicos e as construções religiosas, as quais me interessavam sobremaneira. Deveríamos todos viajar após as festas, respeitando os dias próprios para essas marchas. Tínhamos, portanto, mais alguns dias para as despedidas e organizarmos o que deveríamos passar para outros irmãos. Deveríamos nos apresentar às Lojas de Trabalho, de acordo com os documentos que levaríamos, onde seríamos recebidos como visitantes. No próximo ano, nessa mesma data, deveríamos estar de volta à nossa Loja Mãe, para relatarmos nossas experiências. Mas, tudo seria confirmado ao longo do ano, pois nunca se pode saber o quanto o trabalho vai nos exigir, se há possibilidade de viajar, e todos os *ses* que a incerteza de um ano pode gerar.

Estávamos programando conhecer, em primeiro lugar, a cidade de Chartres onde a arquitetura românica pode ser comparada à Arte Nova. Saint Brice e Saint André são bons exemplos das *redondas,* e a catedral, ao lado de outras igrejas em construção, como Saint Père e St. Pierre traduzem as novas tendências que iremos examinar e colaborar com nossos irmãos construtores, dentro de nossas possibilidades. Chartres fica às margens do Eure, não muito distante da Capital e é um centro pequeno, do condado de Châtillon, onde a agricultura floresce ao lado da arte dos vitrais. Foi um centro religioso de importância, dos druidas, das seitas de nossos ancestrais, e há quem diga que ainda existem hoje pessoas que se dedicam a esse culto. As informações que Richard obteve serviam para nos orientar sobre o que veríamos e como nós deveríamos nos movimentar nessas andanças. De tudo, o que realmente sentirei falta, profissionalmente falando, é da oficina de discussão e de aprendizado que o vigilante Lucien tão bem sabe conduzir.

De volta aos aposentos, pensava o quanto tais mudanças seriam importantes para nós. Pensava nas pessoas que certamente conheceria e nas experiências profissionais que enriqueceriam nosso conhecimento da Arte Real, quando, subitamente, minha atenção foi tomada por um vulto que se movimentava diante de mim. Não era um vulto – era a impressão de um vulto! Eu tinha a sensação de que mais alguém estava naquele quarto. Tentei olhar diretamente, mas nada vi. Estava escuro; a vela que sempre mantinha acesa, não chegava para iluminar aquele canto. Perguntei, automaticamente: "Quem está aí"? Não houve resposta. Eu já estava aprendendo a perceber minhas emoções e naquele momento não identifiquei qualquer medo ou incômodo. Apenas tinha a nítida sensação de que não estava só. Procurei usar uma técnica que nos fora ensinada, de respirar profunda e calmamente, com os olhos fechados, prestando atenção no volume de ar que entrava e saía e procurando equalizá-los. Esta técnica confere muita paz e sensação de tranquilidade e serenidade pessoal. Quanto mais me acalmava, mais claramente percebia a presença de uma pessoa idosa, um homem. Eu estava tranquilo, sem sustos, porque a presença era pacífica e conversava comigo de maneira professoral. Não sei dizer se eu chegava a ouvir o som de sua voz ou se apenas eu sabia o que me estava sendo dito, o fato é que eu mantinha um diálogo mais ou menos assim:

– Já está na hora de me conheceres. Eu sou o teu Mestre.

– Como meu Mestre?! Eu sempre achei que o Mestre era Jesus! Como é o seu nome?

– Tu sabes. Todos têm um Mestre Interno. Jesus também tem um Mestre Interno. Eu sou teu Mestre Interno. Podes chamar-me sempre que necessitares, como "Mestre" ou como "Senhor M."[2] Mais tarde irás conhecer meu nome.

2. Em francês faz sentido: M.M.

– E como é que eu vou saber que és meu Mestre, não um ludibrio, ou um falso mestre ou até mesmo um senhor trevoso?

– Tu sabes. Teu coração o sabe.

– Onde eu posso encontrá-lo?

– Em teu coração. Chamarás a Luz. Visualizarás o Sol. Eu estou nesse Sol.

À medida que o diálogo progredia, a imagem se tornava cada vez mais clara, e eu me lembrava de Dom Inigo Lerouge, com o medalhão do sol em seu peito, como ele se havia apresentado no Castelo, naquela noite de plenilúnio. Não era o mesmo rosto, nem as mesmas feições, mas o todo da figura, o porte, talvez algo mais sutil, era igual. A voz clara e forte, as respostas diretas e a sensação de profundidade e de sabedoria que transmitia.

Quando se está na presença do Mestre, a sensação de pequenez, de ser um minúsculo que se tem é como a sensação de chegar perto de uma montanha ou de um carvalho muito antigo. A certeza de que há algo muito maior e mais forte, mas não há medo, mas confiança, exatamente como eu tinha na presença de meu pai, quando menino. A figura é como a do pai, porém, menos autocrática, menos impositora, mais... amorosa!

– Tenho uma instrução para ti e esse é o motivo pelo qual me estou apresentando agora. Estás preparado! É preciso que conheças profundamente a mais cara virtude da Confraria da Arte Real, a Fraternidade.

– Para os iniciados, esta qualidade possui três princípios: a Verdade, a Tolerância e a Paz. Em nossa cultura, talvez o valor mais aviltado seja a Verdade. Não é somente aquele jeitinho de dizer *aparece lá* e tendo verdadeira surpresa quando o outro aparece mesmo, ou nas ditas *mentiras piedosas*, quando julgamos, por nosso livre-arbítrio que a verdade seria intolerável. A Verdade não é somente a abstenção da mentira, mas implica a busca de uma perfeita coerência entre pensamentos, palavras e atos. Quando não couber revelar a Verdade, o silêncio, não a mentira deverá ocupar o seu lugar.

– O segundo princípio da Fraternidade é a Tolerância. Ser tolerante com as opiniões, sentimentos e hábitos dos outros é reconhecer, a cada indivíduo, o direito de pensar e viver como bem desejar. Etimologicamente, a Tolerância tem sentido mais profundo do que simplesmente a *ausência da intolerância*: É *suportar*, suportar o peso da necessidade de mudança e do desenvolvimento. Ser tolerante é arcar com a responsabilidade de uma busca incessante de conhecimento mais amplo, de sentimentos mais largos, de comportamento mais flexível; é a disposição de aceitar as crucificações, que representam os resultados inevitáveis da aceitação de todos os opostos.

– A Paz, o terceiro princípio da Fraternidade, é a paz do indivíduo, a única forma de se obter a paz no Mundo. O mundo em que vivemos nunca está em paz. Em nossa cultura, já se tornou muito natural sabermos de algum conflito belicoso em alguma parte e já nem nos interessamos por isso; já é natural sabermos da violência que nos cerca, do assalto que nosso irmão sofreu, dos litígios que nos envolvem, dos duelos, da existência de exércitos, das armas que usamos para nossa defesa. E esse homem violento é o mesmo que entra nos templos e cultua Deus, guerreando, queimando, matando, torturando em seu Santo Nome. Se queres a paz, Thierry, prepara-te, seja pacífico, pois és o único responsável pelos teus atos, por teus pensamentos e por teus sentimentos!

– Desejo que tenhas sucesso em tua peregrinação física, como tu estás te preparando para o sucesso na verdadeira peregrinação, e que teu Pai-Que-Está-no-Céu continue lançando Suas bênçãos. A partir de agora, alcançar a Verdadeira Luz seja a tua única meta, tua única vereda no longo caminho que inicias que, seguramente, te trará muita realização pessoal e muita alegria, mas que não dispensará nunca teu esforço pessoal e tua Fé, a certeza nestas coisas que te estão sendo reveladas e das quais tu serás um eterno guardião.

A imagem do Mestre foi-se tornando cada vez mais branca, mais fluida e desapareceu. Eu estava muito calmo e sereno com sensação de plenitude. Não foi difícil dormir nessa noite.

No dia seguinte, relatei a Lucien mais essa experiência, acreditando que ele não daria muita atenção, como tem feito perante algumas apreensões minhas. Estava enganado. Lucien parou tudo o que estava fazendo e convidou-me para um canto, dizendo:

– Esta foi talvez a segunda maior experiência íntima que tivestes. Um pouco adiantada, quem sabe, mas se Ele decidiu que estava no momento, não serei eu quem deva questionar. Agora, não mais precisais de meus conselhos: Tendes a um Sábio verdadeiro para vossos diálogos!

– Não estou entendendo. Quando foi minha outra grande experiência?

– O contato com vossa individualidade vos colocou DES PERTO, como vos foi revelado e sabeis bem o que isto quer dizer. Vossa individualidade é o vosso primeiro Mestre, responsável por vossas primeiras instruções. Pode aparecer como um menino ou um rapaz. Vede a representação que fazemos de santos, como Santo Antônio ou São José. Acreditais que o Menino Jesus possa ser conduzido em apenas um braço? Ou que o Menino Jesus existisse fisicamente em tantas épocas da humanidade? Estas são nossas representações de que esses santos homens conheceram suas individualidades, e isto já os coloca fora do lugar-comum dos homens.

– Então, quer dizer que quem conhece sua individualidade é um santo?

– A canonização é coisa da política da Igreja e muito pouco ou nada tem a ver com o mundo espiritual. Ou acreditais que os que mandam matar, os que comandam guerras ditas santas, possam ser santos? Acreditais que a Religião do Amor Vivo, o Cristianismo, possa tolerar a falta de amor com que certos Papas, Bispos e Reis conduzem sua política para com seus semelhantes? Portanto, não vos preocupeis com rótulos. Segui vosso caminho, que está muito bem. A revelação de vosso Mestre indica quão acertada é nossa decisão de vos mandar em peregrinação, pois tereis a necessária assistência e proteção... Reforço, uma vez mais a necessidade de vosso sigilo sobre esse vosso encontro. De agora em diante, tendes que vos reportar primeiro a Ele, e de vossas conversas ninguém deve saber. Nem eu!

– Bom, não sei como vai ser, agora! Mas, acredito que poderei passar por mais essa! Vamos em frente!

Capítulo XVII

Tão logo os assuntos da Loja foram encerrados, tomamos uns dias para ajustar nossos problemas pessoais. Depois de tudo resolvido, fui ter com Helène. Era um final de tarde muito bonito, desses que é possível somente no inverno. O clima estava ameno, apesar da época do ano. Não houve nevadas nem frio exagerado e, apesar de uma brisa de norte, constante, o tempo estava firme. O sol se punha lentamente, e o perfume das ervas ressecadas inundava o ar. Helène estava linda, radiosa e sorridente. Convidou-me para entrar, e em sua casa o cheiro da cozinha de Claire enchia a boca de água.

– Vim despedir-me. Amanhã Richard e eu vamos para Chartres.

– Quanto tempo vocês *precisam* ficar lá?

– O suficiente para vermos as obras em andamento e conversarmos com os responsáveis pela construção da Catedral. Não será muito tempo. De qualquer forma, pensamos estar de volta para as festas do final do próximo ano, se não pudermos vir antes.

– Ficarão todo um ano em Chartres?!

– Não creio. Mas, prosseguiremos de lá para Paris e depois, não sabemos ainda.

Continuamos a conversa sobre Paris e a respeito de tudo que poderia ser conhecido naquela cidade, não apenas em matéria de obras de arte, mas nos diversos interesses que nos moviam. Fomos interrompidos por Claire, que nos chamou para o jantar.

Uma entrada de *paté de fois gras* acompanhava saladas verdes; uma deliciosa sopa de legumes e o prato principal, um magnífico galo cozido no vinho tinto, com cebolas pequeninas, cogumelos e batatas *noisette*, além de pedacinhos de carne defumada, tudo isso acompanhado de um pão bem assado, maduro. Vinho, claro, de produção própria, assim como os queijos que antecederam os doces. Claire sabia que o meu doce preferido é de abóbora em pedaços, com calda bem grossa de mel, e foi o que ela ofereceu. Come-se muito bem naquela casa!

Após o excelente jantar, Helène e eu degustamos um delicioso licor de cerejas feito por ela mesma, uma vez que Claire a tinha liberado de suas obrigações com a limpeza da cozinha, certamente em atenção à minha presença.

– Quanta coisa importante tem acontecido neste último ano! Parece que o céu desaba sobre a cabeça da gente!

– De todas as coisas importantes que me aconteceram a melhor foi te conhecer – disse eu.

– Quanta galanteria! Para mim também essa foi a melhor surpresa deste ano, e espero que essa peregrinação não me roube o meu amor!

– Como alguém poderia roubar uma coisa que veio para ficar e que é eterna?!

– Como sabes que é eterna? Acaso o amor entre duas pessoas é sempre eterno? Ou será essa uma promessa apaixonada?

– É mais que uma promessa, é um juramento apaixonado! Um amor como o que sinto tem a grandeza da eternidade e o perfume das coisas perenes!

– E como podes me provar isso?! Ou vais dizer que tal amor não necessita de provas?!

– Que prova posso eu oferecer à minha dama?!

– Fiques comigo esta noite! Quero entregar-me a ti! Quero fazer-te meu primeiro e único homem!

– Tu sabes o que estás me pedindo? O que diria teu irmão? O que diria o padre Hugues?

– Que se danem eles! Eu quero que fiques comigo agora!

– E se engravidares?

– Tu não me amas de verdade! Falas coisas bonitas, mas na hora de agir te acovardas! O que eu poderia esperar de meu homem, se ele foge quando eu estou pronta para ele?!

– Eu te amo! Tu sempre foste voluntariosa! Eu fico contigo!

Como despedida, foi uma noite maravilhosa. A casa toda em silêncio, meu coração pulsava tão forte que tinha a sensação de que estava sendo ouvido em toda a aldeia. Forte nervosismo tomou conta de mim, ainda que um pouco amortecido pelo licor. Helène estava mais exuberante que nunca, talvez também relaxada pela bebida. Ela é simplesmente linda, carinhosa, sensual e terna. Jamais conheci pessoa tão completa em tudo. Um espírito privilegiado em um corpo de menina bonita, uma pessoa evoluída, e não conheço outra mulher que tenha todas essas características reunidas. Eu sou feliz, muito feliz por tê-la conhecido e por ter descoberto nela o meu amor, a minha complementação. É a mulher que eu desejo e quero como minha companheira por toda a minha existência!

Na manhã seguinte, saí cedo, para que ninguém percebesse, nos nossos alojamentos, que eu não havia dormido lá. Tudo correu como eu esperava. Richard e eu iniciamos nossa viagem, com pequena despedida dos nossos irmãos, bem na hora propícia.

Era uma viagem simples, mas passamos em diversos pontos por hordas de miseráveis ou de doentes, que caminhavam a esmo, sem destino preciso. Nos livramos de ser assaltados, talvez pela proteção divina, talvez por mantermos um ritmo mais forte nos deslocamentos e termos nossas paradas em locais que já estávamos acostumados devido às viagens dos construtores. Chegamos a Chartres e fomos muito bem recebidos pelo irmão Claude, contramestre da Loja em que seríamos lotados. O Mestre Jean era o encarregado da obra da Catedral, a reconstrução de um templo muito antigo, erguido em um lugar sagrado e que fora incendiado fazia alguns anos. Iríamos conhecê-lo mais tarde.

A cidade era bonita, também muito antiga, charmosa e fascinante em suas colinas e ruas. Possuía encantamento todo especial, que lhe dava um ar quase feminino ou, talvez, uma atmosfera mágica que se misturava aos dias primaveris que se anunciavam. Havia uma praça em frente ao canteiro de obras da Catedral que se destacam do resto. Parecia que o antigo e o novo andavam juntos nesse cenário magnífico, de verdes campos cultivados e de lindos trabalhos em vidro colorido que conferiam beleza ímpar às construções.

Comparando com a gente de nossa terra, esse pessoal tem um ar mais cansado, mais velho. São gentis e hospitaleiros, mas parecem carregar consigo a história dos tempos idos, das invasões normandas, das lutas pela terra, do sangue que aqui correu. Dá a impressão de serem mais feios, feições embrutecidas, olhar menos inteligente, mas isso é uma primeira impressão de quem apenas chegou à cidade.

Nossos alojamentos são menos espaçosos do que tínhamos, até porque nossa permanência aqui não deveria ser longa. Após nossa acomodação, Claude veio nos buscar para conhecermos a cidade e para comermos alguma coisa, juntos, na taberna que frequentava. Chamava-se *o Buraco do Bode*, [3] que também quer dizer o centro da roldana que se usa para fazer subir as pedras na construção das torres das igrejas, ou poderia fazer alusão ao restaurante e seu proprietário, um

3. *Le Trou du Bouc*

sujeito gordinho, mal-encarado, sempre com ares de que estava fazendo um grande favor aos clientes. Como toda a taberna que frequentávamos essa também tinha uma sala reservada, no fundo, como Claude nos mostrou. Era ali que nos reuniríamos para algumas de nossas instruções e para os ágapes com os quais estamos habituados a encerrar alguns de nossos trabalhos.

O sistema de ensino era idêntico ao que havíamos conhecido. Fazíamos parte de uma oficina de trabalhos, com obrigações para com a obra em andamento e para com nossos irmãos, mas éramos uma espécie de ouvintes, participando de todas as discussões, de natureza técnica ou filosófica e de nossos rituais, porém, com o vínculo funcional em nossa Loja-mãe, isto é, os deveres eram os mesmos, hierarquicamente tínhamos subordinação local e nossa contribuição era transitória e deveria perdurar enquanto estivéssemos presentes. Em todas as Lojas de construção há rígida hierarquia a ser observada, assim como sua composição em células menores, que chamamos de *oficinas*. Normalmente, uma Loja é composta por três oficinas, mas esse número pode variar, de acordo com as necessidades da obra.

Na taberna estava o Mestre Jean, conhecido por Jean de Beauchamps, em homenagem à região e como forma distintiva de identificar a pessoa, dentre seus homônimos. Estavam também Ferdinand e Charles. Estes dois mais o nosso anfitrião eram os companheiros de trabalho da oficina, posto que um quarto irmão havia viajado em peregrinação; havia ainda os três aprendizes além desses companheiros, totalizando sete membros, como de praxe. Mestre Jean, Claude e Louis, que ainda não nos fora apresentado, administram a loja encarregada da construção. Richard participaria da oficina conduzida por Louis que possuía uma estrutura semelhante à primeira. As três oficinas possuíam funções diferenciadas, dentro do plano de construção.

– Bem-vindos a esta humilde cidade! Bem-vindos à nossa modesta Loja! Estamos muito contentes que tenham vindo para auxiliar neste imenso empreendimento! Precisamos muito de obreiros experientes e dispostos a contribuir para esta Obra, em honra e glória do Senhor! Esperamos que nosso irmão Claude, contramestre desta Loja e encarregado da recepção aos irmãos visitantes, já os tenha alojado e talvez até discorrido um pouco sobre o trabalho que aqui realizamos!

– Nós ficamos muito felizes por nos receber em vossas oficinas, nós que muito teremos de aprender de vossos conhecimentos que já são famosos em toda a Confraria e haurir de vossa sabedoria na Arte Real, consagrada entre os mais poderosos senhores do Reino e dentre o clero mais esclarecido do país! Vos trago, sábio Mestre, a fraterna saudação do Mestre de nossa Loja, o Senhor Conde De Montagne e de todos os obreiros daquela humilde Guilda!

Assim nos saudamos, seguidos dos cumprimentos protocolares que nos identificam e a entrega das credenciais para certificar nossa identidade. Juntamente com esses documentos, havia uma carta pessoal de De Montagne para Mestre Jean, com o selo de nossa Loja.

– Ides ver uma obra de reconstrução na qual verificareis que inseri colunas nas arestas dos pilares quadrangulares, formando um quadrilátero na nave principal e a circulação dos fiéis através das naves laterais. Mas o mais extraordinário, talvez, esteja nos elementos da Arte Nova, representados pelas duas torres que se vê na fachada principal. Nesta, faremos construir um portal totalmente decorado com esculturas que representarão cenas da História Sagrada, contada em pedra, para todos os cristãos que adentrarem o Templo por essa porta.

– Parece-nos algo revolucionário, totalmente novo, do qual nosso irmão Iorg já nos havia informado, de suas experiências nesse tipo de construção.

– Ah! O Iorg! Ele realmente é um perito nesses expedientes dos arcobotantes! Onde o conhecestes?

– O irmão Iorg está fazendo a sua peregrinação e, atualmente, está sediado na nossa Loja-mãe, assim como hoje estamos acompanhando o vosso trabalho magistral!

– Tomai vossa refeição com calma! Tereis muito tempo para verdes pessoalmente nossos trabalhos e para participardes desta Obra! Agora, o que queremos é que repouseis o necessário para que, a partir de amanhã estejais aptos a encetar vossa jornada conosco. Já sabeis que trabalhamos do meio-dia à meia-noite!

Assim foi nosso primeiro contato com essa Loja da Arte Real, com essa pessoa extraordinária que aprendemos a conhecer aos poucos, que é o Mestre Jean de Beauchamps, um estudioso das técnicas de construção e das escolas filosóficas de Platão e Aristóteles. Um homem velho, experiente e uma inteligência brilhante. Envaidece-nos muito podermos contar com pessoas desse nível em nossa Confraria.

Capítulo XVIII

Chartres é um templo maravilhoso. Imenso e majestoso, no alto de sua colina, parece um castelo inexpugnável em defesa da fé cristã e dos grandes mistérios desse país de tão nobres tradições. Um solo sagrado, onde se sente a presença de Deus; um solo mágico, onde sussurram os doces encantos das serenas vozes de um passado longínquo, cheio de recordações sagradas e de místicas experiências de vidas e mais vidas que por aqui passaram. Mestre Jean colocou todo seu conhecimento nessas proporções matemáticas, conhecimentos esses que, seguramente, a Loja de construção garante intactos, para a transmissão a todos nós, obreiros da Arte Real que temos a sorte de conhecer, discutir e participar dessa obra-prima da arquitetura, em honra e glória do Senhor.

– À imagem dos três níveis do Universo, três ciências divinas ordenam o mundo – asseverou Mestre Jean, repetindo, talvez o que eu já havia ouvido.

– O número qualifica o Espírito, a geometria, a Alma e a arquitetura, o Corpo. A Catedral, imagem reduzida do mundo, existe pela síntese dessas três ordens, formando um casamento harmonioso da Ideia, da Forma e da Substância. A mesma lei rege as proporções do edifício e do Homem. O número que expressa o equilíbrio arquitetônico tem proporções definidas no corpo humano e é conhecido como o Número Áureo, que divide o corpo humano da cabeça ao umbigo e do umbigo aos pés. A utilização desse número nas catedrais remonta às propriedades do círculo e do quadrado que vós já conheceis. O Número traz a Ideia: É o Pai. A Geometria é a mãe da Criação, ela gera as formas. Cada número pode ocupar uma forma que lhe é consagrada, assim também uma ideia ocupa uma palavra que lhe serve de veículo. O casamento das formas, orquestrado pelas regras de proporções, determina o traçado do plano da Catedral. Quer seja no plano ou quando se erguem as paredes, é a alma geométrica do edifício que corre nas pedras que colocamos.

– Os três modelos geométricos de base são como as três cores primárias: o Círculo, o Triângulo e o Quadrado. O Círculo representa a totalidade em estado indiferenciado, mas também a unidade, que é o ponto de seu centro, sem o qual não pode existir. Toda a Geometria se inscreve no Círculo; o Triângulo, a primeira figura fechada, explicita a convergência. É o ângulo que permite a conciliação dos contrários, pelo seu encontro no ponto; quanto ao Quadrado, é a imagem da concretização, da estabilidade e da perfeição na matéria. Do casamento dessas três formas nasce toda a Geometria que conhecemos!

Mestre Jean é um profundo conhecedor desses enigmas pitagóricos e não se cansa de os discutir, em Loja, com seus Companheiros, ou mesmo nas horas do estudo mais aprofundado, quando o tema predominante é filosofia. Claude e eu fazíamos muitas perguntas. Aquele, porque desejava absorver mais rapidamente os ensinamentos do velho mestre, e eu porque não tenho tanta segurança assim nesse ramo de conhecimentos. Acho que tenho muito a aprender ainda e pretendo utilizar todo o tempo possível nessa visita para fazer novos progressos. Enquanto discutíamos a parte, por assim dizer, teórica da construção, participávamos intensamente da parte prática em pleno canteiro de obras. A Catedral erguia-se magnificamente, em sua forma esbelta, como uma prece, uma oração que se dirige ao Céu e a Sua resposta aos homens, sob a forma de luz, de beleza e de sons. A esse propósito, registro mais uma passagem da discussão entre Mestre Jean e seus discípulos.

– Como último estado da concepção, a arquitetura realiza a fusão magnética da substância e da forma. Para respeitar o traçado geométrico e conciliar os enormes esforços mecânicos devidos à massa das pedras, o mestre-de-obras experiente deverá casar o cheio com o vazio, de maneira a dar estabilidade ao edifício. A escolha da pedra bruta e seu corte e polimento farão possível o mais delicado, ou seja, domesticar a substância para lhe impor a Ideia-forma. Essa sujeição a que a pedra se submete, confere aos arcos, colunas e abóbadas um estado de tensão muito forte, tornando a Catedral similar a um gigantesco instrumento musical, no qual cada coluna é como uma corda esticada. Ao exemplo de uma caixa de ressonância, o Templo deverá vibrar em cada uma de suas pedras à menor estimulação cósmica ou humana, reproduzindo as notas da sinfonia do Universo. Os enunciados sobre a música, de Pitágoras, estabelecem as relações geométricas que permitem definir os intervalos musicais. Cada nota pode exprimir-se na forma de um ganho de cumprimento, nascido de sua partilha íntima com a corda. Assim, a gênese das notas aparecerá sob a forma geométrica em cada Catedral que possuir sua chave musical.

Desta forma, com muito trabalho, muita discussão e camaradagem, iam passando nossos dias em Chartres, da festa da Anunciação até a chegada das cerimônias de Páscoa. Estas cerimônias são muito tocantes, com rituais pesados que falam de morte e ressurreição e que somente agora, depois de tanto estudo e discussão em nossa Confraria, eu começo a ver de outro ângulo, diferente daquele que é dito para todo o povo. Aliás, parece que tudo tem um duplo sentido por aqui, até mesmo algo banal, como o nome da nossa taberna. Descobri, conversando com Claude, que o centro da roldana é também o centro do círculo a que Mestre Jean se referia em suas lições e que isso vai além da simples geometria, que permite os traçados físicos da planta baixa do Templo ou de seu desenvolvimento nas alturas. O centro do círculo é o centro da roca em que as Moiras fiam o destino dos homens, segundo a antiga lenda grega que estudamos nos clássicos; é o Ponto, o único lugar de total imobilidade em todo o Universo. Se o Círculo representa a divindade, seu centro é o lugar mais sagrado, lugar de origem divina, o Princípio e o Fim, de onde viemos e para onde vamos, em nossa jornada! É o ponto onde nós devemos nos refugiar quando tudo parece estar girando, e a turbulência do mundo parece que nos vai destruir. É o ponto de serenidade, de paz e harmonia, o único lugar no Universo inteiro que se pode Estar e Ser! É interessante esse simbolismo! É um desafio e ao mesmo tempo preocupante ter de procurar o sentido oculto das coisas que nos cercam, o significado e a *voz oculta* de cada símbolo desses que nossa Ordem é tão repleta e temos de encontrar seu significado exato. Vou lembrar de comentar isso com Claude!

Durante os ofícios de Páscoa, chamou-me atenção um cavaleiro, por sua altura, seu porte e por suas vestes. Mais alto que o comum, mais forte, também, com inusitada postura de cabeça que eu diria *nobre* ou *real*, um jeito quase arrogante de olhar, mas ao mesmo tempo uma forma simpática, ainda que altiva, de tratar os outros. Vinha acompanhado de dois escudeiros ou servos e movimentava-se com desembaraço pela cidade. Tinha intimidade com o clero local e parecia que os aldeães estavam prontos para o bajular, se o permitisse. Eu não tinha informação mais precisa sobre a figura, até que o próprio Claude me informou tratar-se de um Templário, um *pobre cavaleiro do Senhor*, em peregrinação pelo país e de passagem por Chartres. Cumpria os ofícios religiosos ali, conosco.

– Os Templários estão fechando um contrato com nossa Confraria, para a construção de um castelo, ou talvez seja um mosteiro. Essa gente é muito discreta e nunca sabemos exatamente o que vêm fazer. Não viajam só, em geral em dupla, e com seus servos e estão sempre a negócios. São muito ricos e poderosos, além de bem-treinados nas artes da guerra! Dizem até que financiam os maiores senhores do Reino e até os reis!

– E esse cavaleiro Templário, o que veio fazer aqui, contratar a obra?!

– Diz estar em peregrinação, mas se sabe que deve haver outra intenção. Em geral, essa gente está em *missão secreta,* e pouquíssimos tomam conhecimento de seus reais objetivos. Eu não saberia vos dizer o que pretende esse cavaleiro. Aguardemos!

– Ouve-se muito falar dessa Ordem. Podeis esclarecer minha curiosidade sobre eles?

– Na verdade, meu caro irmão, eu sou tão curioso quanto vós e, por certo, haverá oportunidade em que nossas curiosidades serão saciadas, e disso eu tenho certeza!

Parece haver sincronismo com as coisas que comentamos. Em uma reunião no *Buraco*, o assunto fluiu para as ordens cavalheirescas e monásticas, e eu expus toda a minha curiosidade em relação aos Templários. Foi Ferdinand quem tomou a palavra para esclarecer alguns pontos a respeito de tais cavaleiros.

– Conta-se que essa Ordem teria sido fundada há mais de um século por oito cavaleiros, aos quais se juntou mais um, com os votos de defender as rotas dos peregrinos nas viagens à Terra Santa. Possuem triplo voto: de castidade, pobreza e obediência e por essa razão foram considerados de grande respeitabilidade e utilidade à fé cristã e receberam do Rei de Jerusalém um castelo perto da cúpula do rochedo, onde se supôs ter sido erigido o Templo de Salomão. Seu nome original era *Os Pobres Cavaleiros de Jesus Cristo* e mais tarde ficaram conhecidos como *Os Cavaleiros do Templo de Salomão* ou *Os Templários*. Seu primeiro Mestre do Templo, era esse o título pelo qual era conhecido, foi Hugues de Payen que, segundo consta, possuía origem plebeia.

– O Concílio de Troyes institucionalizou a série das 72 regras dos Cavaleiros do Templo: castigos por morte à fome, prisão perpétua, obediência total ao mestre, dormir num lençol de palha, um lençol e dois cobertores, com roupa interior de algodão e uma luz acesa no quarto, nenhum bem pessoal, sequer uma carta. Tudo estava previsto para uma vida monástica das mais severas. O uniforme deveria ser branco, emblema da castidade e pureza, nenhuma pele além de uma pele de carneiro, sequer o menor contato físico com qualquer pessoa do sexo feminino. Deveriam comer carne apenas três vezes por semana. À sua cabeça, encontrava-se o Mestre. Era chamado *Mestre do Templo de Jerusalém*. Era muito poderoso, mas não ditador. Cada irmão era responsável frente a ele, mas ele era responsável por toda a Ordem. Podia distribuir ou dispor de alguns dos membros da Ordem, fazer dádivas em nome da Ordem, escolher seus cavalos e armadura e era guardião de um baú fechado à chave contendo joias da Ordem. Mas todas as decisões importantes, como dar ou alienar propriedades da Ordem, planejar campanha ou ataque, alterar qualquer parte da Regra, receber novo irmão, declarar guerra ou fazer a paz, o Mestre era obrigado a consultar um Capítulo de cavaleiros. Seu voto valia como o de outro qualquer, embora sua voz fosse influente.

– Mas, à medida que a Ordem cresceu, a casa pessoal do Mestre constou de onze membros: dois colegas cavaleiros conselheiros, um capelão, um escriturário, um cozinheiro, um ferreiro, um intérprete, um guarda-costas, dois infantes e um servente. Para uso comum, tinha quatro cavalos e, em campanha, tinha tenda redonda maior que as outras. O estandarte constava de uma cruz preta com fundo branco. Nem a cruz preta, nem a flâmula foram os estandartes originais templários. O estandarte que permaneceu foi autorizado somente mais tarde, após a morte de Hugues de Payen. Mas o significado duplo – o estandarte que também era "pigarço" (preto e branco) – foi peculiar dos Templários desde o início, pois a bandeira sob a qual Hugues e seus companheiros cavalgavam nos primeiros tempos era preta e branca: em termos heráldicos, preta com um *chef de sable,* branco puro encimado por uma larga tira preta. O *senescal* seguia-se no comando ao Mestre. Tinha uma tenda e um selo idênticos e substituía-o na ausência. O *marechal* era o terceiro na hierarquia.

– Hoje, os Templários são, talvez, a mais rica e mais poderosa Ordem cavalheiresca que conhecemos, e costumam contratar obras importantes, o que nos coloca como bons parceiros na maioria das vezes. Estão muito envolvidos no fortalecimento das monarquias e possuem aliados muito vigorosos em toda parte. É uma Ordem que veio para guarnecer nosso mundo!

– Possuem, entretanto, muitas cerimônias secretas, das quais são muito orgulhosos, desde a recepção de novo membro da Ordem até sua progressão por um sistema de graus, em que são avaliados na coragem, na lealdade e em muitas outras virtudes. Igualmente, possuem estamentos bem definidos, nos quais dificilmente se pode progredir, bem ao critério das organizações militares ou, que são semelhantes, das ordens monásticas. Há os Serventes que, sem distinção, devem cuidar dos peregrinos e dos Cavaleiros Templários; os Irmãos Espirituais, que estão a serviço dos peregrinos e os Cavaleiros, que vão à guerra, que constituem a elite nobre da Ordem. Ligavam-se a certos essênios que formavam uma sociedade secreta, formada por cristãos virtuosos e verdadeiros, buscadores da Verdade da Natureza, de quem herdaram também os segredos. Estudam certos evangelhos que dizem conter terríveis segredos que o clero em geral deseja manter longe do conhecimento dos fiéis, para não criar heresias e subverter nossa ordem social e religiosa.

– Acredito que, se algumas ordens religiosas tiverem acesso a essas informações, certamente tentarão destruir os poderosos Templários...

– E apossarem-se de seus cobiçados tesouros!

– Acredito que deve haver muita gente interessada nesse espólio e trabalhando pelo aniquilamento dessa ordem, e vos asseguro que não devemos tecer quaisquer comentários a respeito, porque, mesmo com nossos segredos protegidos, nunca se está totalmente a salvo de comentários indiscretos ou de que esses cheguem a ouvidos indesejáveis. Portanto, vos reitero o juramento do máximo silêncio sobre tudo o que conversamos!

Capítulo XIX

A primavera, com toda sua beleza de cores, de perfumes e com a brisa forte vai se encaminhando para o fim, dando lugar aos dias maiores, aos campos plenos das colheitas de verão e também aos dias mais ensolarados e quentes. Não que o verão me desagrade de todo; eu prefiro as meias-estações, quando o clima é mais ameno e o céu é mais azul, mais luminoso. As tardes de primavera são particularmente lindas, e o mundo se renova em flores, preparando o verão dos frutos e das sementes.

Neste ano a expectativa é de uma safra muito boa, pois o clima ajudou. O inverno foi suficientemente frio, as chuvas vieram na época certa da semeadura, e agora os dias estão perfeitos. Há mais uma sensação de que a primavera nos traz: É um sentido de necessidade pelo sexo oposto. Talvez seja esse um dos segredos da Mãe Natureza, que dispõe o mundo para a reprodução das espécies, ciclicamente, todo o ano. Mas, não somente nos animais se vê isso, mas as plantas, as árvores, e nós, os humanos, também nos colocamos dentro desse contexto. Isso tudo para dizer que estou morrendo de saudades de minha Helène, minha amada metade. Estou dentro desse ciclo primaveril extasiante, e meu coração pulsa mais forte somente ao me lembrar dela, de seu rosto, de sua voz, suas palavras doces, suas mãos macias e bonitas e seu olhar amoroso. Gostaria de poder vê-la, saber como está, o que está sentindo e se não me esqueceu. Não há como voltar lá, agora, mas eu daria tudo de mim para fazê-lo. Gostaria de poder tomá-la em meus braços, beijá-la, abraçá-la com todo o meu Ser, com toda a paixão e ficar ao seu lado para sempre, vivendo esse amor que é maior que tudo.

Estava em devaneios quando Claude veio procurar-me, a pedido de Mestre Jean. Ele queria que eu fosse imediatamente vê-lo na obra da Catedral. Foi apenas o tempo de reunir meus pertences e sair com meu amigo. Mestre Jean estava com ar misterioso, solene. Acompanhado de Ferdinand, foi de imediato ao assunto.

– Sabeis, por certo, que essa Catedral está dedicada e será consagrada à Virgem Maria, Mãe de Deus, Nossa Senhora?

– Sim, respondi-lhe, já curioso.

– Sabeis que a Vida é um mistério sublime e que somente com a ajuda da Senhora Misericordiosa lograreis encontrar o caminho da iluminação, o caminho da verdadeira realização?

– Sim, assim já tive uma instrução.

– Quereis ver como representamos isso nesta obra? Observai este piso. Que vos parece?

O piso era um enorme labirinto, de um diâmetro incrível, construído em pedras claras e escuras, com única entrada por onde as pessoas que quisessem seguir seu percurso deveriam entrar e, em seu centro, a representação da lenda grega de Teseu em combate com o Minotauro, gravada em uma placa de cobre ou de bronze, polida, resplandecente feito um sol de ouro velho. O brilho dessa placa, desse centro era iluminado por uma posição especial de luzes de candelabros e do sol que incidia em um determinado vitral.

– O labirinto representa o caminho interno que o iniciado deve percorrer e as diversas ciladas que se preparam nessa caminhada para aqueles que não estão em contato com o discernimento, a indulgência, a bondade e que somente seu Mestre Interior poderá lhe conferir – explicava Mestre Jean. Conheceis a Via Interna, como a representamos aqui? Conheceis o prêmio da Vitória, como o conheceu Teseu? Aqui está à disposição de tantos quantos ousarem *peregrinar* por essa senda. Mas não penseis que se trata de uma caminhada simples, pelo piso desta igreja. Aqui está apenas a representação que desejamos deixar à posteridade, assim como recebemos de nossos ancestrais! O percurso físico possui uma dimensão pré-determinada, como Dédalo construíra no palácio do Rei Minos. Desejais ir mais longe neste conhecimento?

Eu estava extasiado. Nunca havia visto algo de semelhante beleza em simbologia. O labirinto saltou a meus olhos como a representação do Caminho Real a Jerusalém Celeste, ao santuário sagrado representado pelo sol de ouro velho.

– Prometo esforçar-me para ir além em todo esse conhecimento que vossa bondade abriu a meus olhos!

– Então, preparai-vos para o mais secreto dos segredos de Chartres! Sereis vendado e conduzido ao lugar mais sagrado de todos. Antes, porém, tereis de vos preparar condignamente, em oração e meditação. Irmãos, conduzi este iniciando à sala de preparação e o deixai em condições para o sublime ato que irá testemunhar!

Após certo tempo que me pareceu infinito, levaram-me por caminhos tortuosos, similar ao Labirinto que acabara de conhecer. Sempre acompanhado e conduzido docemente pela mão, chegamos a um local de imensa energia, como se estivesse entrando em uma mata densa e invisível, com forte odor de incenso. Fizeram-me ajoelhar e tiram-me a venda. Eu estava diante da imagem de Nossa Senhora, colocada acima de meus olhos, em um pilar, no topo de uma coluna. Era uma imagem escura e trazia em seus braços o Menino Jesus. Em volta estavam mais oito irmãos, com hábitos pretos e encapuzados, portando espadas, que apontavam para mim. Fizeram-me jurar segredo e silêncio eterno e seguiu-se uma cerimônia tocante na qual Mestre Jean – eu reconhecia o tom de sua voz – portava uma lamparina de chama estranhamente violeta. Era a única luz em todo o ambiente, de maneira que os demais irmãos ficavam sempre na sombra. Após várias fórmulas ritualísticas sagradas, fizeram-me levantar e me conduziram em procissão a um túnel escuro que descia através de uma escadaria, às profundezas da terra. No fundo do túnel, uma sala com um poço de águas límpidas e, ao seu lado, uma imagem de uma Virgem Negra. Todos os irmãos ajoelharam-se contritos em preces. Retiraram seus capuzes, permitindo que fossem vislumbrados seus rostos. Mestre Jean colocou-me de joelhos diante da imagem e, entregando-me a chama violeta, fez-me entronizá-la junto à Virgem Negra em seu santuário. Nesse momento, velas iluminaram o local, e o cheiro do incenso tornou-se mais ativo. Em uma série de diálogos, Mestre Jean invocava nossos ancestrais celtas, a tradição druídica do culto à Grande Mãe Terra, ao princípio feminino que nos nutre e nos alimenta como repositórios da Vida e da Luz. Imediatamente compreendi o significado do Triângulo, das três ordens cósmicas fundamentais que representamos nos módulos da construção das catedrais. Parece que todo esse conhecimento estava lá, naquele subterrâneo, ao lado daquele poço, no coração da Virgem Senhora, da Gaia cheia de Graça, bendita entre todas as mulheres, hospedeira do Homem, Filho de Deus.

A cerimônia concluía-se com a revelação de parte desse mistério antigo, que remontava fazia muitos, muitos anos, antes da invasão normanda e antes ainda da chegada dos primeiros emissários de Jesus, mistério que juramos preservar e não revelar, a não ser a bons e fiéis irmãos que merecessem essa distinção, como dizia Mestre Jean. Eu lhe agradecia a imensa deferência e a entendia mais como responsabilidade do que honra. Obviamente, uma vez encerrado todo o cerimonial, retornamos ao piso térreo da catedral e dali fomos todos para um belíssimo ágape que estava preparado, à nossa espera, no

Buraco do Bode. Assim são as coisas em nossa Ordem, justas e perfeitas em todos os seus detalhes.

Dias depois, estava com Richard, falando sobre a evolução das obras da Catedral, quando Claude nos procurou para dizer que havia chegado um mensageiro com notícias para nós. Na verdade, uma carta de Lucien para os dois e uma de Helène, para mim. Minha alegria foi imensa que até esqueci a mensagem de Lucien. Fui direto para meu quarto, com a carta escondida junto ao meu peito, o coração quase saltando pela boca. Estava lacrada, em um envelope com o meu nome na frente. Era pequena em conteúdo, mas enorme em emoção, em uma caligrafia arredondada e firme, bem como eu a percebo. O conteúdo era o seguinte:

Meu amado noivo!

Desejo que as bênçãos do Senhor estejam sempre contigo e que estejas bem de saúde.

Leva-me escrever-te a imensa saudade que sinto, com esse vazio que tua ausência deixou. Sei que é temporário, mas parece tanto tempo que saíste e sinto que não posso ficar, assim, sem ter notícias ou sem tentar ter uma conversa, como sempre tivemos.

Aqui pela terra, tudo está bem. Tivemos duas visitas interessantes: Um menestrel e seus dois saltimbancos vieram de Tours e estiveram fazendo apresentações no Castelo e na Praça, com muita inteligência, muito romantismo. Cantavam histórias de amor, de uma beleza singela, numa linguagem bonita. Poemas doces, de um povo alegre e jovial que transmitem o prazer de viver em versos suaves e bem ritmados. Tocavam seus instrumentos com maestria e faziam malabarismos para ilustrar a apresentação. Usavam roupas bonitas e coloridas e fizeram sucesso com a nossa gente!

A outra visita não foi assim tão alegre: Eram três padres regulares, em seus hábitos pretos, que diziam vir de Toulouse, mas não sei precisar bem de onde. Ficaram hospedados no Castelo, mas ao que parece teus irmãos manifestaram muita preocupação com essa presença. Não sei do que se tratava, pois ninguém quis comentar muito o fato, ao não ser uma ou outra palavra solta. Acho que foi uma espécie de inspeção ou de visita dos legados pontificiais que, por certo, devem estar em missão de preparo da visita de algum graúdo da hierarquia da Igreja.

O resto é a saudade que o canto dos pássaros e o perfume das flores me trazem e a vontade de que teu estágio termine logo e que possas voltar em definitivo para casa e para junto de mim. Pode ser que tu me aches muito egoísta, mas a verdade é que meu coração está pequeno, a vida está sem graça, nem mesmo as conversas com Berenice e as outras estão me interessando.

Tenho ajudado o padre Hugues, como sempre, a dar andamento às tarefas da paróquia, mas isso serve apenas para fazer o tempo passar enquanto espero meu amor.

Thierry, te amo! Te amo hoje muito mais do que quando nos conhecemos, e a única certeza que tenho é que no futuro te amarei muito mais ainda! Sei que não podes vir agora, mas como eu desejaria que isso pudesse acontecer! Enquanto isso, eu me contento em ver os dias passarem e penso, penso muito em ti, desejando que estejas aproveitando bem tua passagem por Chartres e que logo possas retornar.

Te amo muito!
Sempre e eternamente tua,

Helène

Li e reli muitas vezes! Ainda que o sentimento de alegria por ter recebido essa carta seja muito grande, no fundo ficou uma espécie de preocupação indefinida, algo que não sei explicar. Comentei com Richard esse sentimento, e ele sorriu, dizendo que ficara com a mesma impressão após ler a carta de Lucien. Eu a li. Além de assuntos específicos da Confraria e notícias de ordem geral, mencionava a presença dos trovadores e, posteriormente, de três dominicanos que se alojaram no Castelo, a pretexto de estarem em viagem em busca de um sítio adequado para instalação de uma missão ou de um convento. Permaneceram por cerca de quinze dias, hóspedes de nosso Conde, e depois seguiram viagem, aparentemente em direção ao Norte do país. Fico desejando que tragam contratos para a construção de suas igrejas e de seus mosteiros, pois essas ordens são muito ricas e dispõem de boas formas de mobilizar recursos para seus fins. Mas, verdadeiramente, no íntimo, não acredito que esses monges estivessem em missão de contratação. Espero que não esteja enganado em minhas conjecturas.

CAPÍTULO XX

Pentecostes transcorreu normalmente, com muita festa e muita alegria, como é de nossos usos e costumes. Houve apresentação de danças, de artes cênicas populares enfeitando as comemorações litúrgicas, com o entronamento de bandeiras, missa solene e todas as atividades de culto ao Espírito Santo e sua descida sobre os Santos Apóstolos. Particularmente, eu gosto dessa festa religiosa, muito rica em significado que toca fundo o coração. Creio que muitos irmãos também têm esse mesmo sentimento em relação à Terceira Pessoa da Santíssima Trindade.

Comentei com Mestre Jean, de maneira informal, sobre a notícia que recebemos da visita dos padres dominicanos ao nosso Mestre, Conde De Montagne. Mestre Jean confidenciou-me que também não gostara dessa visita, pois soubera que nos meios eclesiásticos corria, à boca pequena, uma acusação contra De Montagne. Ele não sabia exatamente do que se tratava, mas estava relacionada à heresia cátara. Mestre Jean temia que esses dominicanos fossem espiões da Santa Inquisição e que pudessem causar algum problema para De Montagne e, em extensão, para nós.

– A verdade, caro Thierry, é que esses monges não viajam à toa, também que são criadores de caso. Transformam gotas d'água em tempestades com um simples estalar de dedos! Não estão dispostos a ajudar, e *fraternidade* não é bem a sua palavra.

– Sinceramente, não sei de qualquer fato ou questão que pudesse denegrir um homem como De Montagne. É um par do

Reino, é um Senhor respeitado, com muitos serviços prestados ao Rei, e isso certamente lhe valerá!

– Certamente, certamente, meu caro! Não vale a pena nos preocupar com essas questões neste momento! Entregue a Deus!

– Seja o que Deus quiser!

Voltando para meu quarto, sem mais nem menos, veio à minha mente a figura de Dom Inigo Lerouge. Será que a Igreja sabia que ele estava "prisioneiro" no Castelo? Ou já teria filtrado a informação de que ele estaria como hóspede? Teriam esses monges a incumbência de investigar o paradeiro do prelado de Tarrascón? De qualquer forma, deverei guardar o máximo sigilo a respeito, uma vez que isso não diz respeito ao pessoal daqui.

Os dias seguintes transcorreram sem novidades. Na festa de Corpus Christi, após toda a celebração, Mestre Jean nos comunicou que haveria uma reunião a campo, para expor alguns detalhes que nos seriam úteis. Nessa reunião ficou definido que Richard deveria permanecer mais tempo em Chartres, e que eu seguiria viagem para Paris, onde trabalharia na construção da catedral que seria consagrada à Nossa Senhora. Eu teria algum tempo para concluir os trabalhos que estava realizando nesta obra e deslocar-me obedecendo, como de costume, aos dias da Trégua, em data a ser fixada por Mestre Jean. Na verdade, pensei que meu tempo de permanência aqui seria maior. Sentia perder a convivência com esses irmãos e, em especial, com Mestre Jean. Aprendi que as coisas são assim: fechado o tempo de uma passagem, deve-se abrir a porta para a vida, que certamente saberá nos compensar com outras oportunidades.

Na viagem para Paris, percebi muita movimentação pelo caminho. Cavaleiros armados, homens pobremente vestidos, mas armados com toda a sorte de apetrechos de luta, e confesso que não entendia bem o que estava acontecendo. Havia bandos de doentes, de miseráveis desassistidos da sorte, mas o que mais me impressionou foi o movimento militar. Havia muita gente em torneios, muita atividade de fabricação de armas e equipamentos militares. Acredito que tal movimentação seja natural perto das grandes cidades.

Na chegada, fui imediatamente levado a uma hospedaria, onde fiquei acomodado. Era um prédio simples, construção nova, dentro dos muros fortificados, à margem esquerda do rio, perto da obra da Catedral. Foi-me dado dois dias de descanso, para aclimatação ao fim dos quais deveria apresentar-me ao Mestre Jehan de Chelles. Aproveitei bem esses dois dias para conhecer a cidade, sua expansão para além das muralhas, à margem direita do rio e para constatar a influência notável dos mercadores nessa cidade.

As pessoas que circulam por aqui são especialmente feias! Rostos esquálidos, olhos tortos, narizes compridos demais; alguns estão desdentados ou com os dentes apodrecidos. O mau cheiro já exala de tudo, antes mesmo de entrar a estação quente, e as pessoas parecem não se importar com isso. As pessoas circulam a esmo, entre as casas e o mercado, procurando vantagens e realizando pequenos furtos. Percebe-se grande afluência de estrangeiros, de pessoas de outras regiões, que também circulam por entre as ruelas e, como eu já antevia, muitos cavaleiros armados, com suas armaduras resplandecentes, brilhando ao menor raio de sol; muitos cavaleiros templários que se distinguem dos demais por suas túnicas brancas com a cruz negra e por andarem sempre em dupla, e clérigos de todas as congregações e ordens religiosas. Há, também, os nobres, os membros da corte real, mas esses raramente são vistos. O pior dessa cidade é a agitação, as correrias, os gritos, as brigas que se dão a todo instante e em todos os lugares. Trata-se de um povo brigão!

Voltado para o Norte, prevenindo-se, como me foi dito, de possíveis incursões dos ingleses, situa-se o Castelo Real. Uma fortaleza que domina a paisagem! A construção da nova catedral fica no centro de uma ilha, onde começou a cidade, contam que em uma aldeia de pescadores gauleses. A obra está adiantada. Constrói-se, esculpe-se, decora-se, enfim, muito trabalho e de excelente qualidade. Vislumbram-se os arcobotantes na construção da nave principal e as duas torres na fachada oeste, como duas enormes colunas a informar sua mensagem cifrada através dos séculos vindouros. Em cada portal trabalha-se esculpindo a história e os segredos dos vícios e das virtudes, segundo uma concepção muito antiga que poucos conhecem. Trabalha-se nos vitrais, com a arte de nossos irmãos de Chartres e na decoração de imensa cripta onde os mais profundos segredos da Catedral serão guardados das vistas profanas. Quando pronta, será mais uma magnífica obra dedicada à Virgem Imaculada Mãe de Deus e à Glória do Senhor de Todas as Coisas.

A recepção aqui foi muito diferente. Um irmão, de nome Marcel, veio encontrar-me à porta da cidade e conduziu-me à hospedaria, certificando-se de que eu estaria confortavelmente instalado, após o que me deixou entregue à minha própria sorte, até o dia que deveria me apresentar. Marcel foi cortês, mas não caloroso do modo que costumamos ser no interior do país. Eu me pergunto se aqui terá os mesmos ágapes concorridos que tínhamos em Chartres ou mesmo no Santíssima Trindade.

Passado o tempo de adaptação, o próprio Marcel recebeu-me, com as formalidades de costume, dizendo que o Mestre da obra não estava disponível e tratou de me conduzir à oficina em que eu deveria iniciar o trabalho. Essa foi a rotina que tive, por longo tempo. É claro que sempre procurava conversar com os irmãos, porém estava evidente que a animosidade não era pequena. Parece que, mesmo entre irmãos, não gostam muito dos estrangeiros ou daqueles que vêm de outras localidades. Isso eu tinha percebido fora do canteiro de obras: A gente desta cidade parece detestar os que vêm de fora.

Henry, um bretão e trabalhador temporário feito eu, foi o que se mostrou mais amigo, mais próximo, talvez em razão de nossas situações semelhantes. Nas instruções que tínhamos na Catedral ficávamos próximos e nos interessávamos pelos mesmos assuntos, procurando aprofundar conhecimentos nos detalhes construtivos das grandes estruturas. Henry parecia não ter muito conhecimento das ciências sagradas, mas era muito lógico em suas deduções, racional e rápido com os números. Gostava de aritmética, de geometria e de astronomia, mas não tinha maiores afinidades com música. Procurava compensar essa deficiência sendo o melhor naquilo que gostava e conhecia bem e por certa cordialidade aqui inusitada para com os irmãos.

Uma noite, após retornarmos do jantar, Henry propôs darmos uma volta.

– Quero mostrar-te um lugar! Uma taverna ótima, com bom vinho e lindas mulheres!

– Não estou muito interessado em mulheres, no momento...

– Não vem me dizer que o irmão não gosta de mulheres! Quem sabe se...

– Não apresseis vosso julgamento! Eu estou tão envolvido nesse nosso aprendizado, que não tenho pensado em mulheres ultimamente.

Menti, usando o tom formal de nossas conversas. Na verdade, já me sentia um tanto nervoso por essa situação inusitada, a longa separação de Helène, a forma como nos separamos, a saudade, a vontade de largar tudo e retornar.

– Ah! Bom! Mas é bom para relaxar um pouco, conversar bobagens com gente descompromissada, que não tenha outro interesse senão a diversão e, sem dúvida, conhecer uma ou outra garota de fartos seios e bunda grande!

– Eu te acompanho!

A taverna era uma casa antiga, ruidosa, com muita gente circulando. Em verdade, era uma hospedaria ou um prostíbulo de luxo. Havia mulheres para todos os gostos, de todos os tamanhos, até algumas estrangeiras. Havia três músicos que se esforçavam por se fazer ouvir, mas que não despertavam quaisquer interesses dos presentes. Os frequentadores eram, na maioria, homens de meia-idade, ou mais velhos, de situação abastada ou, pelo menos, definida. Não notei a presença de nobres, nem de militares. Uma moça baixa e corpulenta aproximou-se de mim:

– Olá, bonitão! É a primeira vez que te vejo aqui!

– É, é a primeira vez que eu venho.

– Ah! Sendo amigo do Henry és bem-vindo à nossa taberna! Vem cá, paga-me uma taça de vinho! Temos um excelente, da minha terra, a Alsácia! Branco e límpido como a água que borbulha em nossos riachos montanhosos, perfumado como o aroma de nossas tardes de verão e seco... Bem, como é preciso ser um bom vinho! Posso servi-lo?

– Com um bom vinho tudo fica mais fácil. Eu brindo à minha nova amiga alsaciana!

– Eu me chamo Lili. Como é o teu nome?

– Thierry.

– Lindo nome! Mas, vê-se que também não és da cidade. De onde vens, se é que podes satisfazer-me a curiosidade.

– Eu nasci normando, mas estou há muito tempo na Picardia e até já tenho o sotaque dessa região.

– Estás gostando desta cidade? Pretende ficar muito tempo aqui?

– É, a cidade é interessante! Confesso que sinto falta do aconchego de casa e da maneira de ser do nosso povo.

– Queres dizer, de maneira polida, porque isto aqui é um chiqueiro e que esta gente é estúpida, malcheirosa e grosseira! É isso que eu penso e digo mesmo para quem quiser ouvir! Eu só fico aqui porque consigo ganhar algum dinheiro nesta taberna e até é divertido, quando não se pega um brutamonte fedorento. Mas, podes crer que eu te farei sentir menos infeliz enquanto aguentares ficar na cidade!

– E sem querer ser grosseiro, quanto isso me custará?

– Bonitão, eu já estou gostando de ti. Faço cinco moedas, um precinho especial para um amigo do Henry e para um cavaleiro de maneiras tão finas e agradáveis! Vamos subir para um dos quartos para conversarmos melhor?

– Não! Eu hoje não vou te acompanhar! Se quiseres, podes deixar-me sozinho, que termino meu copo e já vou andando!

– Negativo! Podemos ficar papeando aqui mesmo! Compreendes que hoje o movimento está fraco, e meus clientes não apareceram. Também uma boa companhia faz falta para alguém que vive só nesta cidade! Sou uma boa ouvinte, se quiseres contar-me a tua história!

Na verdade, a moça mostrou-se muito melhor falante que ouvinte. Falou sem parar por longo tempo e duas outras taças de vinho. Ela já estava um tanto embriagada quando eu decidi procurar pelo Henry para irmos para casa. Henry havia sumido, e a minha amiga ria alto, apontando para o andar de cima, mostrando onde ele provavelmente se escondera, em companhia de uma de suas favoritas. Compensei-a com uma moeda, que aceitou sem pestanejar e voltei sozinho para a hospedaria, um pouco tonto do vinho, um pouco sem saber o que pensar, com vago sentimento de culpa por causa de Helène.

No dia seguinte, eu sentia imensa dor de cabeça, consequência do *bom e puro vinho alsaciano* que provavelmente o bodegueiro fizera render com alguma mistura desconhecida e terrível. Procurei por Henry. Não estava em seu alojamento. Certamente, ficara por lá mesmo, curando a ressaca. O bretão chegou bem mais tarde e foi logo dizendo:

– Que noite magnífica! Que mulher!

– Que bebedeira, disse-lhe eu. Costumas ir sempre a esse bordel?

– Não sempre! Só quando o dinheiro folga ou quando estou com vontade. Aliás, depois de se tornar cliente da casa, tu também vais ver que as meninas te darão crédito, ainda que o patrão não o faça! Isso simplifica muito as coisas que em geral vão se resumir à vontade!

– É, parece que as coisas correm mais soltas nesta cidade! Pelo menos para quem a conhece!

– Esta cidade não parece ser muito hospitaleira para quem chega, mas é muito amena e agradável se a gente souber levar a vida. Aqui se pega leve em todas, docemente, como se diz. O importante é ter inteligência, não a força, meu amigo!

– Tentarei lembrar-me disso, se é que vale de conselho! Mas eu te pergunto, sabes que há certo preceito entre os mestres, os preceptores de não manter relações carnais durante os períodos de ensino, e há até alguns que defendem a virgindade dos professores. Que achas disso?

– Hipocrisia clerical!

Capítulo XXI

Esse período na Capital não foi propriamente suave ou tranquilo. Primeiramente, porque chegou inquietante notícia de uma Cruzada sem sucesso que Theobald IV, Conde de Champagne, teria empreendido. A versão a que nos chegou era muito incompleta e não se poderia dar crédito a todas as atrocidades e insucessos relatados.

A segunda notícia, menos tranquilizante ainda, falava que certo Senhor de Valois teria cercado ou atacado o Santíssima Trindade e se apossado ou queimado propriedades em volta do Castelo, em represália a atitudes De Montagne contra a Igreja e a Fé Católica. Um absurdo, porque De Montagne é um bom católico e para mim, que estou longe dos fatos, isso soa tal qual insanidade. De qualquer forma, meu coração vem à boca, por causa de Helène e dos irmãos que ficaram lá. Falei com Marcel sobre a possibilidade de me ausentar por algum tempo, para viajar para casa e ver o que estava acontecendo.

– Thierry, primeiro que o vosso trabalho aqui se está desenvolvendo muito bem e não seria conveniente que o abandonásseis agora; segundo, que as notícias recebidas talvez não tenham um conteúdo real e, no caso positivo, quaisquer fatos já teriam ocorrido. Podemos mandar verificar, ou quem sabe, mandar um emissário em busca de notícias mais novas. Em terceiro lugar, meu caro, vistes com vossos próprios olhos a movimentação de homens de armas em todo o país. Sabeis que algo está despertando o instinto lutador do povo e que toda a sorte de miseráveis, de pecadores treina sua habilidade com as armas nos viajantes e desconhecidos que cruzarem seus caminhos, até porque procuram dinheiro, que está escasso neste Reino. Não é conveniente que viajeis agora. Há de se conformar.

– Mas é difícil estar aqui, com o coração lá. É difícil saber que os seus correm perigo e permanecer tranquilo, trabalhando em paz.

– Quem sabe não seja essa mais uma prova às vossas qualidades? O certo é que não tereis nossa autorização e os necessários salvo-condutos para empreenderdes a jornada.

– Sendo assim, terei mesmo de ficar.

Os dias que se seguiram foram muito pesados para o meu coração. É muito difícil aceitar, dessa maneira, um constrangimento, mas parece que não há nada a fazer. Viajarei quando puder, mas insistirei para que seja logo. Enquanto isso, espero ter notícias de casa e saber ao certo o que aconteceu por lá. O pior que nesta Oficina não há muito entrosamento, parece que os irmãos se mantêm afastados uns dos outros, e não tenho com quem me aconselhar. Mesmo Henry, que é mais próximo, não tem muito a me dizer. Ele tem pontos de vista muito pragmáticos, sem considerar certos valores que, para mim, são importantes. Não vai entender o que lhe disser, sobre meus sentimentos.

Enquanto pensava, esculpia um dos medalhões da fachada Oeste da Catedral. Um senhor bem mais velho, de porte altivo, longas barbas e vestindo uma túnica branca, aproximou-se, observando o que eu fazia, e começou a falar:

– Sabeis que cada um desses medalhões representa um espelho duplo que permite resgatar os aspectos positivos e negativos de nossa própria natureza, simbolizados pelas virtudes e pelos vícios? Toda nossa espiritualidade nos obriga a entender que a qualificação espiritual passa por um necessário confronto dessa nossa dupla natureza, o que cria a força, a energia para nossa transmutação. Escolhemos expressar nesses medalhões as virtudes e os vícios, segundo a representação da antiga ciência da alquimia, indicando suas operações até a chegada ao Ouro Místico. O simbolismo que estais esculpindo será apreciado por todos os homens que visitarem esta igreja, por todos os séculos vindouros e será reconhecido somente pelos iniciados na Alquimia e na Arte Real! É um código para uma iniciação verdadeira, que se plasma no coração de quem tiver olhos para ver. Sabeis como ler a mensagem?

– Não. Sempre achei que a alquimia se interessava na elaboração da pedra filosofal, para transformar os metais comuns em ouro ou na busca do *elixir da longa vida*, que nos permitisse viver para sempre. Como se pode ler a mensagem alquímica que se expressa aqui?

– A leitura dos medalhões deve ser feita do exterior para o centro, representado pelo pilar central do portal. Cada medalhão possui seu complementar, colocado diante de si. A progressão no itinerário se faz por sete estações, como as sete noites e os sete dias do Gênesis. O que se pretende mostrar é a necessidade de se transmutar os vícios em virtudes, sendo essa a verdadeira obra alquímica interior, onde cada vício será a matéria-prima necessária para se obter uma virtude.

– E o que se pretende, finalmente, com esta série?

– Segundo nossa tradição, o homem deverá ser capaz de obter a pedra filosofal, quer dizer, o discernimento, a Sabedoria que lhe permitirá escolher entre o Bem e o Mal e de se manter no justo caminho em toda sua vida. Sabeis o que significa esse alto-relevo que esculpis?

– Não! Como já vos disse, eu tenho poucos conhecimentos de alquimia!

– O *enxofre filosófico*, que se complementa com a *fermentação alquímica*. Significa também a virtude da Paciência, em contraposição ao vício da Cólera.

Paciência! Virtude que consiste em suportar as dores e infortúnios sem queixas e com resignação! Talvez Marcel tenha acertado, essa é a prova da Paciência! Eu, aqui esculpindo justamente uma figura feminina, com um disco nas mãos, do qual se projeta a figura de um touro. Isso tudo para me lembrar da resignação que devemos ter com relação aos nossos deveres. Na hora, fiquei com raiva do Marcel, que tomou a decisão que me impediu de viajar. Mas, o medalhão me diz que tenho de cultivar a paciência!

– É muito apropriada a mensagem para o momento que estou vivendo! Vou rever os demais medalhões, à luz desse vosso ensinamento, para conhecer as etapas que preciso vencer no progresso a que me proponho e verificar quais as etapas que ainda me faltam ultrapassar.

– Esse é o erro que muitas pessoas cometem! Não há virtude ganha para sempre ou vício já vencido! O desafio de se manter no caminho da virtude é permanente, assim como a tentação de incorrer no vício. Essa é a lição que vos é dada, de que a natureza humana é assim. Por isso, dizemos que é necessário estar permanentemente alerta, se quisermos progredir. As vitórias e as derrotas estão sempre à nossa espreita, e depende unicamente de nossa vontade chegar a uma ou a outra. Percebeis que quando falo em *progresso* não me refiro a qualquer outra coisa?

– Sim, percebo! Estou ainda muito confuso, porque não poderia imaginar que a alquimia tivesse alguma coisa a ver com a construção de catedrais, a que me dedico.

– Vede esta igreja, em cuja construção estais trabalhando. Nós, alquimistas, estamos fortemente interessados em sua obra e estamos colaborando com vossa Ordem para o bom andamento do prédio, pois pretendemos deixar aqui a nossa mensagem.

– Mas isto é uma igreja cristã!

– A mensagem alquímica nada tem de anticristã. Eu vou vos explicar: A dinâmica da Cruz é a harmonia dos contrários, como vos disse há pouco, o que permite extrair a quintessência de cada coisa. Essa é a nossa maior preocupação como alquimista, pois possibilita a cada ser encarnado participar do Universal. Somente a Sabedoria permitirá que se subam os nove degraus da escada de Jacob que Cybelle vos apresenta, como está representado no portal Oeste da Catedral, mostrando o caminho da iniciação. Assim, antes de tudo, cada um deverá reconhecer em si a fonte da matéria a transformar, o que chamamos de *O Composto* e que se pode comparar à nossa natureza imperfeita.

– Nós chamamos de Pedra Bruta...

– De outra parte, em vez de ceder à tentação de fugir diante da tenebrosa visão de sua própria realidade interior, o candidato deve mostrar sua vontade firme em transmutar, isto é, *realizar o sacrifício dos vícios*. Podeis perceber que as qualidades fundamentais para a Obra Alquímica são a *Humildade* e a *Perseverança*, para vencer o *Orgulho* e a *Inconstância*. A Humildade permite a operação alquímica que se chama a *Putrefação*, simbolizada pelo Corvo e que representa o começo da *Obra em Negro*. Trata-se do retorno das coisas ao seu estado inicial. É assim que começam os trabalhos do alquimista, passando a seguir para a *Obra em Branco*, ou *Purificação* e a seguir, para a *Obra em Vermelho*, ou *A Grande Obra*, que representamos pela Fé e pela Força. Como vedes, nada há de anticristão na Alquimia!

– E a questão da transformação dos metais em ouro?

– Temos nossos segredos, sem dúvida... Agora, com sua licença, vou andando...

– Foi muito bom lhe conhecer! Muito agradável sua instrução sobre a nobre arte da alquimia! Tentarei aprofundar-me mais nesses conhecimentos assim que for possível, pois realmente os construtores são de muita importância para nós. Sem dúvida alguma, penso que essa iniciação é de grande valia não somente pelos aspectos pràticos, mas sobretudo por seu conteúdo humanístico e de ciência divina!

– Até mais ver!

Continuei meu trabalho pensando na figura do velho, até que Marcel veio encontrar-me.

– Temos algumas notícias que vos interessam. Estejais na hora costumeira, na sala reservada que temos na *Taberna da Ponte das Trocas*. Sabeis onde fica?

– Não sei, mas não é difícil obter a informação. Estarei lá, sem dúvida.

Na hora marcada eu estava no local. Era uma taberna comum, com uma passagem para amplo salão com uma mesa disposta para cerca de vinte pessoas. Marcel conversava com outros irmãos e me chamou para o grupo. A conversa transcorria em tom grave, como se o assunto fosse pesado.

– Gostaria de vos apresentar o irmão Thierry, que veio da Normandia e está fazendo seu estágio conosco, nas obras da Catedral. É um bom construtor, tem habilidades de escultor e é um dos mais promissores companheiros de nossa Ordem.

Feitas as apresentações formais e as necessárias identificações, Marcel retomou a palavra.

– Estávamos justamente comentando os fatos que o irmão Claude averiguou em vossa região e que são preocupantes, uma vez que o país parece estar em permanente estado de beligerância. Peço ao irmão Claude que relate o que apurou.

– Durante meu estágio em Amiens, soube que uma missão clerical dominicana esteve no Santíssima Trindade, a mando do papado, diretamente de Roma, para investigar o envolvimento do Conde De Montagne com as heresias que grassam no Sul do país. Esses dominicanos teriam reportado à Santa Inquisição que De Montagne, supostamente, recebe em seus domínios trovadores e saltimbancos e que gosta de versos, de poemas épicos e de música do Languedóc. Teriam dito possuir informações de criados do Castelo que certo *Senhor Vermelho*, um homem de hábitos muito estranhos e perigosos, estaria escondido por lá. Em detalhes que esse Senhor tinha o nome de Vermelho, porque sua pele era translúcida a ponto de se ver o sangue correndo e que seus olhos eram azuis, muito duros e maus, que enfeitiçavam quem ousasse olhá-los diretamente. Esse Senhor seria, na verdade, um bruxo ou um feiticeiro, e que De Montagne o estaria escondendo da Igreja, porque teria parte com o demo. Segundo os monges, o Conde fazia reuniões secretas, à noite, em seu Castelo e tinha até um salão dedicado ao Bode, ao Senhor das Trevas, venerado por pagãos degenerados, inimigos da verdadeira fé e da verdadeira luz de Nosso Salvador, Jesus Cristo.

Após os relatos aos Senhores defensores da Igreja, o Conde de Valois se propôs a dar combate a esse que considera um herege e infiel e deslocou-se com um grupo de cavaleiros, escudeiros, arqueiros para desafiar De Montagne. Houve um cerco ao Santíssima Trindade, houve combates. Valois chegou a queimar algumas casas e plantações em volta do Castelo, a matar alguns agricultores agregados às terras do Conde, a molestar gente da aldeia, mas a grande maioria refugiou-se na propriedade, que não chegou a ser invadida. Depois de combates em que cavaleiros de ambos os lados morreram ou foram feridos, Valois desistiu da empreitada, prometendo voltar com um exército maior para se vingar de De Montagne e vingar a Santa Madre Igreja, lavando com o sangue do herege a derrota e a vergonha que lhe foi imposta. Valois saiu humilhado. A aldeia foi recomposta no que foi possível recompor, mas o medo e o sobressalto continuam em seus habitantes.

– Mas por que tudo isso, meu Irmão?!

– Sabeis que o Papa Gregório IX editou duas bulas. Uma delas, a *Licet ad capiendos*, dirigida aos dominicanos, inquisidores, dispõe:

> *Onde quer que os ocorra pregar estais facultados, se os pecadores persistem em defender a heresia apesar das advertências, a privá-los para sempre de seus benefícios espirituais e proceder contra eles e todos os outros, sem apelação, solicitando em caso necessário a ajuda das autoridades seculares e vencendo sua oposição, se isto for necessário, por meio de censuras eclesiásticas inapeláveis.*

– Irmão Claude, esse é exatamente o local onde moro. Tendes notícia de algumas pessoas, em particular, como referência?

– Não, meu irmão! É difícil ter alguma notícia assim, com nomes. Pelo que sabemos, hoje a vida está normalizada naquela região, e não há mais motivos para preocupações, pelo menos até que as ameaças de Valois se concretizem. Acho mesmo difícil, no presente momento, porque a própria Igreja está mobilizando seus fiéis para combates no Sul e na Terra Santa.

– Não sei! Eu vos agradeço as notícias, mas permaneço mais inquieto e preocupado com minha gente! Ao mesmo tempo, não desejo contrariar a orientação que recebi, de permanecer na cidade até a conclusão do trabalho.

– Mestre Jehan, que é o responsável pelos planos desta Catedral, deve chegar da reunião solsticial dos construtores, no Leste, e eu não gostaria que retornásseis a vossa região sem ao menos ter tido uma entrevista com ele. Certamente, podereis aguardar ainda mais uns dias. Enquanto isso, terminareis vossas tarefas e tereis tempo para rever vossos deveres. Determinarei ao irmão Paul que vos auxilie no que for preciso.

– Vos sou muito grato. Tratarei de empenhar-me com afinco na finalização dos medalhões. À propósito, estive conversando com um velho mestre, de túnica branca e longas barbas, que me visitou enquanto eu esculpia a "Paciência", e deu-me boa noção da importância do conhecimento alquímico. Esqueci de lhe perguntar o nome. Onde será que posso encontrá-lo novamente?

Marcel puxou-me pela manga e sussurrou, de maneira que somente eu pudesse ouvir:

– Meu irmão, vos recomendo que não toqueis nesse assunto! Vinde ao meu alojamento, após esta nossa reunião que satisfarei vossa curiosidade sobre Alquimia.

– Mas, e o velho mestre?!

– Não há mestre velho como descrevestes entre nós. Não desejo tocar neste assunto em público e vos explicarei por quê. Ao que parece, o Conde de Saint-Germain fez mais uma de suas misteriosas aparições...

CAPÍTULO XXII

– Estais insinuando que eu esteja alucinado ou fora de meu juízo, a ponto de falar com alguém que não existe?! *Eu vi* o Velho Mestre como o estou vendo agora! Conversei com ele, como estamos conversando agora! Foi simpático comigo, afável e cortês, deu-me boas indicações sobre alquimia, da qual só havia ouvido falar, até agora! E vindes dizer-me que foi uma alucinação ou uma visão fantasmagórica?!

– Calma, meu irmão! Não fostes o primeiro a ter esse... contato! Confidencio-vos, muito particularmente e sem que ninguém nos ouça, que a figura do Velho Mestre, como dizeis, tem aparecido nesta obra, e diversos irmãos já se referiram a ele. Mestre Jehan nos fez prometer não comentar essas aparições para que não causemos espanto ou susto entre nossos Companheiros ou entre os aprendizes, mas não o ignoramos. Conta-se até que essa aparição se tem repetido ao longo dos anos, inicialmente como um druida, dos nossos ancestrais celtas; depois como um nobre cavaleiro, que se identifica pelo nome de Conde de Saint-Germain; posteriormente, como um mestre da alquimia, um filósofo, teósofo, de grandes conhecimentos da ciência dos antigos. Mas não poderia vos dizer, objetivamente, onde encontrá-lo. Na verdade, é ele que tem nos encontrado... É um sábio que tem trazido os conhecimentos que faz falta, nas horas exatas.

– Onde eu poderei obter esses conhecimentos de alquimia, que afirmais estarem faltando neste momento?

– Mestre Jehan poderá vos dar as indicações de que necessitais. Eu mesmo gostaria de vos acompanhar nesse estudo que sempre me fascinou. Vamos procurá-lo, assim que chegar e vos afirmo que não vos arrependereis. Sede paciente!

– E quando poderei ver Mestre Jehan?

– O Mestre já está próximo à cidade, e em breve vamos conversar, os três juntos. Não há problemas de se falar com ele, considerando que está envolvido nesta nossa Confraria e dedica-se com igual afinco aos afazeres da profissão e aos contatos com nossos irmãos de outras regiões, onde técnicas novas são desenvolvidas, e para onde se levam os conhecimentos que aqui conseguimos auferir. Já ouvistes, por certo, falar no Imperador do Sacro Império Romano Germânico?

– Não, não estou muito ligado em política.

– Chama-se Frederico de Hohenstaufen. É um construtor e produziu obras monumentais na arte dos castelos fortificados e das vias de acesso. O Imperador dá muita sustentação à Confraria, e nosso Mestre é sempre pessoa bem-vinda em seus domínios. No solstício de verão alguns Mestres se reúnem com o Imperador, quando ele não está em campanha, nessa ideia de troca de experiências. Jehan fala bem a língua do Imperador, o que lhe dá vantagem sobre os demais, que se entendem em latim.

Após longa conversa que abordou assuntos técnicos de construção, assim também as pavimentações das ruas da capital e do novo mercado dos Halles, fomos dormir. No dia seguinte, encontrei Henry em conversa acalorada com outro irmão, de nome Michel. Michel tinha muita facilidade para ironizar e estava arrasando Henry em seus pontos fracos. Para evitar uma briga pessoal, entrei na discussão. Em resumo, o tal de Michel agredia a todos, denegrindo o Mestre Jehan, a quem chamava de senil, de velho decrépito e inútil, ao mesmo tempo em que se mostrava extremamente vaidoso e autoconfiante. Percebi que Henry não demoraria a dar início a uma briga física e rapidamente encontrei uma desculpa plausível para tirá-lo daquela situação.

– Não suporto esse cara! É um presunçoso, um arrogante! Se eu ficar aqui, vou arrumar um duelo ou uma forma de expulsá-lo da Confraria! Na nossa Ordem não cabe gente dessa laia!

– Não tem gente ruim, assim! Às vezes, nós mesmos é que criamos as dificuldades...

– É o que pensais, meu irmão! Esta cidade, tão agradável que pode ser ao visitante, está repleta de gente má dentro de nossa Venerável Confraria. São muito interesseiros, intrigantes, arrogantes, de maneira geral, mas esse crápula excede a todos! Ele vai levar o que está procurando, uma espada nas tripas ou um punhal no coração. E vai ser logo!

– Estais de cabeça quente. Vamos até uma taverna que vos pago um vinho. Esqueçamos este assunto! Vamos falar das mulheres e das coisas boas da vida!

– Já estivestes com Mestre Jehan?

– Não, mas penso que em breve vou conhecê-lo. Preciso conversar com ele sobre diversos assuntos, dentre os quais o meu regresso a casa.

– Pensais em nos deixar? Pensais em retornar em definitivo? Eu vos invejo! Esta cidade não serve para quem deseja viver bem! Também eu gostaria de poder retornar o quanto antes para meu canto!

– Não é bem assim, meu caro irmão. Há muito que aprender aqui, há muito que ver, há pessoas que estão trabalhando com as pedras, polindo-as, ajustando-as à Grande Obra, construindo essa magnífica catedral, para a glória do Senhor e honra de Sua Santa e Venerável Mãe, Nossa Senhora. Eu penso que devo ir à Picardia e retornar em breve para cá, para concluir esta etapa da minha vida. Já percebestes nos sentimos apequenados quando adentramos a nave central? ... E quando nos dirigimos ao coração da Catedral e recebemos ali a luz que filtra do alto? ... E quando olhamos para o altar-mor, com a resplandecência que ilumina seu centro? Não estais de acordo de que esta é verdadeiramente uma obra-prima de arquitetura?

– Sois muito românticos, meu irmão. Eu apenas estou cumprindo aqui uma missão que a Confraria me determinou e que necessito para meu aprofundamento profissional. Estou interessado, sim, na proporção áurea pitagórica e sua aplicação nas construções, nas dimensões das colunas e das abóbadas, para que se tenha mais aproveitamento do som, nas disposições dos diversos vitrais para que se tenha mais efeito de luz e de cores, embelezando a Obra, como quer nosso Mestre, projetando ganhos de luz e sombra, dentro do simbolismo que conhecemos e que determina a razão de nossa vida, do Cristo monumental e de sua História Sagrada. Tudo, meu irmão, tudo nesta vida é calculado, e nós devemos aprender esse Cálculo Sagrado a fim de cumprirmos nossos desígnios frente ao Senhor. Isto não sou eu que vos digo, mas é o reflexo de um conhecimento oculto, que vem do Egito ou talvez de mais longe, geração após geração, dentro de nossa Ordem Secreta.

– Posso perceber que o irmão bem conhece a Aritmética, pois isso já foi claramente demonstrado em suas habilidades com os números. Também sei que o irmão conhece bem a Astronomia que é importante na locação das grandes obras a que nossa Ordem se propõe, mas não consigo perceber como isso tem a ver com o sentido maior de nossa Obra.

– Pois então, eu vos revelo, Thierry, que a associação desses dois ramos do conhecimento, nós denominamos *Ciência das Grandezas*, isto é, a associação da Harmonia com a Hierarquia, que nos orientam na busca do Superior e na Superação de nós mesmos, sem o que estaremos sujeitos às armadilhas do vício e do fanatismo, a fuga de nosso Eu interior e a Luz que ele representa. De outra forma, nossa saída deste desterro poderá ser facilmente desviada pelas forças contrárias à nossa evolução. O caminho dos monges, que passa pela moralidade e devoção pode gerar distanciamento do Caminho Real, do Equilíbrio e da Serenidade. Hoje presenciamos seu alastramento o que, a meu ver, nada mais é do que uma luta pelo poder temporal em toda a Humanidade, usando para tanto a força da devoção em sua mais terrível forma de manifestação: a ignorância proposital das grandes massas humanas e o fanatismo religioso. Estais a presenciar um fato inédito em toda esta Humanidade: a luta religiosa pelo poder! Nunca o Homem tinha, em toda sua história, se empenhado na violência e na guerra de conquista com o intuito de impor sua crença religiosa e seu Deus, sob o jugo da força, da espada e da lança. Nunca se guerreou antes, nesta Humanidade, sob a bandeira da Fé. Nunca se usou o pretexto do nome Sagrado de Deus para impor uma crença religiosa a outros povos. Na realidade, hoje os povos de uma mesma religião estão matando e praticando atrocidades contra seus próprios irmãos, como acontece em nosso país. Sei que isso é o resultado dos diferentes ciclos da Vida, regidos e determinados por Inteligências que reconhecemos e que calculamos, e que desde a Antiguidade são representadas pelos planetas, inseridos em nosso zodíaco! Os antigos os viam no céu e os colocavam dentre as constelações que identificamos em doze regiões diferentes. Todos têm seus números e, através destes tudo é calculado, desde o Homem, seu Pai que está no Céu, sua Mãe e até seu Deus!

– Thierry, eu tenho a missão de passar o conhecimento da Ciência das Grandezas àqueles que estejam à altura de o bem entender. Gostaria muito de vos passar, mas sinto que meu irmão ainda precisa vencer algumas paixões e se preparar mais adequadamente para avançar no aprendizado.

– Bem, se essa é a vossa missão, eu tratarei de estar à altura para receber esse precioso conhecimento. Dai-me um pouco de tempo que vos responderei.

– Tempo...

Henry deu um sorriso desanimado e, em seguida, mudou de assunto, falando sobre as frivolidades da cidade, das classes sociais com as quais convivemos, das moças do bairro, de nossos irmãos. Nada mais sério. Nos despedimos. Eu fiquei contente porque o havia demovido de suas intenções beligerantes, pelo menos naquele momento, mas fiquei triste porque não me sentia à altura de tanto conhecimento que um irmão da qualidade de Henry possui. Logo ele que, inicialmente, eu achara tão superficial e despreocupado com os assuntos do Eterno. É uma lição saber que o Conhecimento de que necessitamos pode vir de qualquer irmão, por mais simples que ele possa ser, despretensioso ou até bonachão!

Mal havia chegado ao meu quarto, na hospedaria, um mensageiro veio procurar-me. Trazia um recado de Marcel, de que minha entrevista com Mestre Jehan de Chelles seria em dois dias, na Catedral. Fiquei muito feliz, sobretudo com a perspectiva da viagem de regresso. Todavia, eu tinha alguns questionamentos e desejava, ardentemente, conversar com alguém que me pudesse esclarecer. Certamente, ninguém melhor que Mestre Jehan para me esclarecer nesse sentido.

No dia da esperada entrevista, tive uma surpresa: Eu fazia ideia de Jehan de Chelles tal qual um velho alquebrado, avançado em idade, daqueles que mal ouvem e mal enxergam. Nada disso! Um tipo esguio, alto, cabelos fartos, ligeiramente grisalhos, denotando quarenta anos, aproximadamente, bem-falante, sagaz e rápido no raciocínio. Olhos claros, de tom esverdeados, penetrantes, não perdiam um só movimento de seu interlocutor, deixavam transparecer inteligência aguda, acima de qualquer um de nossos irmãos. Tinha ar descansado que transmitia muita energia, disposição e gestos rápidos, evidenciando agilidade corporal e flexibilidade felina. De certa forma, isso tudo contrastava com sua voz forte e pausada, pronunciando todas as palavras com perfeição, sem engolir sílabas ou letras, o que, de certa forma, lhe conferia ar ligeiramente delicado, mas que não comprometia a bela figura que deixava transparecer. Mestre Jehan tomou a iniciativa da entrevista com disposição e objetividade.

– Então, o senhor deseja nos deixar antes mesmo de terminar seu trabalho nesta cidade!

– Espero ter vossa compreensão para...

– Não precisais vos desculpar. Conheço as razões de vosso desassossego e sei que sois jovem e impetuoso e não me adiantaria de nada ter em minha equipe um obreiro dividido, insatisfeito e preocupado com assuntos pessoais. Não vos recrimino, pois talvez também eu estivesse nessas mesmas condições, se soubesse que uma bela e jovem noiva estivesse à minha espera, ansiosa pelo término de meus estudos! Desejo apenas vos acalmar, dizendo que recebi mensagem de De Montagne, dando-nos conta de que a situação está sob controle em seus domínios. Podeis viajar quando vos aprouver, respeitando nossas regras de segurança. Assinarei vossos papéis e vosso salvo-conduto ainda hoje e encarregarei o irmão Marcel de vos acompanhar em vossas necessidades e providenciar para que viajeis com toda a garantia e tranquilidade. Mais alguma coisa?

– Sim! Talvez não seja importante, ou melhor, não é tecnicamente relevante, mas estive observando alguns fatos que reputo de algum interesse, ao menos para mim e que gostaria de trocar algumas impressões talvez com algum irmão que seja autorizado a falar sobre esses problemas que ocorrem entre irmãos, como suas desavenças ou suas opiniões divergentes em algum momento de nosso trabalho, principalmente na instrução de novos aprendizes ou na formação de nossos companheiros.

– O relacionamento entre as pessoas é importante, principalmente para aqueles que têm a responsabilidade de dirigir os trabalhos da construção. Sem dúvida o irmão deve estar pensando em brigas, como fui informado que aconteceu aqui. Isso não é incomum. Muito da natureza humana está *egocentrada*, isto é, faz parte de nosso aprendizado iniciático, a Fraternidade. Sabeis que para nós esta qualidade possui três princípios: a Verdade, a Tolerância e a Paz?

– Foi muito impressionante essa lição que tive. Encontrei meu Mestre Interno que me revelou os princípios da virtude da Fraternidade e não os esquecerei jamais. Mas, é tão difícil ver que grande parte de nossos irmãos ou não a conhecem ou não lhe dão muita importância. Vejo brigas, disputas, desentendimentos mesmo dentro de nossa Confraria. O que se pode esperar daqueles que não têm o conhecimento do segredo da Fraternidade? O que se pode esperar daqueles que estão envolvidos nas guerras, nas cruzadas, seja qual for a justificativa? O que pensar da Ordem que os abriga e os instrui nos segredos da construção das catedrais? Não vos dá, caríssimo Mestre, certa frustração ao ver toda essa imperfeição ao nosso redor?

– E somos nós, por acaso perfeitos? Cultuai a Fraternidade que estareis cultuando a Verdade, a Tolerância e a Paz, virtudes essenciais de um verdadeiro iniciado! Nada, mas nada mesmo deve vos afastar desta senda. Não vos preocupeis com conflitos, sejam de opinião, ou de qualquer natureza, mas não deixai nunca que evoluam para situações perigosas. Os conflitos são oportunidades para revisar nossas posições e crescer, quer seja alterando-as, quer seja as reafirmando. Faço-vos ainda uma recomendação, talvez até prosaica ou que podereis não entender de imediato: Recomendo que não deixeis de conhecer a obra do padre Robert de Sorbon, que tem tudo para se firmar como uma grande instituição de ensino e de propagação desses conhecimentos que são patrimônio da Humanidade!

– A propósito, Thierry, ao vos desejar uma boa viagem de volta, quero dizer-vos que os conhecimentos de alquimia que buscais vos serão disponibilizados mais adiante, oportunamente. Não vos apresseis, mesmo que tenhais impulsos para fazê-lo, pela opinião deste ou daquele...

Este foi meu primeiro contato com Jehan de Chelles, mais um Mestre à altura do nome!

CAPÍTULO XXIII

Luz e sombra realmente se complementam e uma não existe sem a outra. Digo isso em razão de meu regresso, quando tantas coisas boas estavam preparadas para me receber, ao lado de tantas outras ruins, porém inevitáveis. Disso advém o equilíbrio da vida, e depende apenas de nós mantermos equidistância, harmonia entre os extremos. É como se tivéssemos de caminhar sobre um piso de mosaicos brancos e negros, mantendo direção, mesmo propósito e mesma linha reta nessa senda.

Cheguei direto à casa de Helène. Foi uma grande e indescritível surpresa. Ela estava linda, como sempre, ainda que tivesse reclamado que eu a encontrara trabalhando na limpeza e, portanto, estava simplesmente vestida. Foi muito bom, muito alegre. Nossos corações dispararam de felicidade e nossos corpos se fundiram em longo abraço e prolongado beijo de tanta saudade. Choramos e rimos abraçados, feito duas crianças que há muito tempo não se vêm, e nos sentamos juntos, como se fôssemos um só, naquele banco de tronco de árvore. Depois de muito tempo é que fui ver sua irmã, que viera saber onde Helène se escondera, e porque abandonara pela metade o que estava fazendo.

Dediquei-lhe todo esse dia e a noite também, sem qualquer precaução, subterfúgio, ou pudor, como se tudo isso fosse muito natural e esperado. Nós nos amamos toda a noite, até que o sono e o cansaço nos derrotaram e dormimos abraçados, inseparáveis. O sol ia alto quando acordamos e nos deparamos com Claire com a mesa posta para um desjejum fortíssimo, próprio para os que estavam morrendo de fome! Eu me levantei com uma ideia fixa, mas não cheguei a externar.

Pouco antes do meio-dia fui procurar meus irmãos. Sabiam que eu estaria de volta, mas não podiam imaginar quando eu chegaria, de forma que também ali houve certo caráter de surpresa. Todos me receberam muito bem, em especial Lucien, com quem sempre tive mais afinidade. De todos que viajaram apenas eu havia retornado, e soube que também Clovis deveria voltar. Moss ficara em Florence, Richard iria para o meu lugar, em Paris, e Jean ingressara na Ordem Cisterciense e estava recluso em um mosteiro no Oeste. Lucien, com os cabelos um pouco mais brancos, como sempre, prudente em suas observações, começou a me contar os fatos que foram responsáveis, em última instância, pelo meu retorno.

– Quando recebemos uma *missão* de dominicanos, não se podia suspeitar que o motivo que os trazia fosse algum problema conosco. Eles são muito dissimulados e chegaram dizendo que estavam de passagem, em direção ao Norte do país. Realmente, foram ao Norte, mas incitar um *nobre baronete* com interesse em tomar as terras desta região, para combater De Montagne, sob algum pretexto absurdo, como são as coisas da *Santa Madre*. Depois, foi muito duro. De Montagne foi avisado por gente sua de que seria atacado, mas não levou muito a sério, tanto que quando Valois chegou não existia qualquer plano de defesa. Valois aproveitou-se disso para iniciar um saque, mais com intenção de amedrontar nosso pessoal, eu acredito, e chegou a destruir casas e a matar camponeses. Recolhemos o que pudemos para dentro do Castelo, assim como as pessoas, e De Montagne imediatamente convocou os homens fortes e preparados e criou uma tropa de defesa. Foi o suficiente para impor a primeira derrota aos invasores. Valois quis parlamentar, mas De Montagne foi ainda mais duro e implacável, pois não aceitou receber os emissários e ainda afirmou que os colocaria na prisão se ousassem aproximar-se do Castelo. Valois voltou para suas terras, levando uma derrota, alguns feridos e sua honra de cavaleiro da Igreja enxovalhada.

– Houve muitos mortos entre os nossos?

– Alguns camponeses foram mortos, tiveram suas terras invadidas, suas famílias agredidas e a produção roubada. De Montagne determinou que lhes fosse dada toda a assistência que necessitassem e arcou com parte dos prejuízos, de efeito mais imediato.

– E qual a verdadeira razão disso tudo? O que levou esse Valois a iniciar uma guerra aqui?

– Na análise que fizemos, concordamos que o real motivo do incômodo de certos setores da Igreja e, sem dúvida, da Santa Inquisição, é a falta de informações sobre o paradeiro de Dom Inigo Lerouge, o bispo cátaro que conheceste no Santíssima Trindade. Certamente, os inquisidores fizeram constatar, em sua investigação, alguma referência ao prelado e decidiram pedir ajuda aos seus aliados do Norte. Não há outra justificativa para a insanidade desse pessoal.

– Recebi uma carta de Helène, dando conta da visita dos prelados e, quando soube através de um mensageiro que houvera lutas, pretendi regressar imediatamente. Tivemos a notícia de que talvez tenha havido traição de dentro do Castelo, com vazamento de informações a esses dominicanos.

– Isso pode ser verdade. Em nossa avaliação, consideramos muito essa hipótese, porque não haveria outra forma que justificasse a vinda de inquisidores, mesmo que estivessem seguindo as pegadas do bispo. E depois, tanta idiotice que foi dita, com base em fatos verídicos e totalmente inocentes, como a chegada de trovadores, de saltimbancos, de grupos de circo, afirmando que todos faziam parte da heresia cátara, e com isso querendo vincular-nos a esse grupo, em especial De Montagne! Parece insano!

– E nosso grupo?

– Não houve problemas. Não foi necessário a qualquer um de nós entrar em lutas. O grupo permanece unido, praticando a Arte Real e estudando os clássicos. Continuamos com nossas reuniões, na mesma sala no Javali de Ouro, lembras? Deves retomá-las logo que possível. Teu alojamento está disponível e podes ocupá-lo imediatamente. Seguramente já viste tua noiva... Como está ela?

– Helène está mais linda que nunca! Vamos nos casar em breve, no fim do ano, eu acho. Quero convidar-te para seres meu padrinho.

– Aceito com muito gosto! Helène deve estar exultante com essa notícia!

– Ela ainda não sabe...

– Uma decisão tomada a distância?!

– Nem tanto!

– Corre a dizer-lhe! Nós nos veremos mais tarde, no Javali. Acho que deves nos fazer um relato de tua viagem e de tudo o que foi possível aprender fora daqui. Afinal, Paris é uma cidade de muita cultura, muita luz, e Chartres, sem dúvida, é um dos pontos mais importantes para nossa Confraria.

Fui tratar de meu alojamento. Ao cair da noite, fui até o Javali, onde Iorg saudou-me com um abraço e tive a oportunidade de conhecer novos irmãos que foram incorporados à Loja em minha ausência. Lucien foi incisivo e direto, anunciando que eu relataria as experiências de viagem, e que culminaria com uma ótima notícia – surpresa. Procurei resumir, neste primeiro contato, os trabalhos que se desenvolvem nos dois lugares, enfatizando minha ignorância não somente diante da grandeza da obra arquitetônica e dos meios empregados para conseguir os efeitos maravilhosos dessas duas catedrais, mas também meu desconhecimento sobre importantes ramos da cultura que se encobrem, em cada detalhe da obra em pedra, como mensagens para a humanidade. Falei-lhes sobre o labirinto de Chartres, sobre os mistérios que se ocultam na Catedral, sobre a alquimia da Nossa Senhora de Paris, sobre o cálculo sagrado que embasa toda a Obra. Não pude aprofundar qualquer um desses assuntos, não apenas pela questão do tempo disponível, mas porque alguns dos irmãos presentes não haviam ainda atingido o grau necessário para essa conversa. Terei, seguramente, oportunidade para desenvolver mais esses temas, em reuniões futuras. Omiti, propositadamente, os assuntos pessoais. Não houve contestações.

Na manhã seguinte, fui à casa de Helène para falar com seu irmão sobre as intenções de casamento. Para minha surpresa, a própria Helène recebeu-me muito alegre.

– Helène, tomei uma decisão que precisa de teu consentimento: Aceitas casar comigo?

– Assim, para já?!

– O quanto antes! Poderemos aproveitar o final do ano, a festa de Natal, quem sabe.

– Sim, mas há providências a tomar! Uma noiva precisa de tempo para aprontar-se! Minha família precisa ser consultada! Claire vai querer fazer uma festa! Nossos amigos...

– Respeitando todos os tempos, podemos nos casar no momento que quiseres. Preciso apenas da anuência de tua família, através de Jean Pierre.

– Jean Pierre? Não conheceste Jean Claude, que estava na Palestina e que, sabendo do falecimento de Papai, retornou para assumir seu lugar! Agora ele é o chefe da família! Deve retornar da área rural dentro de um ou dois dias, quando terás a oportunidade de conhecê-lo. É militar, já estava há mais de dez anos lutando pela libertação e permaneceu como voluntário, no exército de Theobald, Conde de Champagne. Vais gostar dele, tenho certeza!

– Convidei Lucien para padrinho. Certamente tua amiga Berenice será tua aia de honra.

– Berenice entrou para o convento. Foi um escândalo! Envolveu-se com um moço artesão e suspeitava que estivesse grávida. Sua família quis esconder o fato e a mandou para o convento. Não tive mais notícias dela e nem sei se estava realmente esperando um bebê, enfim, o que houve.

– Bom, as coisas mudam! Um não pode dar as costas que tudo muda! Eu queria que ela se acertasse com Clovis. Por sinal, deverá voltar dentro de mais alguns dias. Também não tive mais notícias dele.

– Por certo estará casado com alguma inglesinha! Afinal, os homens não aguentam ficar sozinhos tanto tempo. E tu, como foste em Paris?

– Essa insinuação vem do ciúme de uma camponesa! Tu sabes que eu te amo e só quero a ti. Tu sabes que meu coração te pertence e que ninguém mais tem o direito de aproximar-se de mim, porque sou teu! Mas, a senhorita ainda não me disse se aceita ou não se casar comigo...

– Acho que sim... Podemos ficar morando nesta casa, se Jean Claude concordar. Ele e Claire são sozinhos, e meu quarto ficará para nós.

– Já estamos mais que casados! Minha mulher já está decidindo tudo de minha vida!

– Mas, a última palavra sempre será tua, meu marido!

– "Sim Senhora, minha Senhora!"

E seguimos nossa conversa nesse ar brincalhão e zombeteiro, de muito bom humor, até que Claire veio nos chamar para o almoço.

Mais tarde, encontrei Lucien rodeado de outros irmãos. Saudaram-me e imediatamente passaram a me cumprimentar, jocosamente, pela decisão do casamento. Confesso que fiquei um pouco constrangido, nem sei por que, mas fui pego de surpresa pela iniciativa. Brinquei também com eles, dizendo que não os convidaria para a festa. Após muita brincadeira, veio a pergunta séria:

– E a data?!

– Minha noiva a marcará. Nós estamos pensando no final do ano, aproveitando as datas das festas, mas é possível que possa ser no início do próximo ano. De qualquer forma, é para já.

E a partir de, então, posso afiançar que se casar é bem complicado. Há as proclamas que devem correr, há milhares de detalhes que devem ser resolvidos, e parece que nunca se vai chegar ao final.

Em um desses dias Lucien chamou-me para uma reunião no Castelo. O próprio Senhor De Montagne cumprimentou-me pela decisão e parabenizou pela escolha de minha noiva, encaminhando um questionamento:

– Onde pensais residir, Thierry?

– Em princípio, Senhor Conde, na casa da família de minha noiva.

– Temos outros planos para vós. Temos muito observado vosso comportamento, vossas posições dentro da Ordem em questões polêmicas como a Fé e a Religião e temos gostado do que vemos. Realizai vossas bodas com tranquilidade e, após o evento, por nossa decisão pessoal, consultados os obreiros da administração das três oficinas que aqui trabalham, sereis transferido para a Loja de Amiens, onde devereis ocupar o cargo de contramestre, como Lucien ocupa aqui. Tereis a vosso encargo o ensino aos aprendizes daquela Loja e tereis a oportunidade de participar da construção da Catedral da cidade. Estou informado que vós sois daquela região e, acredito, não vos será difícil acomodar-vos lá. Tendes família perto de Amiens?

– Nasci em Vervins, mas meus pais vieram para cá e fui criado aqui. Meus pais já faleceram. Meus três irmãos de sangue espalharam-se pelo país. Não tenho mais ninguém na Picardia, ao menos que eu saiba. Mas, fico muito feliz com vossa decisão, ainda que não me considere à altura das qualidades de Lucien para assumir esse posto. Tenhais certeza, Senhor De Montagne...

– *Meu irmão*, corrigiu-me De Montagne.

– Tenhais certeza, meu irmão, que darei o melhor de mim para fazer-me digno de vossa confiança e responderei à altura este crédito de que estou sendo alvo.

– Disso temos certeza! Do que não sabemos é como vossa noiva receberá esta notícia.

– Helène é de boa paz e estou certo de que não criará dificuldades para a transferência.

– Bem, se temos mais um contramestre entre nós, e se este pretende casar-se, nada mais justo que eu vos ofereça, como presente nupcial, vossa festa, se assim a família da noiva o permitir. Lucien, vos peço o obséquio de conduzir esse assunto de maneira a não melindrar a família da moça. Quanto a vós, Thierry, tomai o tempo necessário para vossas providências, para que cheguemos a bom termo em toda essa mudança em vossa vida. Ide em paz.

Capítulo XXIV

Quão doce pode ser a festa de casamento de um homem! Nem sei se merecia o que me foi dado, tão feliz estava, pleno, realizado, satisfeito. Helène exuberante, lindíssima, radiante. Nunca a havia visto tão bela e luminosa. Jamais imaginara como me sentiria nesse momento em que tudo parece convergir para a glória daquele instante, da cerimônia em que dissemos o "sim" diante da Igreja, de toda a comunidade e, principalmente, diante de nossos corações. Sim, ela era o centro de todos os interesses! Nunca houve naquele lugar uma noiva tão bela e tão completa! Nunca houve, por certo, festa mais concorrida e alegre do que a festa de nosso enlace matrimonial, realizado por nosso bom amigo padre Hughes ladeado por meus irmãos, ajudado pela cristandade e finalizada com um ágape dirigido por Claire, no salão central do Castelo da Santíssima Trindade, com a presença do Senhor De Montagne e de sua família, como se eu e minha noiva fôssemos de linhagem nobre. Aqueles momentos ficaram gravados em minha alma, a ponto de jamais esquecer o que foi aquela noite iluminada de esplendor e júbilo. Não há palavras que possam descrever as emoções que atravessavam meu coração e o quanto profundamente me sentia grato a todos que concorreram para esse dia marcante em minha vida.

Ficamos, inicialmente, em casa da família de Helène até que as providências de nossa viagem para Amiens fossem ultimadas. Minha esposa afirmara que seu lugar sempre seria ao lado de seu marido, onde quer que ele estivesse, e isso muito me alegrou. A região para onde nos transferíamos é amena, de clima oceânico agradável, com inverno moderado, situada em vasta planície por onde corre o rio Somme, pleno de recordações de minha infância. É uma região estratégica, incorporada ao Reino no tempo de Felipe Augusto, propícia à criação de animais e à agricultura. A cidade é sede de um bispado bastante antigo, e a catedral que se constrói pretende honrar a região como uma das maiores do país. A arte das volutas, dos arcos e dos vitrais será aqui usada em toda sua potencialidade. Meu trabalho será subordinado ao Mestre Thomas de Cormont, sem dúvida um dos mais competentes e renomados arquitetos e mestres de artes de todo o mundo conhecido. Teremos três Lojas trabalhando concomitantemente, com vários pedreiros, artesãos, escultores e profissionais diversos envolvidos na Obra.

Ao lado das coisas boas que aconteciam, nos dias que se sucederam chegaram algumas notícias bem inquietantes: A fortaleza de Montségur tombara, sendo todos os cátaros mortos, por preferirem manter sua crença. Vitória da Igreja. Contudo, Jerusalém também caíra no domínio dos turcos. Contam que de Jerusalém escaparam somente 300 pessoas. Enquanto fugiam pela estrada de Jafa, a Cidade Santa e a Igreja do Santo Sepulcro ardiam atrás delas, ossos dos reis eram tirados dos túmulos e espalhados. Fala-se também que o nosso Soberano já prepara nova Cruzada em favor da Igreja, pela libertação da Cidade Santa e pela restauração dos edifícios destruídos. Isso não parece novidade em um país que está sempre armado, como se estivesse permanentemente em guerra. Em todas as viagens que eu fiz, sempre observei grupos de gente adestrando-se no uso da espada, da lança e do arco e flecha. É possível que um dia o mundo tenha sido mais pacífico.

À noite Lucien me procurou. Queria conversar sobre a Confraria e minha transferência para Amiens. Marcamos no Javali, na hora de costume. Pedi licença para Helène e me apresentei pronto a ouvir mais uma de suas fantásticas instruções, disfarçada em bate-papo ameno.

– Vossas responsabilidades frente à nossa Confraria aumentam, meu irmão! Tereis de ensinar àqueles que se iniciam em nossos segredos e velar para que não esqueçam as lições! Muito trabalho vos espera na nova atividade, e temos a certeza de que não nos enganamos ao vos convocar para essa missão. Assim como tereis a ensinar, muito vos será também ensinado, posto que sempre seremos aprendizes, porque o conhecimento a que nos propomos é vasto. Estais providenciando vossa mudança?

– Não, não foi possível ainda me dedicar a isso. Helène está mais eufórica e já está vendo alguma coisa. Claire a ajuda, embora esteja contrariada. Gostaria que Helène ficasse *para encher a casa de crianças*, como disse.

– Coisas de família. Temos a certeza de que tereis as melhores condições de superar esses problemas!

– Nos demais lugares onde tive oportunidade de trabalhar, eu fui muito bem recebido. Tendes alguma informação de como será a vida em Amiens? Conheceis o Mestre da Obra, Thomas de Cormont?

– Não o conheço pessoalmente, mas vos posso afiançar que é um mestre reconhecido por seus conhecimentos e por sua espiritualidade, dentro de nossa Confraria. Creio que estareis em boas mãos, para seguirdes vosso progresso.

– Desejo voltar-me mais ao campo das construções, dedicando-me à geometria e ao conhecimento dos materiais, áreas que são sempre úteis em todas as obras.

– Acredito que vosso futuro mestre não deixará de utilizar vossas habilidades com o cinzel, posto que, pelas informações que dispomos, tem intenções de fazer esculpir um lindo portal, à semelhança do que conheceis em Paris, conferindo a mesma grandiosidade à sua catedral!

– É impressionante o que está gravado na catedral de Paris. É um livro do conhecimento, escrito em pedra, para a eternidade!

– A magia de nossas construções não está somente no que registramos na pedra, mas naquilo que conseguimos transmitir à alma dos que a visitam, elevando os seus pensamentos ao Criador, em sua Honra e por sua Glória, a quem dedicamos nossos melhores esforços e nosso mais puro conhecimento.

– É por isso que quando chegamos a Chartres ou a Paris nosso pensamento desaparece e ficamos de tal forma comovidos, que não conseguimos nada mais do que lágrimas de mais profunda emoção. É como eu me sinto diante de uma bela pintura ou mesmo diante de uma representação caprichada dos trovadores do Sul.

– Este é o toque que distingue uma verdadeira obra de arte de uma construção qualquer. É por isso que esses homens que dirigem essas obras são chamados mestres!

– Teremos nós, um dia, o refinamento e habilidade para realizar essa mesma proeza?

– Trabalhamos nesse sentido, meu irmão! Se tivermos o merecimento desse dom, se Deus quiser, lograremos a realizar nossas obras-primas, cada um de nós, com perfeição! Não pelo reconhecimento público ou de nossos irmãos, que isso é o que menos nos pode interessar, mas à Glória do Grande Arquiteto do Universo!

Aprendi a conhecer, a respeitar e a amar esse irmão, que foi meu primeiro instrutor na Arte Real, quem eu considero um exemplo de bom-senso e objetividade. Sentirei muito esse afastamento, que agora começa a ter fóruns de definitivo. De qualquer forma, ele será meu paradigma, o exemplo que seguirei nas funções que parece terei de assumir em Amiens.

Voltava, descansadamente para casa, ainda cedo, quando tive mais uma daquelas visões. Senti que alguém caminhava ao meu lado. Uma presença imponente, mas não desagradável, forte, mas ao mesmo tempo com certa suavidade. Instintivamente, pensei: Quem será que está aqui? Ouvi – ou quem sabe, só pensei? – que me dizia, com voz masculina, decidida, com certo tom imperativo, mas não arrogante:

– Não te assuste, filho! Sou eu, teu Mestre!

– Sim, eu já tive oportunidade de receber sua visita... brinquei. Um Mestre está para ser servido. Em que posso servi-lo?

– Um Mestre está sempre a serviço, corrigiu-me ele. E desejo estar ao teu lado, agora que estás prestes a entrar em nova fase da tua vida, em que maiores responsabilidades te serão exigidas e que novas provas testarão tua fé e tua dedicação.

– Estas coisas assustam!

– As provas nunca são maiores que nossa possibilidade de ultrapassá-las, ainda que, muitas vezes, nos pareça que o céu cai em nossas cabeças ou que possamos blasfemar, dizendo que Deus nos abandonou. Mas, afirmo, nunca se deve ceder à tentação de faltar para com Deus! Estou aqui para te lembrar que deves cultivar em tua alma três grandes qualidades: A primeira delas é a imaginação, qualidade associada à intuição. A imaginação é a qualidade que diferencia os homens dos demais animais, uma vez que somente o ser humano é capaz de imaginar o mundo em torno de si. Mas para que a imaginação seja efetiva, há necessidade do conhecimento, para esclarecer o que for captado pela intuição. Isto é discernimento, sem o que a imaginação pode conduzir à ilusão e à fantasia. A fantasia é a realidade distorcida pela ignorância e deves te precaver contra a ignorância, aumentando justamente teu conhecimento! Deves lembrar bem daquele texto hermético e sagrado que já estudaste, da *Tábua de Esmeralda* de Hermes Trismegisto que diz: *É verdadeiro, claro e certo. O que está embaixo é como o que está em cima, e o que está em cima é igual ao que está em baixo, para realizar os milagres de uma mesma coisa.* Para bem trabalhar a imaginação é necessário que haja muita concentração, que é fruto da atenção, da serenidade e da compreensão. Mas presta atenção, filho: A realidade espiritual não deve te distanciar de teu dia a dia, das coisas materiais que envolvem tuas responsabilidades, sejam elas para com tua Pátria, para com a Ordem, para com a tua família ou para contigo.

– A segunda qualidade, para a qual desejo que estejas atento, é a certeza. A dúvida está sempre ávida para embaçar a certeza e deixar o homem à margem do que sua intuição lhe diz! A certeza, por sua vez, apoia a imaginação em seu trabalho de expandir a capacidade intuitiva e libera o ser humano do medo, à medida que lhe confere segurança. A certeza é uma qualidade interior muito profunda na alma, como é o cerne nos grandes carvalhos de nossas florestas.

– Por fim, desejo esclarecer-te de que a vontade é uma potente alavanca que não permite o esmorecimento frente às adversidades pelas quais temos de passar. Muitos dos compromissos são assumidos em outras oportunidades, em momentos em que não existe o compromisso com este mundo material e, na maioria das vezes, não é facultado sequer lembrá-los ou ter consciência do que cada um já fez por aqui. A vontade é capaz de impulsionar o ser humano na direção correta de seus compromissos e evitar que o homem se perca pelo caminho, encantado pela paisagem ou por algum hospedeiro mais sedutor.

– Filho, a imaginação, a certeza e a vontade, se bem colimadas, conduzirão necessariamente à libertação, ou seja, ao crescimento espiritual em direção à Jerusalém Celeste, à Redenção, à Casa do Senhor. Este será um dia para ser comemorado, pois o Peregrino que todos vocês são, terá vencido sua etapa, o maior de todos os desafios, que é a vitória sobre si mesmo e sobre todos os obstáculos que ele mesmo cria para o seu progresso, para sua iluminação.

– Bem, só tenho muito à agradecer esta lembrança, eu disse. Mas, a propósito, eu gostaria que o Senhor meu Mestre me desse uma possibilidade de eu encontrá-lo, um nome, uma referência talvez...

– Eu te dei uma pista em nosso primeiro encontro, mas confesso que talvez não tenha sido muito claro. Eu sou Maytreia e estou presente no mundo para servir àqueles que escolhi como discípulos, tanto por seus méritos, quanto por sua necessidade de um guia, de um sinalizador de caminhos. Estou sempre à tua disposição, em tua caminhada, em qualquer momento de tua vida. Exijo, apenas, de tua parte, disciplina e determinação.

– Se me for dada essa possibilidade, Senhor Maytreia, sempre terá de mim dedicação, devoção e amor, como um discípulo deve a seu Mestre.

Esse encontro ocorreu no trajeto até perto de casa. Assim como pressenti a presença do Mestre, pressenti sua retirada, ou melhor, senti que depois do diálogo não havia mais ninguém ao meu lado. Pensei em comentar o fato com Helène, essas visões que, às vezes, eu tenho, entretanto, considerei melhor não o fazer para não a assustar. Encontrei-a muito pensativa. Talvez fosse somente impressão minha. Perguntei-lhe o que a estava preocupando e ela apenas deu um sorriso evasivo e começou a contar o seu dia, suas lidas com a casa e com os pequenos animais de criação de sua irmã. Uma pequena ovelha, que tinha de ser alimentada com leite, porque a mãe morrera no parto e que agora fazia parte da família, era o objeto dos cuidados especiais de Helène, que a chamava de *Belle*. Esta característica de minha mulher, a defesa dos pequeninos, daqueles que precisam de nosso apoio, essa ternura que ela é capaz de demonstrar é talvez sua faceta mais encantadora, que bem mais diz de seu íntimo. A cada dia eu a amo mais e encontro mais uma revelação em suas atitudes que me enchem de satisfação e de vaidade. Helène é uma grande mulher!

CAPÍTULO XXV

– Clovis!

A surpresa de rever esse irmão e amigo foi realmente muito grande. Não o esperava, tão cedo, por aquelas paragens.

– Que bom encontrar-vos novamente! Estais muito bem, meu irmão!

– Tenho a mesma alegria em cumprimentá-lo! Aliás, vos devo uma satisfação, por não haver estado presente em vosso casamento! Aceite meu abraço e os votos de uma vida muito feliz e plena de harmonia! Como está nossa cunhada? Como está essa vida de homem sério?!

– Os ares dos bretões fizeram bem a meu irmão! Vejo que a comida daquele povo pode não ser tão generosa quanto a nossa, mas vosso perfil mais delgado vos favorece bastante! Percebo também que vosso acento, ao falar, já lembra o outro lado do Canal!

– Dizem o mesmo por lá! Está sendo uma experiência fascinante! São usos e costumes muito diferentes dos nossos, e eu diria até que é um povo mais arrogante, mais intolerante!

– Tendes essa impressão, mesmo dentro da Confraria? Como fostes recebido?

– Fraternalmente! No começo fiquei sediado em Saint Paul. Após esse estágio, estive em viagem por diversos canteiros de obras, até que fui fixado na construção da catedral de Salisbury, a que estamos construindo agora. Eles a chamam de "Old Salam". A movimentação de construtores é intensa no país, e a Confraria é reconhecida desde a mais remota Antiguidade que se tem notícia! Em meu retorno, devo ir para o leste, no país Cymru, que fala a língua galesa.

– Como são essas catedrais? São parecidas com as que conhecemos em nosso país?

– São semelhantes! Algumas guardam ainda traços do estilo anterior, construídas em madeira, mais abundante por lá, mas a Arte Nova, com seus arcobotantes, se desenvolve bem. Os mestres ingleses dizem que esse estilo gótico nasceu em sua terra, e eu nem sei mais o que dizer. Lembra que o Iorg dizia que nascera a leste de Strasbourg? Onde anda o Iorg?

– Boa pergunta! Desde que cheguei não o vi! Como foi vossa adaptação com a língua, tão estranha para nós, tão difícil!

– Foi difícil, sim, e tive de receber muita ajuda de outros construtores, irmãos, que foram daqui para lá e de alguns ingleses que já estiveram em nosso país. A sorte é que viajamos bastante e sempre estamos dispostos a nos ajudar.

– E como é essa catedral em que estais trabalhando?

– O mestre de obras é Elias de Derham, foi quem a planejou e a está executando. Nós trabalhamos sob suas ordens, mais ou menos no estilo como se trabalha aqui. Na parte de informação, é um pouco diferente e na questão da forma de expressão de nossas verdades e de transmitir nossos conhecimentos secretos há bastante diferença. Mas, isso já sabíamos, pois sempre nos foi dito que a ritualística não precisa ser exatamente igual de lugar para lugar, embora o conteúdo e as crenças gerais sejam as mesmas! Talvez a diferença mais notável esteja no plano original da igreja, em que não foram previstos dois torreões, como a maioria daquelas que se constrói por aqui. Há uma flecha magnífica, com sua torre, que deverá ultrapassar 300 pés de altura. Só a nave central tem quase 230 pés de comprimento e o coro, 220 pés! Estamos usando mármore, para fazer contraste com a pedra cinza, da parte estrutural. É uma Obra de Arte de nosso mestre!

– Já vi que estais ficando quase inglês! Falta só virdes com uma novidade...

– O bispo da região chama-se Richard Poore e pretende consagrar sua catedral a Santa Maria...

– Estais fugindo do meu assunto! Desejo saber se meu irmão pretende casar-se no país estrangeiro, que me parece já estar adotado como seu, em tão pouco tempo!

– Este é um assunto que ainda não desejo revelar, meu irmão! Mas estais certo, acho que encontrarei meu destino naquele país. Em breve sabereis, com certeza, o que sucede por lá!

– Então, quer dizer que vos encontrastes com o povo dessa pátria! Como vive o povo que conheceis nessa vossa experiência?

– O povo vive amedrontado, pois há muitas lutas, muita disputa entre os barões e o Rei. A nobreza tem as mesmas características que vós bem conheceis, ainda que muito mais insolente e perigosa, com hábitos despóticos; o clero, entretanto, é diferente e está dividido. Há um grupo que segue, com fidelidade, a Igreja de Roma, mas há uma ala que, embora siga os mesmos dogmas e credos, os professam de forma particular. São conhecidos por *culdeus* e, obviamente, não contam com a simpatia dos bispos e do papado.

– *Culdeus?* Nunca havia ouvido falar nesse clero! Como surgiram, como professam a fé cristã? São eles uma dissidência de Roma? Podeis contar-me algo sobre essa gente?

– Isto é uma história muito antiga, que remonta à vida de São Columbano, um irlandês que dizem ter existido há muitos anos, na época do Rei Arthur, quando a lenda e a história se misturavam. Contam que foi um homem muito estimado pelos druidas e monarcas de então. Fundou um mosteiro e foi incansável na pregação do Evangelho, o que lhe valeu o respeito de toda a hierarquia. Em seu mosteiro havia regras especiais, e os que as seguiam eram chamados "Cultores Dei", daí o nome *culdeus*. Constituíram um corpo religioso de pessoas que se uniam com o intuito de se associar mutuamente ao trabalho comum de pregar as Sagradas Escrituras e ensinar a mocidade, bem como de manter em si próprios o fervor religioso. Ao entrar na ordem, certos votos eram tomados pelos membros, embora não os impostos pela igreja romana. Dos três votos clássicos impostos pelo clero romano – celibato, pobreza e obediência – os *culdeus* não tinham de cumprir senão o terceiro. À pobreza não se obrigavam, ao contrário, parece que se dedicavam muito a conseguir para si e para os dependentes todos os confortos da vida. O matrimônio era-lhes, também, permitido, e a maioria parece ter se casado, ainda que suas esposas não morassem em sua companhia nas instituições, tendo residência separada. Nesse aspecto, os *culdeus* fugiram às regras estabelecidas pela Igreja Romana, sendo considerados hereges. À medida que o poder da Igreja aumentava, diminuía o seu. Há forte tendência de se atribuir à Igreja a responsabilidade pela tentativa de destruição dessa comunidade, mas pelo visto continuam a resistir à interferência papal, trabalhando isoladamente.

– Esses laivos de rebeldia são simpáticos ao nosso povo, sempre prontos a se levantar contra o poder instituído! Lembra que Gérard nos falava sobre os cátaros? Tivemos notícias que os barões do Norte, a mando do papado, os estão destruindo como podem, naquilo que nos foi antecipado como a maior luta entre irmãos que este reino já assistiu.

– Também lá não é diferente, meu irmão! Há lutas entre clãs, entre rivais, que se prolongam por muitos anos! Esse pessoal do Norte, da Escócia e da Irlanda estão em constante guerra com os ingleses, os senhores do Sul. Aqueles dois países têm algo em comum com o nosso: sua origem. Galeses, celtas, pictios que foram invadidos por normandos; estes se aculturaram em suas novas terras, integrando as elites dominadoras e até criaram seu país, ao Leste, Gales, ou Cymru na língua local, para onde devo ser transferido proximamente. Além da origem, tem em comum o mesmo terrível inimigo, os ingleses! Escoceses e francos têm sido aliados contra os ingleses, dando-se mútuo asilo às famílias reais. Muito antes da conquista normanda, os saxões, os bretões já atravessavam o mar para suas pilhagens e conquistas. Nós, graças à condição de poder livremente transitar, sob a proteção da Igreja e no seu interesse, temos a possibilidade de ver essas coisas e... calar!

– Sem dúvida, parece que meu irmão está aproveitando ao máximo sua estada no país estrangeiro! Espero que não percamos contato, agora que também eu serei transferido para minha região de origem. Para mim está sendo muito bom, muito emocionante poder empregar meus conhecimentos em uma obra em Amiens.

– Eu já havia sido informado e espero que vossa nova residência vos satisfaça, assim como à cunhada e que em minha próxima vinda a este país vos encontre estabilizado, talvez até como mestre de obras em alguma construção importante da região e cercado de lindos filhos, como se deseja!

Agradeci fraternalmente como convinha e continuamos a conversar sobre os assuntos diversos que nos dizem respeito mais diretamente.

No dia seguinte, encontrei Helène às voltas com Belle, que mais parecia uma criança. Contei-lhe do encontro com Clovis e as novidades que nos trouxera. Helène, aproveitando a oportunidade, perguntou:

– Quantos filhos vamos ter?

– Tantos filhos quanto quiseres ter, retruquei.

– Ah! Por mim, eu quero muitos filhos! Sempre gostei de ver a casa cheia, bem movimentada e sempre fico muito triste quando a família se dispersa, indo cada qual cuidar de seus interesses. Foi o que aconteceu aqui em casa!

– Mas se Deus quiser, isso não acontecerá conosco! Vamos ter uma família grande, como tu queres, com muitas crianças em torno de ti, como essa pequena ovelhinha a quem te dedicas tanto!

– Não é linda, ela? Tão delicada, tão carente! É uma fofura!

Passei a mão na lã limpa e sedosa do animalzinho e em seguida abracei Helène e fomos caminhando, os três, em direção à praça, sem ter muito o que dizer. É bom ter esse tempo para família, essa vida doméstica que me encanta muito, pois não cheguei a desfrutar desses pequenos prazeres, mas definitivos, intensos e importantes na vida de uma pessoa.

– Em Amiens vamos ter uma casa bonita, grande e confortável, com bastante espaço para cultivarmos. Poderemos criar galinhas e marrecos, para o nosso consumo e até para dividir com os outros.

– Vou sentir saudades daqui, de Claire, da casa, da aldeia, mas estando contigo é tudo o que eu quero! Vamos ter nossa família, nossa casa, nossa cidade!

– Eu também vou sentir saudades daqui. Mas, estou certo de que vais gostar muito da vida na Picardia. Eu tenho poucas recordações de quando minha família morava naquela região. Éramos poucos e, com a morte da minha mãe, meu pai decidiu fazer sua vida mais ao Sul, onde se casou novamente. Eu não gostava de minha madrasta e decidi sair de casa. Minha irmã ficou com eles. Soube, depois, que tive mais dois irmãos, mas eu perdi totalmente o contato, não sei se vivem ainda, não sei onde moram ou o que fazem na vida. São coisas do passado!

– É triste! Talvez seja por isso que tu não falas de teu passado!

– Há certas coisas que não gosto de lembrar e essa é uma delas. Mas há coisas boas, também, como as tardes que passávamos, meu pai e eu, pescando à beira do rio e chegávamos em casa com muitos peixes, para o desespero de minha mãe, que tinha de limpá-los e cozinhá-los. Por isso, eu te prometo que viajaremos para cá sempre que possível, para que não percamos os laços familiares.

E fomos caminhando, lentamente, com a Belle nos seguindo, até chegarmos em casa novamente, onde Claire nos esperava com o almoço já pronto. Era seu prazer cozinhar.

À noite, uma notícia das mais inquietantes. Armara-se nova Cruzada, tendo à frente nosso Soberano, Rei Louis, pessoalmente. Louis colocara sua espada e seu povo ao serviço da Igreja, do Cristianismo, pela libertação de Jerusalém e partira com seus barões, como fizera Ricardo, da Inglaterra, anos antes. Daí se justificar toda a movimentação de guerra que eu observara no país. Novamente hordas de infelizes, de pestilentos, de gente sem futuro colocavam sua esperança na Guerra Santa, ao lado dos mais nobres e preparados cavaleiros do Reino, pelos altos ideais do Papado e da Hierarquia e dos saques, que proporcionavam enriquecimento rápido e seguro, caso sobrevivessem à luta. Quantas mil pessoas se envolveriam nessa Cruzada? Quantos bons cristãos seriam mortos? Valeria a pena tanto esforço? Eu ouvira contar que Frederico II, de Hohenstaufen, havia negociado a paz com o sultanato do Egito, mas que por isso, Inocêncio IV o excomungara e o declarara deposto de seu trono real. O Papa estava em Lion. O tratado de paz que possibilitava o livre acesso dos cristãos a Jerusalém terminara, e a cidade caíra novamente em poder dos sarracenos. O papado acusava Frederico II de proteger os sarracenos, porque ele evitara a luta e assim os saques, os roubos, os botins característicos da guerra foram anulados. Mas, isso tudo envolvia uma situação difícil e belicosa entre duas ordens cristãs, a dos Cavaleiros Templários e dos Hospitalários. Aqueles, mais hábeis negociadores e mais fortes militarmente não estavam nas graças de Frederico. A paz entre as duas instituições foi conseguida não por influência do Vigário de Cristo, mas sim pelo príncipe do Sacro Império, filho de Frederico II. Ao contrário do que fora conseguido, nosso Rei está em luta e com ele a guerra se estende a todo o reino. Que Deus seja louvado!

Capítulo XXVI

Nossa vinda para Amiens foi tranquila. Uma viagem que começou com muitas despedidas, da família de Helène, dos meus irmãos da Confraria, de nossos muitos amigos da aldeia. Aqui, como eu fora informado, uma bela casa nos esperava, pronta para habitar, com jardim e com pátio, para cultivarmos flores, hortaliças, criarmos pequenos animais e levar uma vida saudável.

As funções que me aguardavam na catedral que estava em construção eram muito parecidas com as de Lucien. Como um dos contramestres, cumpria a mim o ensino dos aprendizes, desde as primeiras noções sobre a Arte Real, até alguns aspectos filosóficos que discutiríamos em animadas reuniões na sala reservada de um pequeno *bistrot*, que chamávamos *O Oculto*, porque ficava bastante escondido, em uma rua deserta, não longe da construção. Da rua era impossível vê-lo e eu me perguntava como é que esse negócio prosperava, assim tão fora da vista dos possíveis clientes. Dentre as minhas novas funções, Thomas de Cormont, nosso mestre, determinou que eu me dedicasse ao estudo e aplicações da geometria, exatamente como eu desejava. O cinzel e a escultura ficariam para segundo plano, pois tínhamos companheiros muito hábeis com essa ferramenta nas outras oficinas.

Cormont era um pouco mais velho que eu e muito preparado. Toda a concepção da catedral era dele e coordenava pessoalmente, com muita destreza, os três *ateliers* que ali trabalhavam. Avisara-me, na chegada, que estávamos com um profano indicado e que sua iniciação seria de minha responsabilidade e, assim, eu deveria tomar as providências para dar-lhe uma bela recepção e introduzi-lo em nossos mistérios. Esta seria minha primeira tarefa de cunho administrativo. Teria, também, de estudar muito a fim de estar apto a transmitir corretamente as instruções.

Encontrei três bons companheiros sob meu comando: Marc, Paul e Léon e dois aprendizes, Pierre e Bernard, todos muito cooperativos e bem iniciados. Percebi que o interesse maior era mesmo o estudo da geometria que, por ser uma imagem da estrutura do universo, pode ser facilmente empregada como simbolismo para o entendimento de várias estruturas de toda a criação. Na minha maneira de ver, como dissera a Cormont, a geometria é religiosa, é sagrada, é misteriosa e não pode ser, em hipótese alguma, profanada. Ela é um arquétipo da fé. Desse modo, exige-se conhecimento muito profundo dos mistérios sagrados para que alguém possa se aventurar no desenho de certos sinais, de certas formas, que transmitem conceitos muito complexos e fora do alcance de um profano. Um simples desenho pode ser invocativo de espíritos e de poderes que podem ser usados para a proteção do arquiteto e, se cair em mãos erradas, para a destruição da Obra. Nos livros antigos, descobri que cada espírito tem um símbolo, uma forma associada, por meio da qual ele pode ser contatado. Dessa maneira, é muito perigoso que esses conhecimentos sejam mal aprendidos e usados com fins antirreligiosos. Uma das formas geométricas a que tenho dedicado ao estudo é a *vesica piscis* que, na minha maneira de ver é fundamental para o desenho dos templos. Como aprendi com Jorg, o projeto da catedral deve relacionar-se com o nascer do sol e a *vesica*, essencialmente feminina, deve relacionar-se à Mãe de Deus. Nós dedicamos as Catedrais à Nossa Senhora, Rainha e Advogada nossa, diante de Seu amado Filho. É uma forma de honrarmos também o feminino, dentro da mais autêntica tradição dos nossos ancestrais, os celtas.

Meses após estarmos instalados, chegaram à cidade três trovadores do Sul e, com eles, as notícias que, de certa forma, confirmavam o que Dom Inigo Lerouge havia prognosticado naquela reunião secreta ocorrida no castelo da Santíssima Trindade, muito tempo atrás: Albi fora destruída pelos barões do norte, com suas armas a mando da Santa Madre Igreja, para satisfazer Sua Santidade o Papa Inocêncio IV. Contaram que mais de duzentas pessoas foram mortas na fogueira, em praça pública, juntamente com religiosos de sua igreja, chamados "Perfeitos". De Montségur saíram quatro pessoas conduzindo o maior tesouro dos Cátaros que foi depositado nos quatro pontos cardeais, em lugar seguro, fora do alcance da Igreja e do mundo profano. Eu fiquei me perguntando como é que quatro pessoas podem conduzir o "maior tesouro" guardado em uma fortaleza quase inexpugnável como se constroem nestes tempos, e os espalhar pelos quatro cantos do mundo. Os trovadores falavam em ouro, joias, pedrarias e objetos de arte e algo muito mais precioso que qualquer ser humano pudesse imaginar. Esse maravilhoso tesouro foi salvo, segundo contaram, das mãos dos francos, e entregue aos cuidados de pessoas muito sérias. Lembro vagamente o que nos fora revelado, naquela noite, mas não tenho bem presente os detalhes.

Helène, com sua insaciável curiosidade perguntara-me:

– Quem são esses jograis e esses trovadores que se apresentam com tanta graça, de aldeia em aldeia?

– São artistas, gente do povo que ganha a vida divertindo os outros, respondi-lhe até para mudar de assunto.

– Não creio que seja somente isso! Eles têm muito mais preparo do que um homem do povo. Eles sabem muito mais que a maioria de nossos conterrâneos, não te parece? Observa o linguajar, observa o conteúdo das narrativas, os instrumentos, as maneiras deles fora do ambiente de teatro. Essa gente tem mais conhecimento que os mascates, mais polidez que os soldados, mais trato que muitos clérigos. E que memória, para relatar fatos! Quem são esses trovadores, insisto!

– Minha amada, nunca eu havia pensado nisso! Tu tens razão, é um grupo diferenciado não somente pelo linguajar, mas pela versatilidade, pela capacidade de se apresentar e de sair de cena em caso de algum perigo ou risco. E viajam livremente por todo o país.

– Podem entrar em quaisquer lugares, como jograis ou como bufões; podem saber os mais recatados segredos das cortes por onde andam; podem transportar ensinamentos secretos de uma a outra comunidade. É muito interessante essa classe de artistas que é aceita praticamente por nobres, clérigos e homens comuns!

– Assim que eu tiver oportunidade vou conversar com Cormont, para que ele nos esclareça, caso tenha alguma informação complementar.

Naquela mesma noite havia uma de nossas reuniões para instrução e comentários gerais no *Oculto*, dessas que fazemos sem nos preocupar em seguir os cânones. Tinha por objetivo iniciar o preparo da cerimônia de recepção de novo profano e que ficaria praticamente ao meu encargo. Eu não o conhecia, mas sabia que sua apresentação à nossa comunidade fora feita por Marc, que viu nele as qualidades indispensáveis para ser um construtor. Seu nome é Armand. Eu deveria cuidar pessoalmente de todos os detalhes das provas iniciáticas a que teríamos de submetê-lo, e isso era uma grande responsabilidade, pois nessas tarefas não se admitem falhas. Perguntei se alguém mais o conhecia e constatei que, do meu grupo, somente Bernard tinha condições de reconhecê-lo. É estranho que isso aconteça em uma aldeia pequena. No entanto, quando eu fui iniciado também me lembro de ter tido contato somente com Lucien. Embora, a Confraria fosse ativa, com muitos membros, eu não os conseguia identificar. Muito menos ao Senhor De Montagne, que foi a maior surpresa que tive! O recurso que se impõe nessas ocasiões é usar um jogo de senhas e contrassenhas, de maneira que não possa haver qualquer engano. Marc ficaria encarregado de lhe ensinar as palavras de reconhecimento e Bernard o iria receber, procedendo como de costume, com o cuidado de não ser reconhecido. Marc mesmo conduziria a carroça, sem lhe dirigir a palavra e o restante o acolheria já no local que definimos. Ensaiamos todo o resto, para que cada um soubesse exatamente o que fazer em cada momento da cerimônia, de maneira que tudo se desenvolvesse com perfeição, como se fosse uma apresentação pública de atores. As impressões que conseguíssemos transmitir à alma desse neófito seriam definitivas em sua vida e disso dependeria seu interesse por tudo o que lhe seria mostrado a partir dessa noite.

Cheguei cansado em casa. Helène já estava dormindo. Atirei-me ao seu lado e fiquei acompanhando seu ressonar. Assim, calmo e silencioso, eu via meu corpo deitado ao lado de Helène. Era como se eu estivesse quase no teto, pairando sobre a cama e lá embaixo, dois corpos, o meu e o de Helène, deitados, lado a lado. Nada disso me surpreendia. Procurei Helène neste outro plano, mas não a vi. Subitamente, ouvi que me chamavam. A princípio pensei que fosse Lucien, pois a voz era semelhante. Imediatamente, lembrei que Lucien estava muito distante dali. Mas a voz não vinha de fora, era interna, era de dentro de mim. Eu já ouvira esse timbre de voz antes. Quem seria?

– Sou eu! Teu Mestre!

– A que devo vossa visita?!

– Estás indo muito bem! Estou contigo, não temas! Teu trabalho aqui está apenas começando e deverás ter muito sucesso, muita satisfação nesta terra.

– Temos bons companheiros e trabalhamos sob a orientação de um bom construtor. Tem tudo para dar certo mesmo, para honra e glória do Senhor.

– Preciso revelar-te algo que se passa longe daqui, mas que te diz respeito, como a todos os teus. Peço-te segredo total para tudo o que te vou dar a conhecer. Mais adiante necessitarás destas informações para o bom andamento do desenvolvimento de tua alma.

– Não ignoras que teu Rei está empenhado em uma guerra, que chama de Santa, pela retomada de Jerusalém aos turcos sarracenos. Pois bem, há muita dor e muita tragédia no que eu te vou desvelar. Estás acompanhando o sucesso desta Cruzada, mas brevemente terás a notícia de que teu Rei cairá prisioneiro de seus inimigos e isso será um pesado fardo para todo o país. Muita discórdia essa situação trará, principalmente dentre aqueles barões do Norte, que se dizem cristãos e defensores do Rei; muito sangue inocente correrá entre as ordens religiosas e a nobreza do país, trazendo um clima de desesperança, de desolação e de pobreza para todos. O povo pagará por isso, mas teu Soberano, apesar de que será libertado a peso de ouro, tem seus dias contados para partir deste mundo. Será muito honrado pela Hierarquia da Igreja e todos o aclamarão feito um santo, mas o país estará mergulhado na pobreza, na discórdia e na cizânia.

– Quanta desgraça! Se Deus está com nosso Rei, se sua guerra é santa, por que toda essa tragédia a que referis?

– Reitero que não deves falar sobre isto com ninguém, nem mesmo com Cormont. Apenas te previno, porque terás informações contraditórias, que poderão causar certa euforia no país, mas que não se iludam, muita coisa ainda há de vir. Quanto a ti, pessoalmente, comeces a estudar a *Summa Theologica*, que é um referencial que te fará falta no futuro. Tens muito a fazer nesta construção, pela Ordem, por teus irmãos e pela humanidade. Não esmoreças, aconteça o que acontecer. Espero que continues firme em tua fé, que já supera em muito todo o resto. Mas é preciso que não duvides. Acredite. Vá em frente com passos firmes e decididos! Por enquanto, estas são as mensagens que tenho para ti. Estejas sempre com Deus.

Os dias que se seguiram foram de muito trabalho para nossa oficina, ainda no preparo da recepção ao neófito e em muito estudo pessoal. Cormont começou a me instruir no segredo da construção dos arcos e das abóbadas que requeriam técnica especial, desde o corte das pedras até seu justo polimento, identificação e colocação para formar um conjunto harmônico.

– Construir arcos e abóbadas é uma prerrogativa dos mestres de obra. Por sua dificuldade e ciência, nenhum companheiro de trabalho, desinformado ou desinstruído poderá aventurar-se a essas técnicas, sob pena de ver sua obra caída sobre si.

– Neste trabalho que fazemos, o mais importante é aprender, com tenacidade e paciência.

– Tendes razão, Thierry. Isto é o que falta a muitos dos bons construtores que conheci. O cultivo das virtudes é essencial para que chegueis um dia a receber vossa autorização para dirigir vossa própria Loja e empreender vossas obras. Tenho certeza de que irei assistir a vossa sagração como Mestre de Obras, pois tendes méritos que serão reconhecidos.

Capítulo XXVII

Cada vez que sentimos o tempo avançar, temos certeza de que a vida repete seus ciclos. No final desta primavera, o encantamento magnífico dos campos picardos e as cristalinas e borbulhantes águas do *meu rio* me fazem sonhar, perdido em devaneios, com o doce e inebriante perfume das flores. Lembro-me de meus pais e de minha família, ao mesmo tempo em que penso na família que constituirei com Helène e que pretendo que seja bem mais terna, mais amorosa. Não que a vida seja mais fácil hoje, mas meu pai teve muita dificuldade em nos manter perto de si, talvez em razão da morte precoce de minha mãe e sua decisão de se casar novamente. É difícil uma criança aceitar que alguém substitua o amor e o carinho de sua mãe.

Foi excelente a recepção ao neófito, Armand, que agora faz parte de nossa oficina. Foi a melhor experiência que tive, pois, o grupo estava preparado e a cerimônia transcorreu serena, como se fizéssemos isso todo dia! Começamos a instruí-lo imediatamente na Arte Real, com ajuda dos demais irmãos. Hoje, ele já está se saindo bem com seus instrumentos, em seus primeiros trabalhos. Passa os dias a fio na pedreira, cortando os blocos de acordo com as medidas que lhe dou e refletindo sobre o que está fazendo. Espero que tenha bastante persistência e humildade para ir adiante. Armand será meu primeiro aprendiz e isso é muito marcante para mim. Revejo nele todos os passos que dei, desde minha iniciação na Ordem, naquele dia que eu jamais esquecerei. Farei dele um bom construtor, se assim Deus me ajudar!

Tivemos notícias sobre a Cruzada, confirmando tudo o que me havia sido revelado pelo Mestre. Um emissário vindo de Paris contou ao bispo e a Cormont que a guerra santa ia muito bem, com muito sucesso. Os nossos haviam tomado uma cidade importante, chamada Damieta, que estava em poder dos turcos, derrotando fragorosamente o exército de defesa e massacrando seus habitantes, ao costume da época, para que houvesse um bom saque. Mas depois, não se sabe bem como, por culpa de seu irmão, nosso Soberano caiu prisioneiro no Egito e, para sua soltura, os turcos exigiram a devolução de Damieta e mais uma soma altíssima de resgate. A missão desse mensageiro era exatamente a de transmitir as quotas que cada cidade, cada povoado, cada senhor de castelos e terras deveria arrecadar sobre seus camponeses para enviar aos turcos. Todos deveriam pagar, disse o emissário, inclusive o clero, os artesãos, os construtores. Ninguém ficaria de fora, afinal era a vida do Rei que estava em jogo.

– Mesmo nós, que estamos livres dos impostos? – perguntei.

– A Confraria terá de pagar, e nós seremos onerados por ela!

A construção da catedral seguia seu ritmo. As três oficinas trabalhavam febrilmente em sua obra, cada qual com suas obrigações, incorporando o trabalho dos aldeões e dos camponeses, como foi feito na catedral de Paris, e em diversas obras importantes que estamos edificando.

Amiens, como me foi dito desde o início, teria características parecidas com a catedral de Paris, ou seja, Cormont deseja deixar expresso na pedra seu conhecimento, bastante profundo na espiritualidade e bem definido na alquimia, na combinação das cores e no significado que se pretende dar à própria construção, como um todo. Pedra após pedra, a Obra toma forma e cresce e, com ela, os obreiros na Arte Real. As oficinas de escultores trabalham registrando toda a caminhada dentro do Templo cristão, da sombra à Luz, da ignorância à Iluminação divina. Cada detalhe dos vitrais escolhidos está comprometido com essa ideia geral de mostrar que o rumo da Jerusalém Celeste está escrito para a eternidade, glorificando o Senhor em Sua magnificência. As cores são essenciais para se transmitir a ideia das etapas a vencer: O Norte, por exemplo, será associado ao azul-noite e à representação do início da criação, da semente divina, da noite dos tempos. Avizinha-se com o Leste, onde a Luz brilha no nascer da vida, no amarelo do Sol Crístico que, compartilhado com o azul anterior, faz predominar o verde que germina no Jardim do Éden. Cristo, em seu esplendor, reina no zênite solar sobre o Céu e a Terra e a natureza madura e harmônica. Se o Norte representa a noite dos tempos, o Sul representa a plenitude da Luz, a imagem do mundo organizado. Já o poente pode ser representado pelo vermelho, pelas cores outonais, quando a Terra se prepara para a noite que há de vir, como a morte virá para todos nós. Entre o amarelo da Luz e o vermelho da morte, a variação cromática é infinitamente bela, à espera do grande sacrifício em prol da humanidade. E assim a vida repete seus ciclos e nós, trabalhadores da pedra, tentamos registrar nosso conhecimento para aqueles que nos sucederão na Obra.

Mas, não é somente o jogo de cores que me impressionou lá em Chartres, que é responsável pela mensagem que se pretende deixar para a humanidade: é preciso ter presente a transmutação que o profano estará submetido ao viver a experiência crística nos níveis físico, da alma e do espírito. Isto é, quanto mais profunda for a entrega ao Divino Mestre, maior é a transformação do neófito, segundo a nossa tradição.

A oficina de Jean Le Loup trabalha sobre as cores e os vitrais, enquanto a minha dedica-se aos cálculos e ao ajuste do projeto, o que fazemos com muita proximidade com o mestre geral da Obra. Assim que no mês de dezembro, em nossa reunião no *Oculto*, fomos surpreendidos pela notícia de que Cormont teria de viajar para o Sacro Império.

– Podeis dizer-nos, Mestre, a razão de vossa viagem?

– Sem dúvida! Trata-se da cerimônia de despedida do corpo de um grande mecenas da Corporação, o Imperador do Sacro Império. Como sabeis, o falecimento de um Imperador é seguido por diversas cerimônias. Neste caso, especificamente, o Papado proibiu que se desse um sepultamento cristão ao Imperador que foi excomungado e exigiu que fosse enterrado de bruços, com o rosto voltado para o centro da Terra. Nós consideramos este um ato de arbitrariedade, de desmedido autoritarismo do Bispo de Roma em nome do mesmo Cristo que pregou a Lei do Amor. Nós não aceitamos essa exigência papal e lhe daremos um funeral à altura realizando, após, o cerimonial da Confraria.

– Quem foi esse Imperador, que conheceis tão bem sua história?

– Trata-se do Imperador Frederico II, de Hohenstaufen, neto de Barbarroxa. Este senhor, por suas atitudes de enfrentamento ao papado, recebeu a pena de excomunhão. Entretanto, era um soberano muito prestigiado pela Corporação, e sua morte deixará imensa lacuna no Continente, talvez apenas comparável à de nosso rei Clovis I.

– Mas, Clovis converteu-se ao cristianismo de Roma, por interferência de sua rainha, Santa Clotilde...

– Frederico II teve uma trajetória independente até o final de seus dias, e é por isso que nós vamos fazer suas exéquias.

– O Imperador era um construtor militar, como o senhor De Montagne?

– Também. Mas, o Imperador fez construir um imenso castelo, sob a forma de dois cubos entrelaçados, conferindo-lhe à planta baixa, o desenho de um octógono.

– Onde fica esse castelo? Podeis descrevê-lo para nós?

– O castelo de Frederico II, *Castel del Monte*, é composto de oito torres octogonais. Abriga oito aposentos em cada um dos dois andares, supostamente para acolher cada um dos oito mestres das oito ordens de cavalaria. A astrologia ocupou um grande lugar na corte de Frederico II. O Imperador recebera do sultão do Egito, seu amigo, conquistado em uma de suas cruzadas, o romance *Sidrach* (*O Livro do Saber*), que trocara pelas *Profecias de Merlin*, traduzidas para o árabe. A astrologia era tão importante que, após seu casamento com Isabelle de Brienne, herdeira do trono de Jerusalém, contam que o Imperador se dignara a consagrar sua união somente na manhã seguinte muito cedo, após a noite de núpcias, pois os astrólogos indicaram-lhe as horas favoráveis à procriação. Tinha em sua corte o mais famoso astrólogo saxão, Michel Scott, chamado por alguns o "gêmeo psíquico" do Imperador. A *Solatia* do Imperador, ou morada solar de *Castel del Monte*, apresenta-se feito um octógono regular feito de pedra calcária amarelada, talhada e cuidadosamente polida, sem ranhuras, eficaz como um monólito. Às oito arestas das muralhas correspondem oito torres de oito ângulos de altos muros rebaixados. O pátio interior, também de oito ângulos, foi ornado com esculturas antigas e há um grande tanque de mármore de oito lados. Grandes salas em forma de trapézio compõem os dois andares do edifício, com oito aposentos em cada andar. A decoração interior é a mescla do Oriente e Ocidente: Um Portal da Renascença, janelas góticas e, entre as muralhas, espaços abobadados e o piso recoberto de mosaicos. Essa decoração é maravilhosamente terminada com paredes revestidas de placas de porcelana vermelha de Bréscia e de mármore branco. Supõe-se que esse luxo deslumbraria os visitantes ocasionais e, pela ausência de quartos de dormir e de cozinha, pode-se afirmar que o Castelo não era usado para moradia, mas sim como um formoso templo, quiçá para as recepções das diferentes ordens a que pertencia. O mestre de Obras de *Castel del Monte* foi o arquiteto francês Philippe Chinard. As novelas e contos relatam como centenas de cavaleiros foram recebidos pelo Imperador sob tendas de seda, portanto fora das muralhas do palácio, cuja utilidade nós conhecemos bem.

– Então, pela clareza de vossa explicação, estou quase afirmando que conheceis pessoalmente o referido *Castel del Monte*! Podeis dizer-nos o que significa o octógono?

– Sem dúvida! Já fomos recebidos mais de uma vez na corte de Hohenstaufen. Mesmo com o passamento do Grande Frederico II ao Oriente Eterno, o Grande Conselho dos Invisíveis continuará dirigindo os destinos do mundo. Quanto ao octógono, meu irmão, tereis de estudar o que nos permite passar do quadrado dos nossos edifícios ao redondo dos campanários. Vos parece claro?

– Não tenho esse conhecimento assim claro!

– Caro Thierry, seguramente já tivestes instrução sobre o problema da quadratura do círculo. Se estou certo, deveis recordar-vos, pois a chave deste enigma está ali. Tendes mais alguma dúvida que vos possa esclarecer?

– Podeis dizer-me o que se fazia no Castelo tão cuidadosamente construído e tão primorosamente decorado?

– Bem, quando tiverdes a honra de dirigir vossa própria Loja podereis saber o que fazem e o que estudam aqueles que se dedicam às ciências ancestrais. Posso apenas afiançar-vos que se trata de um conhecimento secreto, velado desde o Egito, e que embasa muito do que fazemos e do que estudamos!

– É mais ou menos assim que os mestres de obra encerram o capítulo da curiosidade de seus discípulos! Por mais que estudemos os textos antigos, acho que nunca chegaremos a conhecer tudo o que conheceis, vós, que pareceis tocados pela sabedoria divina!

– Não sejais cáustico! Cumpri vossa tarefa pacientemente e todas estas coisas vos chegarão ao devido tempo. E a vós, meus irmãos, trabalhai também com afinco e devoção, pois o trabalho é a lei que dignifica o homem.

– Passareis o solstício de inverno em viagem?

– Essa é a data em que deveremos realizar o cerimonial da Confraria, na corte de Hohenstaufen. Vós devereis dirigir os trabalhos em nossa Loja, em minha ausência. Sabeis o que deve ser feito?

– Será a primeira vez que irei dirigir uma Loja, em ocasião tão importante. Deus me ajude! Conto com a paciência e a tolerância de todos os irmãos!

– Consultai vosso coração e deixai fluir vossa intuição. Não esqueceis, no entanto, de ter uma boa conversa com os iniciados mais antigos, que já conhecem essas passagens.

– Essa é uma boa ideia! Com quem o mestre recomenda que eu converse?

– Certamente que com Reinald de Vichiers, o Mestre da Ordem do Templo.

– E onde eu poderia encontrar esse senhor?

– Não é difícil. Tereis de procurá-lo.

Capítulo XXVIII

Precisei viajar de improviso para encontrar o Mestre do Templo, levando uma carta de recomendação de Cormont. O castelo dos Templários é uma fortificação, e o acesso é dificultado por obstáculos físicos e por uma sequência interminável de senhas e contrassenhas. Vichiers, entretanto, recebeu-me com distinção e, após o primeiro contato que foi muito formal, fez-me hospedar em uma cela idêntica à ocupada por seus cavaleiros. Liberou-me de seguir a austera rotina dos templários, mas me recomendou estar presente à missa matinal, às refeições coletivas e ao serão, ao entardecer. Em minha cela, eu deveria manter permanentemente acesa uma lamparina, de maneira que sempre tivesse luz. Senti-me vigiado o tempo todo e, sempre que eu desejava sair da fortaleza era impedido por alguém. Estava lá como convidado, mas a situação real era de prisioneiro. Durante esse tempo, me foi possível observar os exercícios de treinamento militar dos guerreiros, com suas reluzentes armaduras, escudos, lanças e bonitos cavalos. Depois do terceiro dia, dois cavaleiros vieram me procurar e me conduziram à presença do Mestre de Templo, na sala de reuniões onde eu estivera no primeiro dia.

– Esta é uma Ordem religiosa e militar, Construtor. E temos muito orgulho de nossos feitos na Palestina, que já deveis conhecer.

– Alguma coisa já me foi relatada, Senhor.

– O que vosso mestre-construtor deseja de nós?

– O Mestre Cormont determinou que eu vos procurasse para que fosse instruído na condução de certos trabalhos misteriosos do final do ano.

– Vosso mestre-construtor é bem ousado! Não fosse um velho conhecimento e, vos confesso, obrigações que lhe devo, certamente nem vos receberia nesta humilde casa.

– Não desejo absolutamente violar qualquer um de vossos segredos ou adentrar a conhecimentos que considerais secretos e próprios de vossa Magnífica Ordem. Entretanto, se a honra de receber essas instruções me for conferida, eu vos ficarei eternamente grato.

– Vossa gratidão não nos faz diferença, Construtor. O que vos revelo é minha gratidão para com vosso superior, e em nome desse sentimento designarei um cavaleiro para vos acompanhar e transmitir nosso conhecimento na matéria que vos interessa.

A impressão que tive dessa Ordem é de certo pedantismo, excesso de autoritarismo e muita arrogância para quem se diz *humildes cavaleiros de Cristo*. Não posso negar que detenham muito conhecimento e que sejam materialmente ricos. Os templários têm fama de financiar o papado e alguns reis, bem como se sabe que muitos senhores lhes devem fortunas. São herdeiros de esplêndidas tradições que datam do início do cristianismo entre nós, assim também do conhecimento ancestral do povo celta, que vivia nessas terras. Na Confraria sabemos que são eles os que mais contratam obras, incluindo igrejas, mosteiros, fortificações e tantas outras.

O cavaleiro que o Mestre do Templo designou para me instruir era um velho, porém bem apessoado, exalando muita simpatia. Via-se que em sua juventude praticara muito exercício físico, o que lhe conferia um porte saudável; via-se, por sua maneira de falar, que se tratava de um erudito, de um homem que gastara muito de seu tempo em leituras e em reflexões.

Philippe de Monfort era seu nome e contara-me que tivera influente participação nas Guerras Santas, na Palestina, no cerco e tomada de Jerusalém. Para sorte minha, Philippe de Monfort fora contemporâneo de De Montagne nessas lutas, a quem conhecera bem. Após as devidas apresentações, passamos a conversar em um dos pátios internos do castelo, perto de uma fonte de águas borbulhantes.

– O que desejais, Construtor, faz parte de uma tradição muito antiga e nem sempre bem aceita pela Santa Madre Igreja. Sabeis que o cristianismo foi alçado à religião do Estado pelo imperador Teodósio, em Roma, e gradativamente se expandiu sobre os reinos de então, no processo de convencimento e catequese. Como em nosso reino, com a conversão de Clóvis, a adoção do cristianismo pelos senhores e pelo povo foi compulsória. Entretanto, muitas das crenças pagãs foram mantidas e incorporadas ao cristianismo e, entre elas, as festas do final do ano. Até mesmo a data do nascimento de Jesus que, até o Século IV, era comemorada em 6 de janeiro, passou para o dia 25 de dezembro, data da festa pagã do *Natalis Invictus*, o nascimento do Sol, correspondendo ao solstício de inverno. A partir desse dia, considera-se que a Luz ressurge sobre a Terra. O imperador Constantino decretou como dia de repouso o *venerável dia do sol* como *dia do Senhor* ou *domenicus*, também como parte dessa tradição.

– A que outras festas vos referis?

– Certamente comemorais em vossas aldeias o nascimento de Jesus, o dia da Esperança e os Santos Reis.

– Sim, estas são importantes festas cristãs, mas eu desconhecia suas origens pagãs. Tendes alguma fórmula que eu possa transmitir a meus irmãos, sobre a maneira de expressar essas verdades?

– Tereis de criar vossa própria fórmula, do mesmo modo edificais vossas obras, Construtor! Vossos conhecimentos da vossa Ordem e das antigas tradições vos permitirão, melhor que qualquer outro, criar um bom roteiro para essas comemorações, com ênfase no *Natalis Invictus,* mas sem vos esquecerdes da Esperança e dos Santos Reis.

Instruí, mas não reveleis os segredos parecia eu ter ouvido. Apreciei muito a convivência com Monfort, ainda que muito rápida e chego à conclusão de que há algumas coisas que só se aprende com a passagem do tempo, mas assim mesmo, a pessoa precisa ter um coração terno capaz de assimilar isso que é a exaltação de todo o conhecimento. Não sei como chamar. Apressei o mais que pude meu retorno para casa a fim de me debruçar sobre essa tarefa que eu teria de cumprir juntamente com meus irmãos, durante as festas sacras. Decidi que seria uma forma de diálogo entre Le Loup e eu, que falasse sobre esses mistérios reportando-os à antiguidade e ao conhecimento cristão. Ficou mais ou menos assim:

– Podeis dizer-nos por que estamos aqui reunidos?

– Sim, meu irmão. Reunimo-nos nesta data para cumprirmos mais um desígnio de nossas antigas tradições, comemorando o solstício de inverno, representado por São João Evangelista, expressão ocidental de uma das faces do antigo deus Janus, da mitologia greco-romana.

– Podeis dar-nos maiores detalhes sobre esta comemoração?

– Janus é um deus de duas faces, uma que olha para o futuro e a outra, para o passado, representando o Sol em sua elíptica, no ponto em que mais se distancia do centro. Para o futuro, convencionamos comemorar, segundo as antigas tradições, aquele que, no momento de menor intensidade de Luz sobre a Terra, olha com esperança para os dias em que as trevas terminarão e que a Luz voltará a reinar, com todo seu brilho e esplendor.

– Assim, meus irmãos, somos convidados a festejar o nascimento da Luz. (Pausa)

– Podeis informar-nos que festa é essa que comemora a Luz?

– O Natal é a festa da Luz, com o Sol entrando no signo de Capricórnio e, ainda que a data histórica do nascimento de Jesus seja secundária, para os iniciados, o nascimento do Cristo é um fato cósmico, comemorado por todos os Mestres Iluminados e é magnífico, porque significa que Cristo, o Cristal, deve nascer em cada coração como o princípio de Luz e de Amor Divino. Este é o sentido essencial da fé, a segurança da manifestação do Amor Divino em cada ser humano, do nascimento do Cristo-Luz, que não aconteceu uma única vez, há cerca de mil anos, mas que deve acontecer em cada um de nós, em todos os tempos.

– Esta é a única manifestação de alegria que realizamos neste momento, meu amado irmão?

– Não, meu irmão, nós comemoramos no último dia do ano a Esperança e, no dia seis de janeiro, a festa do Amor.

– Podeis dizer-nos algumas palavras sobre essa festa da Esperança?

– O Ano Novo é a festa do Brilho da Luz, da Esperança. Todo o primeiro de janeiro, segundo a antiga tradição, renovamos nossas expectativas, desejamos coisas boas para as pessoas que estão conosco, fazemos nossos propósitos. Assim, toda essa energia que, em todo o mundo, deve se unir em um momento de paz, de harmonia, atrai eflúvios bons para a Terra e nos faz, mesmo que por um momento, esquecer nossas desavenças, nossas disputas, nossos problemas. Centramos a mente em Deus e, em uníssono, atraímos a Sabedoria dos Mestres.

– Podeis completar esta breve alocução, falando-nos sobre a terceira festa?

– No dia dos Santos Reis comemora-se a festa do Esplendor da Luz, do Amor, da Caridade. Baltazar, Melchior e Gaspar eram chefes religiosos e astrólogos. Estudando o céu, viram que um acontecimento cósmico extraordinário estava acontecendo na constelação de Virgo. Seguiram a estrela de sua intuição e foram saudar Jesus que nascia, levando seus presentes: o ouro, significando que Jesus é Rei, pois o ouro tem a cor da sabedoria, é a luz condensada em forma material; o incenso, significando que Jesus é Sacerdote, pois tem o domínio do coração; a mirra, significando que Jesus é Imortal, uma vez que esse era o produto que se usava para embalsamar os corpos e tem o sentido de suplantar a morte física.

– Meus irmãos! Os iniciados são obrigados a se debruçarem sobre esses mistérios e refletir sobre eles. Quando os tiverem compreendido, terão de fazê-los descer ao domínio dos sentimentos e ao plano físico. Intelectualmente, todos nós os compreendemos. É preciso fazer a compreensão chegar ao Coração e transmutá-la e fazê-la chegar à Vontade, porque estas festas devem ser comemoradas com a mente e com o coração, em conjunto com os Mestres Iluminados, com os Anjos que nos guiam e com todos os Seres de Luz.

– Meus amados irmãos! Desejo que esta singela mensagem possa calar bem fundo em vossos corações, e que Deus Todo Poderoso os ilumine sempre cada vez mais nesta infinita busca da Plenitude e da Verdade.

– Amém!

Chegando em casa, tive a melhor notícia que alguém pode esperar.

– Tenho novidades!

– Notícias do nosso pessoal?

– Não bem! Thierry vai ser pai!

Levei um choque. É tudo o que queríamos, mas dito assim, parece uma pedrada na cabeça. Caí sentado. As lágrimas corriam pela minha face, primeiro, num choro sereno, depois, convulsivamente, com dificuldade de respirar. Helène veio abraçar-me, também chorando e rindo, ao mesmo tempo. Meu coração quase explodia de felicidade, junto ao coração de Helène, batendo os dois no mesmo ritmo acelerado. Quando me recompus, tomei minha amada em meus braços e a enchi de beijos, quase a sufocando, girando loucamente pela sala.

– Quanta alegria! Sou o mais feliz dos homens! Quando é que soubeste?

– Já estou quase sessenta dias sem sangramento. Não enjoo pela manhã, mas sinto meu corpo diferente, como se eu estivesse mais arredondada. Começo a perceber crescimento no ventre e, conversando com as senhoras que já tiveram filhos, todas foram unânimes em diagnosticar gravidez. Se contar pelas luas, estou na segunda, do total de nove. Estou muito bem, e a criança também!

– Estamos muito bem, nós três! Eu só preciso acostumar-me com a ideia!

– Eu ainda não disse para ninguém, quer dizer, com exceção das senhoras a quem fui pedir orientação, tu és o primeiro a saber!

– Eu me sinto muito feliz, por ti e por mim mesmo. Nossos sonhos começam a se realizar, trazendo mais gente para a nossa casa. Certamente, será uma criança muito bem-vinda que viverá em um mundo muito melhor!

– E é só o primeiro! Se Deus quiser, te darei muitos filhos, tantos quantos Ele permitir!

– Seremos muito felizes, pois amamos as crianças e será muito bom para nós.

Nessa noite fomos dormir abraçados, não apenas pelo frio que já se fazia sentir no lado de fora da casa, mas, principalmente, pelo amor que se materializava entre nós. Helène foi a melhor coisa que me aconteceu e agora, com um filho meu, ela é uma parte do meu paraíso, a graça e a bênção que todo homem deseja e que eu agradeço em uma profunda oração.

Capítulo XXIX

O inverno foi passando lentamente. O frio ainda era bastante intenso, sentindo-se o forte vento do Norte, gelando toda a região. A neve acumulara-se farta sobre os campos e a cidade. O ventre de Helène crescia e já se notava sua gravidez. Eu estava muito feliz com minha mulher e com meu trabalho.

Também no país as coisas me pareciam muito bem. Tínhamos notícias de um bom reconhecimento, como centro de artes, de vida intelectual e de teologia com o crescimento das universidades. O dinheiro existia, tanto para as construções das catedrais quanto para a compra de obras de arte de mestres parisienses. Até mesmo foi produzida uma versão muito rica da Santa Bíblia, plena de iluminuras, e um trabalho refinadíssimo dos monges.

Nosso soberano é afamado por seu senso de justiça, pelo que é regularmente escolhido como árbitro das desavenças entre os grandes deste velho mundo. O prestígio e o respeito na Europa por nosso soberano é maior devido a essas qualidades que pelo seu poderio militar. Até mesmo a paz com a Inglaterra está sendo conseguida, apesar da turranice do soberano inglês, um acoólatra inveterado, segundo dizem. O próprio Clóvis, que casou e trabalha em Gales, vindo à nossa terra, me confidenciou o que tem ouvido do outro lado do Canal.

Mas, com o decorrer dos meses, parece que minha vida virou ao avesso. Dizem que não há bem que sempre dure... O que sucedeu transtornou tudo, a ponto de eu perder o rumo e o norte de meus afazeres.

Estava envolvido com o trabalho na Catedral, qundo veio a feliz notícia do nascimento de nosso filho. Corri para casa, feliz, com alguns de meus irmãos de oficina. A parteira já estava lá, e Helène em trabalho de parto. Ficamos à espreita. Eu não conhecia a parteira nem suas ajudantes e mesmo esses assuntos não são para a intromissão dos homens. Sim, oramos para que tudo corresse bem, para que o parto fosse exitoso e a criança nascesse bem. Ouvimos o choro e a parteira correu para dizer-me que se tratava de um menino, perfeito e bem grande. A felicidade do pai só pode ser comparada à da mãe, que tinha a criança entre seus seios e chorávamos – sim, chorávamos de alegria! Helène estava visivelmente cansada, por um longo trabalho de parto – também, não era para menos!

No dia seguinte após o parto, Helène estava muito incomodada. A parteira dizia que não conseguira estancar o sangue, que saía em grandes quantidades. O médico da nossa corporação veio vê-la e constatou que sua temperatura subia acima do razoável. Deteminou que se colocassem panos embebidos em água fria sobre a paciente e que procurassem banhá-la mais vezes. O problema, além da temperatura alta, era o sangramento que persistia. Eu estava sempre ao seu lado e via o sofrimento de minha mulher, sem nada poder fazer a não ser o que as pessoas que a atendiam estavam fazendo. Aos poucos, percebi que Helène perdia a consciência. Desesperei-me! O que poderia fazer? Orar? Segurar o médico perto dela? Nada! Beijei minha mulher, procurando dar-lhe força e esperança de que tudo não passava de um susto. É terrível a sensação de incapacidade, de querer ajudar e não saber o que fazer para minorar o sofrimento. Hèlene desfaleceu. Fui retirado do quarto em desespero. O pior aconteceu. Não sei quanto tempo depois, o médico chegou a mim com a notícia que eu temia. Minha querida Helène estava agonizando. Fui vê-la. Tomei sua mão e seu corpo inerte em meus braços. Jurei-lhe que meu amor seria eterno, e que nada, nem ninguém ousaria nos separar, nem Deus. Tudo o que sentíamos um pelo outro haveria de ser eterno em nossas vidas. Helène já não me ouvia. Sentia ainda sua presença, mas seu coração parara de bater. Jurei-lhe amor eterno, com um último beijo.

Fui arrastado para fora de minha casa. Deus não poderia permitir isso comigo! Injusto! Que mal eu fiz para merecer essa desgraça? Por que morre o ser que mais amo, no momento em que dá a luz ao nosso amor? Por que tanta infelicidade, no momento em que tudo poderia ser maravilhoso?

A noite foi caíndo, e as pessoas que estavam comigo foram se acomodando. Deitei no chão, ao lado do corpo de meu amor. Havia pessoas cuidando dos detalhes para o funeral, segundo as práticas usuais. Eu não tinha a menor condição para pensar o que quer que fosse. Angustiado ao extemo, o cansaço me dominou e terminei adormecendo.

Não posso dizer se foi sonho ou se estava em estado de consciência aflorada, quando ouvi, claramente, o Anjo que me dizia:

> *– Thierry, o iniciado precisa saber que é necessário morrer para depois ressuscitar! Que é necessário baixar ao sepulcro, descer aos infernos, como fizeram simbolicamente todos os que passaram por graus mais elevados da iniciação e como certamente sucederá convosco, o que vale dizer, descer a estados de consciência inferiores, infernais, para ressuscitar dentre os mortos. Abrir a alma aos valores do espírito não está em nossa vontade em um dado momento: o caminho da dor é necessário ao verdadeiro iniciado em busca de sua Iluminação. É justamente por não aceitar esta senda que alguns dos que se mostram corajosos e destemidos diante das provas impostas, abnegados diante dos trabalhos que têm de realizar, sérios em seus mais profundos juramentos,*

desistem, perdem-se pelo caminho. O sentimento de Deus ou o aspecto divino do próprio 'Eu', o Ser Crístico em nós, não se pode comunicar pelo ensinamento, senão pela experiência pessoal, pelo esforço de cada um ou pela graça de Deus.

Tenho certeza de que já ouvira essas mesmas palavras do Anjo que me acompanha.

O que dizer do funeral de minha amada? Não quero lembrar esse dia, o mais triste de minha história. Ninguém pode dizer que um funeral é bonito ou feio. Apenas é um funeral. Jurei, mais uma vez, meu amor eterno a Helène, e que um dia nos encontraremos novamente na eternidade.

Tempos mais tarde, nova surpresa: a chegada do irmão Lucien, acompanhado de um outro construtor, que vinha conhecer o trabalho que fazemos em Amiens.

– Caríssimo irmão Lucien! Que bom ver-te novamente!

– Meu caro Thierry! Quando soube do falecimento de Helène, aceitei substituir o irmão que deveria acompanhar Arnold a Amiens, justamente para ver-te. Estás bem?

– Não, meu irmão! Nem poderia, com essa avalanche que caiu sobre mim. Nem mesmo tenho alegria no meu trabalho e sinto que estou perdendo a motivação na vasta obra que empreendemos. Meu interesse pela vida foi-se com Helène e estou sem sentido, sem vontade.

– Tens força, Thierry para levantar e dar a volta. Se a vida te propôs uma prova, precisas colocar toda tua energia para vencê-la, pois és um vencedor e sabes que nada do que nos acontece é por acaso. *Sabeis que cada conhecimento que incorporais, aumenta vossa responsabilidade para com vós e para com a humanidade, de que estais a serviço.* Exatamente como aprendemos em nossas lições! Também a dor e o sofrimento fazem parte deste mundo, e são nossos professores.

– Lucien. Não consigo sequer olhar meu filho, tão parecido com a mãe! Lembra-me sempre de tudo o que ela passou! E no íntimo, eu o culpo! E me culpo por não gostar dele! É um inferno! Não sei o que fazer! E isso retira a energia e a força para o trabalho na Catedral, que já está na fase final de construção. Trabalhamos nas abóbadas de aresta da nave central que são enormes, as mais altas que fizemos, e são as maiores abóbadas de uma nave de todas as catedrais francesas.

– Bem. Posso ajudar-te. Falarei pessoalmente com o Mestre Cormont que encaminhará ao Capítulo um pedido de tua dispensa deste trabalho. Temos uma missão muito importante em nossa Instituição, que envolve algumas viagens e contatos com outras organizações que se formam. Vejo, Thierry, que tens boa formação e boa disposição para um trabalho menos manual, mais especulativo. Isto pode te ajudar a sair desta cidade, que não te traz boas recordações.

– Sim, e o que faço com meu filho?!

– Pensaste em colocá-lo em um mosteiro, para que as monjas cuidem dele até a puberdade?

– Sinceramente, não gostaria.

– Mas te ofereço alternativa, dentro da nossa Confraria: teu irmão Clóvis ainda está aqui, com sua esposa Gawaine. Ao que parece, ela não pode ter filhos. Se quiseres, podemos tratar de sua adoção. Apenas que sabes, eles vivem em Gales e não terias como vê-lo seguidamente.

– Bem, essa alternativa me parece melhor que a primeira! Ele foi batizado com o nome de Jehan e está sob os cuidados da senhora que fez o parto. Embora ela mesma me tenha dito que a situação seria temporária, temo que se tenha apegado ao menino e que não será fácil separá-los.

– Mas ainda nem consultamos Clóvis e sua mulher...

Fui chamado pelo bispo ao Capítulo, para o encerramento de meus trabalhos nesta cidade. Em cerimônia simples, frente aos padres seculares, na presença do Mestre Cormont e de Lucien, recebi a honraria de poder usar um nome distintivo que indicasse a família de minha origem, e que seria transmitido a meus filhos e aos filhos de meus filhos. Escolhi homenagear o lugar onde nasci: Vervins. Juntamente, recebi de Cormont a documentação para a viagem à capital.

Cormont foi quem falou:

– Caríssimo construtor. Agora sois reconhecido como Thierry de Vervin, Mestre de Obras. Advirto-vos que cada conhecimento que incorporais, aumenta vossa responsabilidade para com vós e para com a humanidade, de que estais a serviço. Não vos esqueçais jamais que estais à serviço de Deus e da Humanidade, devendo sempre levantar vossos templos às virtudes e, se fordes convocado a cavar masmorras, que estas sejam aos vícios. Deveis honrar sempre nossas tradições. Deveis respeito à família, à pátria e à religião.

– Para serdes reconhecido como um Mestre Pedreiro da Arte Real deveis agora, diante deste Capítulo e em nossa Instituição, que represento, prestar vosso juramento sagrado.

O que se seguiu não posso revelar, pois estou sob juramento, mas fizemos uma linda festa de despedida no Oculto, na nossa sala de reuniões na taberna, em que todos meus irmãos sediados em Amiens se fizeram presentes. Foi um excelente ágape.

E assim, dentro da Confraria a situação se foi arranjando. Clóvis e a esposa gostaram imensamente da ideia da adoção e eu muito mais. Jehan receberia um lar, onde seria criado com carinho e doçura, ainda que em um país estranho e distante.

Capítulo XXX

De imediato fui à capital, onde recebi a missão de ir a Orléans, onde 62 membros da Ordem do Sinai haviam se instalado no grande Mosteiro de Saint-Samson, doado pelo rei Luís. Outros 26 – 2 grupos de 13 entraram para o Monastério Menor do Monte Sinai, em Saint-Jean le Blanc, nas redondezas de Orléans. Minha missão era estabelecer contato com a Ordem, que se estruturava em nosso território, e para nossa Instituição era essencial que tivéssemos boas relações, sem que isso aparecesse ao mundo.

A Ordem do Sinai fora fundada a partir da primeira Cruzada. Esse período coincidiu com a separação dos bizantinos da igreja de Roma, quebrando a unidade do cristianismo e favorecendo os mouros. É uma das mais secretas ordens monásticas, na qual existem sábios, magnatas e príncipes, e à sua cabeça está um descendente da casa de Davi, como se poderá ver em sua árvore genealógica.

Dizem que até hoje os bizantinos guardam, em capela dentro do Mosteiro da Transfiguração, na Palestina, a sarça ardente, junto da qual Moisés recebera as Tábuas da Lei, contendo os Dez Mandamentos. Aqui, no Mosteiro de Saint-Samson reproduzem-se textos sacros com belíssimas iluminuras, além de livros em línguas muito antigas.

Ao chegar, fui instalado em uma casa de nossa Instituição, aguardando que o Grão-Mestre da Ordem do Sinai pudesse receber-me, o que ocorreu três dias depois. O emissário conduziu-me ao castelo da Ordem, onde Jean-Marie de Saint-Clair aguardava-me em sua sala, mobiliada de maneira rústica, mas ricamente decorada com motivos do Antigo Testamento e muitas peças em ouro, pedras preciosas e prata. Contou-me que sucedera a Jean de Gisors nessa função.

– Sei, Soberano Grão-Mestre, que sua Ordem é muito antiga e respeitada em todo o mundo, e que tem contratado nossas guildas para a edificação de castelos nobres como este em que estamos, assim como os lindos mosteiros e igrejas que adornam nossas cidades.

– Esta é, Construtor, uma das atividades da Ordem do Sinai, e que mais nos orgulha. Estamos prontos a fechar novos contratos com sua Instituição, para erguemos templos à Glória do Altíssimo.

– Além dessa atividade, tendes outras prioridades em vossa Organização?

– Sim, cuidamos do patrimônio histórico dos povos – não apenas dos nossos conterrâneos, mas nos preocupamos em procurar, catalogar, manter, reconstituir e conservar documentos, obras de arte, enfim, o que for digno de passarmos às gerações futuras, do mesmo modo recebemos dádivas das gerações que nos precederam.

– Muito nobre vossa Instituição! Certamente, plena de segredos ancestrais e conhecimentos que embasarão a solução de diversos mistérios que perduram na humanidade. Por isso, vossa Ordem é apenas do conhecimento de pouquíssima gente.

– Somente nos damos a conhecer a quem nos interessa, e a Confraria da Arte Real nos interessa bastante, pois além de construirdes, vosso conhecimento é muito antigo e poderemos muito colaborar para o futuro dos homens. Conheceis a história do Santo Graal?

– Certamente! O que cantam os trovadores, os menestréis do Sul, em suas baladas e festivais.

– Não me refiro ao que é do conhecimento vulgar, mas a verdadeira história da Taça Sagrada, objeto da procura de muitos cavaleiros – coitados! Ignorantes dos fatos que decorreram daquela sublime noite em que o Mestre Jesus teve seu ágape! Na verdade, o que posso contar-vos é que o Sangue Real ainda corre entre nós, e este pedaço do mundo foi escolhido para perpetuar a verdadeira dinastia de soberanos príncipes, que deverá governar o mundo, livrando-o das trevas e o reconduzindo à Luz!

– Não sois convencido de que a Igreja de Roma governará o mundo?

– Absolutamente! A Igreja tentou matar todos os membros da dinastia real e seus supostos guardiões, os cátaros, e apenas tolera os cavaleiros templários, de modo que os Papas mantiveram o trono através da sucessão apostólica de Pedro, sem medo de ser usurpados por um sucessor hereditário de Maria Madalena.

– De Maria Madalena?!

– Sim, Construtor! Revelo-vos um segredo milenar, para que possais compartilhá-lo com vossos irmãos de Confraria! Maria Madalena foi a esposa do Mestre Jesus, com que teve filhos! Esta é a dinastia real a que me refiro, e nossa Ordem é detentora desse segredo, que um dia será revelado ao mundo. Assim, esta real dinastia perdura por séculos, desde o Rei David, e terá sua missão reconhecida por toda a humanidade.

– Mas qual é o objetivo da vossa Ordem, nesse campo?

– Sem dúvida o objetivo é restaurar a verdadeira monarquia francesa, influenciando de forma oculta outras sociedades como a Ordem dos Templários, a Ordem de Rosacruz e até mesmo vossa Instituição.

– Concluí que a Ordem do Sinai possui uma face pública, que bem ou mal conhecemos, mas possui um projeto político secreto, de restauração da antiga dinastia dos reis francos em nosso território, assim como o domínio do Mundo.

– Para Glória de Nosso Senhor e do Deus Pai que nos protege!

Depois de toda essa conversa, ainda permaneci certo tempo sob a guarda da Ordem do Sinai e, acredito, vejo seus espiões nos mais improváveis lugares. Quem sabe já estejam infiltrados nas nossas associações de pedreiros-livres?

Ao reportar à Confraria o resultado de minhas conversas, não notei muita preocupação ou desconfiança de meus superiores, como se eu não estivesse contando novidade alguma. Tanto que, algum tempo depois, mandaram-me procurar mais uma ordem secreta que tentava a submissão de nossa Sublime Instituição.

Essa outra sociedade, ao contrário da Ordem do Sinai, é extremamente hierarquizada, de maneira que não poderia contar com o acesso a qualquer de seus dirigentes maiores. Teria de trabalhar com cuidado, procurando entendê-la e, aos poucos, descobrindo seus ramos e suas reais intenções. Aventava-se seu nome como *Rosacruz de Ouro* e teria sido criada no início do cristianismo por um sábio gnóstico, de codinome Ormus, e seis discípulos seus que foram convertidos por Marcos, o evangelista. Trazia, em seu bojo, mistérios dos egípcios e as raízes do cristianismo primitivo. O seu castelo encontra-se na Floresta Turíngia na fronteira de Hesse, e eles abraçam as doutrinas Albigenses. Aparentemente, não possuem um corpo dirigente central: assumem-se como um grupo de "Irmãos".

A viagem até a fronteira de Hesse foi bastante difícil e lenta, mas graças às cartas de apresentação, que funcionam como salvo-condutos, eu consegui chegar ao local, tendo sido recebido e alojado no próprio Castelo. O irmão Magnus recebeu-me para falarmos sobre nossos interesses.

– Bem-vindo à nossa humilde casa, Construtor! Espero que estejais bem alojados, ainda que nossa pobreza seja tão evidente que não nos permita honrar como gostaríamos tão destacada visita!

– Eu vos saúdo, irmão Magnus, em nome de nossa Ordem de pedreiros-livres e vos trago a saudação de vosso amigo Jehan de Chelles, com quem tive a honra de trabalhar em Paris.

– Obrigado, Mestre De Vervins! Em que vos posso servir?

– Como sabeis, irmão Magnus, nossa Sublime Ordem tem interesse em aprofundar as relações com vossa irmandade, buscando auferir os necessários conhecimentos que este mundo moderno nos exige.

– Vos posso informar que o requisito fundamental para alcançar o conhecimento secreto, de que a Ordem Rosacruz se faz conhecer possuidora, é que "sejamos honestos para obter a compreensão e o conhecimento da filosofia."

– Vos acredito cristãos, é certo?

– Somos Cristãos, sim, mas não como certas pessoas que pensam e que parecem afetadas, vendo que agora compreendem e sabem que nós nos reconhecemos como professando verdadeira e sinceramente o Cristo, mas não de um modo exotérico.

– Tendes uma relação direta com a Santa Igreja de Roma?

– Condenamos o Papa e guardamos o verdadeiro sentido esotérico do Cristianismo. Viciamo-nos na verdadeira Filosofia e levamos uma vida cristã.

– Mas temos notícias que desenvolvem, em suas casas, o conhecimento oculto, talvez mesmo a teurgia, a magia e a leitura dos evangelhos apócrifos.

– Não é bem verdade, Construtor. Somos, sim, estudiosos e pesquisadores, com toda a liberdade para conhecermos a alquimia, a cabala hebraica, a filosofia neoplatônica e o gnosticismo. Mas isso apenas nos coloca ao vosso nível, de livres-pensadores! Podemos citar nosso Irmão Arcturus: *Pois o que pressagiamos são tumultos em grande, pois nós somos irmandade da Rosa Cruz. Nós temos a Palavra Maçônica e a segunda visão. Coisas por acontecer, nós podemos prever acertadamente.* Conheceis os manifestos do irmão Gerardo, o *doctor universalis*, ou por certo já lestes o *doctor angelicus*, o irmão Tomás de Aquino.

– Não vos condeno, irmão Magnus. Temos o direito à investigação, e através da geometria também procuramos nos apoderar dos conhecimentos antigos, que podem ser úteis à manufatura dos vitrais e suas cores, dos equilíbrios ogivais, das máquinas de que nos servimos para elevar os materiais às suas posições em nossas construções. De certa forma, procuramos fazer com que nossos irmãos construtores tenham a liberdade de discutir os temas que nós, os mestres da Arte Real, os propomos. É nossa maneira de ensinar, de transmitir os conhecimentos ancestrais, para descobrir novas formas e aplicações dos materiais, que Deus nos legou.

Nosso encontro perdurou-se por longos dias de um alegre e fraterno convívio, mostrando que nossas duas instituições têm caminhos muito próximos, e que teremos muito espaço para um trabalho harmônico.

Gosto do modo como são expostos os temas em seus manifestos e a descrição dos mesmos aponta para grande similaridade com o que é conhecido acerca da filosofia Pitagórica, principalmente na transmissão de conhecimentos e ideias através de aspectos numéricos e concepções geométricas, como fazemos na Arte Real.

A Fraternidade Rosacruz pode ser compreendida, de um ponto de vista mais amplo, como parte da corrente de pensamento hermético-cristã que atravessa os tempos. Nesse contexto, é clara a influência do *Corpus Hermeticum* atribuído ao Mestre Hermes Trimegistus.

CAPÍTULO XXXI

À medida que o inverno vai chegando ao final, os dias cinzentos e frios dão lugar à luminosidade primaveril. O vento norte ainda traz suas rajadas, lembrando que em breve teremos os brotos das árvores, as flores nos campos e nos jardins como se nossa vida ressurgisse com o fluxo dos dias, dos meses e dos anos.

De volta a Paris, fiquei hospedado na casa da Confraria, na margem direita do Sena, onde o comércio e as atividades dos artesãos eram bem intensos. Não é por acaso que esta cidade está sendo conhecida como *a rainha das cidades*, pois seu burburinho é constante. O rei fez aqui sua residência oficial, no Palácio Real, na île *de la Cité,* perto da Catedral que estamos construindo.

Se a margem direita é um efervescente de negócios, por outro lado a esquerda, embora bastante destruída pelos ataques dos povos do Norte, é um pipocar de cultura, de estudantes, de professores, de oradores famosos. A área em volta da *Petit Pont*, perto da Catedral, no trecho mais baixo da Rua *Saint Jacques* é o ponto preferido dos estudantes e não raro há arruaças, protestos por quaisquer motivos, movimentos que geralmente são reprimidos pela guarda, não sem muitos feridos e mesmo alguns mortos.

O que observei, dessa vez, é que havia muita dificuldade de locomoção; não há muitas pontes, as ruas são estreitas, sujas e mal traçadas; há muitas vielas lúgubres, tristes, sem animação. Talvez isso seja um reflexo do que eu vinha sentindo.

Soube que fora construída a Capela Santa, para abrigar as relíquias da Coroa de Espinhos, trazidas de Jerusalém; muitas outras igrejas estavam em construção pela cidade e via-se muito comércio, muito dinheiro circulando, numa euforia que contagiava os burgueses.

O mercado de *Halles* é o centro de abastecimento, concorrendo com inúmeras feiras que se realizam nos terrenos da Igreja, como em *Saint Germain des Près,* que dura duas semanas, ou em *Sainte Geneviève.* Nos Halles foram construídos novos pavilhões para abrigar os comerciantes de tecidos finos, linho, calçados, enfim, bens que são trazidos de regiões mais distantes pela navegação. Portos foram construídos, e a guilda dos navegantes torna-se forte, dominando até mesmo a administração da cidade.

Nesse ambiente, vê-se um verdadeiro renascimento das artes e das ciências, buscando cada vez torná-las mais leigas, com a tendência que pessoalmente eu gosto muito, da separação entre a fé e a razão. Afinal nós, os construtores, embora sejamos dependentes dos projetos, construções e, portanto, do dinheiro da Igreja, temos nossa ciência e nosso conhecimento desenvolvidos em nossas Lojas. A geometria, aprendida com os árabes, permite-nos a construção de prédios mais altos e mais iluminados – *o opus francigenum* – ou o gótico francês, que desenvolvemos com nossa arte, nossos materiais e nossa criatividade.

O ponto alto de minha presença na capital foi, sem dúvida, o convite que o próprio Mestre de Chelles me transmitiu, para as festas de sagração da parte pronta da catedral. Será consagrada à Nossa Senhora, à Virgem Maria, como as demais catedrais em construção, e o ato contará com a presença real e do bispo. Era prevista a presença do novo papa, Alexandre IV, mas essa, por motivos que desconheço, não se concretizou. A cerimônia foi totalmente conduzida pelo bispo de Paris.

A nave foi terminada, assim como boa parte da fachada oeste, onde haveria duas torres já começadas e os braços do transepto, orientado de Norte a Sul.

A planta foi demarcada pela formação em cruz romana orientada a ocidente, de eixo longitudinal acentuado, e não é perceptível do exterior do edifício visto que os braços do transepto não excedem a largura da fachada. A cruz está encaixada no edifício, envolta por um duplo deambulatório, que circula o coro na cabeceira, a Leste, e se prolonga paralelamente à nave, dando lugar, assim, a quatro naves laterais.

Da totalidade dos dias em que a festa se prolongou, o mais importante foi a cerimônia de sagração, que descrevo de acordo com a minha lembrança.

Chegando à Igreja, todos se reuniram próximos à porta principal de entrada, que fica no *Parvis,* para prestigiar a abertura da nova igreja, pela bênção do bispo. Organizando um corredor central, ladeado pelos principais cavalheiros do Reino, em suas roupas mais esplendorosas, pelo qual entrou em procissão Suas Majestades o Rei e a Rainha, assim também figuras importantes da corte e da cúria, sendo recebidos pelo Bispo e concelebrantes, junto à escadaria de quatro degraus que dá acesso ao Coro, acomodando, em seguida, as Suas Majestades em seus tronos.

A seguir, o bispo entregou a chave da catedral ao primeiro sacerdote, que se dirigiu ao portal oeste, abrindo as portas de par em par. Durante a abertura da porta, nosso bispo, em sinal de entrega dessa casa aos seus fiéis, disse: *Entrai pelas portas do Senhor, dando graças, e nos seus átrios, com hinos de louvor.*

Os Arautos do Evangelho entoaram um hino de ação de graças e todos os nobres, integrantes da cúria, monges, ministros e convidados da nossa Confraria foram, aos poucos, entrando na igreja. A cerimônia deu seguimento até que o bispo sagrasse todos os pontos da igreja, desde o altar até as doze colunas, cada uma delas com o nome de um dos apóstolos.

Começando pelo altar, a água como sinal de vida nova, depois de abençoada foi aspergida, como sinal de purificação, no altar, nas paredes e em todos os fiéis presentes, representando a *Igreja viva*. Durante esse momento, o celebrante relembrou o batismo pelo qual, lavados em Cristo, nos torna templo do Espírito Santo.

Ainda durante a solenidade, a Igreja de Nossa Senhora recebeu mais um presente: A *Relíquia da Virgem Maria* (um pedacinho do manto da Virgem, trazido da Terra Santa por nosso Rei) e um livro do Ritual da Dedicação da Igreja e do Altar. Encerrando o Ritual de Dedicação, que foi a entrega da relíquia às mãos do nosso bispo, ele se preparou para a unção do altar e das paredes, com o óleo do Santo Crisma. Ungir o altar e as paredes da igreja santifica-as e faz com que tornem símbolo do Cristo, ungido pelo Pai com o Espírito Santo. Em procissão com os demais presentes, o primeiro Sacerdote, monges e ministros, as paredes e o altar foram ungidos, como manda a Santa Madre Igreja.

Em seguida, prestigiou-se o momento de incensação do altar e da Igreja. O incenso durante a celebração significa a divindade de Deus. O altar, depois de ungido, foi incensado e logo depois também a Igreja e todo povo. Esse ato transformou a Igreja em uma casa de oração, e quanto ao povo ali presente estes estão purificando o templo vivo.

Mas, o processo de sagração ainda não tinha terminado. Após incensado e ungido, o altar e a Igreja foram preparados para a celebração eucarística. Isso significa o processo de iluminação do altar e da Igreja. Em seguida, todos se reuniram para a Inauguração e bênção da capela do Santíssimo Sacramento. O bispo, acompanhado pelos concelebrantes e ministros, levou em procissão o Santíssimo Sacramento até o sacrário, dando assim por finalizada a *Cerimônia de Sagração.*

Durante toda a cerimônia, os presentes ficaram muito emocionados, pois a Sagração de uma Igreja acontece apenas uma vez. São ritos especiais, dos quais com toda dedicação a casa do próprio Pai é abençoada e entregue a Deus. Casa esta que irá acolher seus filhos pelos séculos que virão.

Lá fora, o dia ainda cinzento e o vento norte davam um toque de solenidade, talvez triste, mas característico de Paris, a que o povo ao redor da catedral não correspondia, mostrando sua alegria e sua felicidade pelo Rei e Rainha, pelo Bispo, pela Catedral e pela vida que adquiria nova significância.

A festa prosseguiu, após a retirada do casal Real, com uma procissão pelas vias públicas ao redor da Catedral, da qual todo o povo, aglomerado no *Parvis,* participou ativamente, encerrando-se com a entronização da relíquia no altar-mor.

E depois, a festa popular! Muita música, danças, declamações, bebidas e comidas de toda espécie, a preços bem acessíveis. Contam até que um grupo de prostitutas – o mesmo grupo que oferecera um vitral à igreja e que o bispo recusara – estava lá presente. Brigas? Inevitável! Sempre que alguns se embebedam, as cenas lamentáveis são instigadas por outros que, também embriagados, deixam-se envolver no clima de disputa ou de revanche. Não me lembro de ter notícia de mortes, mas não excluo essa possibilidade!

Retirei-me cedo, pois pretendia estudar um pouco mais de geometria sagrada, o que não aconteceu, pois ao chegar em casa, o sono me abateu e fui dormir.

No dia seguinte, mais um daqueles dias cinzentos, fui procurado por Marcel.

– Lembrais-vos de mim, Irmão Thierry?

– Sim, meu Irmão! Fostes vós que me recebera em minha primeira e aflitiva passagem por essa cidade, quando finalizávamos as esculturas que hoje embelezam o portal oeste de nossa Catedral! Como está a Loja?

– Vamos andando! Temos gente nova, e crescemos tanto que tivemos de desdobrá-la em mais duas oficinas. Estamos carentes de bons escultores e de profissionais experientes. Estais interessado em permanecer aqui?

– Não havia pensado nisso, com sinceridade, pois estou realizando trabalhos para a Ordem, a mando de nossos superiores.

– Nada que não se possa arranjar! Quem sabe esses dias que virão, não tão cobertos e mais quentes, o farão pensar diferente e possamos ter-vos na direção de mais uma oficina?

– Sim, meu irmão! É uma proposta a considerar! Como estão os outros, Henry, Michel, Claude?

– Henry retornou à Bretanha; Michel está trabalhando conosco e Claude, ainda à serviço da Ordem, em campos mais políticos. Acredito que estejam bem... E vós? Não apenas eu envelheci, mas vos sinto mais fechado, mais entristecido.

– Tive algumas perdas, sim, mas essas coisas passam, e devemos continuar vivendo e trabalhando para a Glória do Grande Arquiteto que nos une.

– Autoriza-me a tratar de vossa fixação na cidade?

– Sim.

E assim, minha passagem por Paris ficou prolongada... não sei até quando!

Capítulo XXXII

O verão passou muito agradável e quente, de modo que não se sentiam os dias passarem, plenos de luz, tornando os dias mais longos e as noites curtas.

E nesse clima agradável, percebe-se certa movimentação no campo teológico representada pelos conceitos trazidos por Pierre Abélard, teólogo e grande lógico, desde o século passado, a repercutir na Universidade. Sua dialética está sendo usada para o ensino de nossos aprendizes, como parte do *Trivium,* para que disponham de argumentos em suas preleções. Em suas aulas, identificava o real ao particular e considerava o universal como o sentido das palavras (*nominum significatio*), rejeitando o nominalismo. Dessa forma, o significado dos nomes permitiria esclarecer os conceitos, de forma a emancipar a lógica da metafísica, tornando-a uma disciplina autônoma. Exatamente como fazemos em nossas instruções aos aprendizes de construtores!

A controvérsia centrava-se na qualidade empírica ou abstrata dos conceitos: Os universais têm uma entidade genérica real ou são coisas puramente pensadas? Enquanto Guilherme os considerava reais e necessários, Roscelino só lhes atribuía o valor de palavras. Abélard definia como não sendo meras palavras, mas também não estabelecendo um saber real, visto que, sendo a sua significação subjetiva, o que exprimem são tão somente opiniões pessoais sobre o ser que, contudo, possibilitam o entendimento entre os homens. As palavras importantes tornam-se universais ao serem aceitas como tal, e como tal «usam-se» para exprimirem as verdades necessárias. O conteúdo doutrinário do seu ensino é, como também ele, revolucionário. A agitação doutrinal provocada por Abélard repercutiu, igualmente, no modo de ensino, operando profunda revolução. Original foi também a sua concepção ética: afirmava que a intenção é tão importante como o ato que dela dimana.

O homem não procura o porquê das coisas, mas como se dá a inserção da divindade na natureza. A linha de pensamento se torna mais aristotélica. Surge novo humanismo. O estudo da matéria a considera um perfeito reflexo de Deus Organizador. Deus Luz toma consciência da encarnação.

Em vista disso, eu posso afirmar que existe uma mensagem velada atrás de cada palavra que é dita. Nas palavras desse Mestre, e*stamos à procura pela dúvida e, pela procura, percebemos a Verdade*. Assim procedemos no ensino da Geometria. Não nos interessa colocar os fatos acabados, mas sim questioná-los para que possam ser esclarecidos. Foi como desenvolvemos nossa técnica de construção, e evitamos erros, que como em algumas catedrais, provocaram o desabamento da abóbada.

Mestre Cormont não cansava de dizer:

> *– Observai, vos peço, que todas as ciências estão contidas na Geometria, porque esta ciência ensina a dividir e medir a ponderação e o peso de todas as coisas na e sobre a totalidade da Terra que conheceis e nem a Gramática, nem a Lógica ou qualquer uma das Ciências pode subsistir sem a Geometria.*

Pelo que posso afirmar, no que concerne ao ensino da Geometria, tudo se passa diferentemente do ensino clássico, escolástico. A relação professor – aluno é fundamentalmente diferente. Não há progressão do saber sem que o aluno tenha raciocinado e, após a discussão, tenha aceitado a demonstração de seu professor, não porque ela venha do professor, mas porque ela tem lógica. No ensino da Geometria, a confiança e a submissão não são virtudes, mas ao contrário. A memória tem um papel subalterno; a virtude capital é a inteligência e as faculdades exaltadas são: o raciocínio, o espírito crítico e o cuidado com a precisão.

Assim, para os espíritos livres dessa época, para todos que estão desejosos de progredir em um saber autêntico e objetivo, a Geometria constitui-se na ciência por excelência, e os cursos de geometria, um refúgio em que podem, com o compasso na mão, raciocinar normalmente e refinar seus espíritos. Somente nesses cursos, não em outros!

O Espírito da Geometria pode ser encontrado em outras manifestações dos cortadores de pedras, ou pedreiros. No passado, formou-se no Santo Império Romano Germânico uma poderosa federação de Lojas de pedreiros, a *Bauhütte*. Essa federação contava com quatro Grandes Lojas situadas em Strassburg, Koln, Vien e Bern, sendo a de Strassburg a líder. O primeiro Grão-Mestre foi Erwin de SteinBach, o arquiteto da Cúpula de Strassburg. Entre os pedreiros, a geometria era revelada aos Companheiros, e assim definida:

> *É dever do construtor unir, em uma viga harmoniosa, obedecendo às leis da sabedoria, as linhas confusas do espírito humano.*

Como fazemos até hoje, o Companheiro recebia sua marca, um desenho geométrico que o distinguia. Quando viajava, fazia-se reconhecer traçando sua marca e a lendo, quer dizer, justificando-a segundo a geometria e o simbolismo. Essa tradição de marcas remonta há mais tempo, pois as vamos encontrar em Roma, no Monte Palatino e em Pompeia.

À parte as preocupações de ordem técnica, nós os construtores transmitimos uma filosofia fundamentada na geometria, ciência privilegiada, que associa razão, intuição e imaginação.

Penso que necessitamos formar sociedades secretas, desconhecidas e pouco populares para mantermos o conhecimento herdado das gerações ancestrais e preservá-lo para as gerações futuras.

Enquanto organizava meus pensamentos, chegou o especialista em arcobotantes, o irmão Iorg.

– Que surpresa! Que fazeis na Capital?

– Boa tarde, meu irmão! Estou aqui há bastante tempo. Fui solicitado a projetar e a construir os detalhes de nosso gótico na Capela Santa, e agora estamos trabalhando na construção das capelas ao lado da grande catedral. E vós, como estais?

– Ainda me dedico às aulas, à formação de nossos aprendizes, dentro dos planos da geometria. Era o que justamente eu estava preparando, nesse momento!

– Soube de vosso casamento. Como está?

– Não soubestes?! Depois de muito tempo de felicidade ao lado de minha mulher, Helène veio a falecer. Estou viúvo e só.

– Ora, que lástima! De que faleceu vossa esposa? Podeis falar sobre esses momentos tristes?

– Helène morreu por complicações no parto. Nosso filho nasceu bem, mas não tive condições de ficar com ele. Não que o culpe pela morte da mãe, mas se tornou pesado para mim.

– Entendo! Ele ficou com a família de Helène, certamente!

– Não, meu irmão! Eu me considero um homem de sorte, pois dentro da Confraria surgiu a possibilidade do irmão Clovis e sua mulher adotá-lo.

– Clóvis?! Mas ele não está no exterior?

– Sim. Mora em Gales. Casou-se lá e levou Jehan consigo. Acredito que foi o melhor para todos. Clóvis é um bom homem e certamente terá muito sucesso na profissão.

– E vós, meu irmão, como estais?

– Profissionalmente, muito bem. De saúde, não tão bem. Acho-me um tanto debilitado. Tenho algumas dores difusas no ventre, em regiões distintas. Não são dores muito fortes, mas incomodam e me causam certa febre.

– Já estiveste com nosso médico?

– Em verdade, não. Não penso ser necessário.

– Estais muito magro, frente ao que éreis anos atrás. Penso que deveis ver o médico. É vossa saúde que está em jogo.

– Estou comendo menos! Falta de apetite ou o envolvimento com o trabalho. Não tenho tempo para pensar em consultar o médico!

– Pois vou trazê-lo aqui, mesmo que não o queirais ver!

Assim, o irmão Iorg, vindo novamente a mim, tornou-se meu amigo mais chegado. Quando podíamos, saíamos juntos para passear pelas ruas da cidade, para andarmos pelas margens do Sena, ou para vermos o andamento das obras que a Confraria estava realizando. Eu notava que estava cada dia mais magro, sem apetite. As dores no ventre continuavam, às vezes, mais intensas, assim também a sensação de febre. Até quando não me senti bem e lhe comuniquei que não sairia.

– O que tendes, meu irmão?

– O de sempre. Acredito que seja uma saudade imensa da minha mulher! Desejo ficar repousando, até que passe essa sensação.

– Estais ardendo em febre! Pedirei para o doutor Robert vê-lo.

Bem, o que o doutor Robert disse não foi bom. Disse que possivelmente eu estava com nó nas tripas, e me receitou vários chás e poções. Não gosto muito dessas coisas, mas pretendi seguir seus conselhos.

– Estais melhor, meu irmão?

– Definitivamente, não. As dores estão mais fortes. A sensação de febre persiste o dia todo. As poções e os chás não surtem efeito algum, a não ser acelerar os vômitos. Não sei como isto vai parar, pois preciso retomar o trabalho, com a formação de nossos aprendizes.

– Continues com a medicação, tende calma e fé em Deus. Tudo vai dar certo.

Nessa noite mesmo tive mais uma visita. Eu estava prestes a dormir, quando ouvi aquela voz.

– Thierry! Sou teu Mestre! Vim ver-te para vos esclarecer sobre o processo que estais passando!

– Sim, eu já tive oportunidade de receber sua visita... brinquei. *Um Mestre está para ser servido*. Em que posso servi-lo agora?

– Um Mestre está sempre a serviço, corrigiu-me ele mais uma vez. Desejo estar ao teu lado, agora que estás prestes a entrar em nova fase de vida. Lembro-te que as provas nunca são maiores que nossa possibilidade de ultrapassá-las, ainda que, muitas vezes, nos pareça que o céu cai em nossas cabeças ou que possamos blasfemar, dizendo que Deus nos abandonou. Mas afirmo: Nunca se deve ceder à tentação de faltar para com Deus!

– Sim, isso eu já sei..., mas confesso que é difícil, por vezes, como superar a perda de minha amada mulher, cuja morte pranteio até hoje.

– Quero que entendas, definitivamente, como já o sabes intelectualmente: a morte não existe. São ciclos da vida, como são as estações do ano ou os dias que se sucedem, entre a luz e a treva e nova luz... Entenda que a bela árvore que tens em frente a esta casa foi uma semente que se entregou à terra, morreu como semente para crescer como árvore.

– Sim, Mestre! Já li nos manifestos do Mestre Tomás de Aquino que diz que a morte não é nada, apenas uma passagem para o outro lado. Tento fazer a vida continuar, bela como sempre foi, mas é difícil ao sentir a falta de alguém que se ama muito!

– Estás convencido de que a vida é eterna, que o que chamas de morte é apenas a passagem para o que conheces como o *Oriente Eterno*? Estás convencido de que essa passagem é a Grande Iniciação do aprendiz da vida, do companheiro de atividades, ou do mestre no ensino? É preciso que estejas *convencido*, pela razão e pela fé, pois o caminho para a iluminação passa, não só pela razão, mas pela fé. E a Grande Iluminação vai além do Amor – aquele amor incondicional a todos e a tudo. Vai além do Conhecimento, da inofensividade. Ultrapassa a Transmutação, chegando à Transpessoalidade! Estás preparado, meu filho?

– Não sei... Quando penso na morte de Helène, parece que nada disso faz sentido!

– Não estou falando da morte de Helène, mas de tua passagem, da tua hora, que é chegada!

Capítulo XXXIII

Quando da escavação para a construção da linha do metrô na região de Arts et Metiers, as equipes de operários se depararam com as ruínas de um velho cemitério, sob a atual rue Turbigo, perto do Templo. Havia muitos túmulos, de muitas aparências, alguns com o selo dos Templários, outros com o sinal dos maçons.

Um mausoléu tinha ainda, em sua porta semidestruída, a identificação de uma antiga Ordem dos Construtores, e em uma urna de ouro, bastante bem preservada, entre outros objetos estava um rolo de pergaminhos contando a narrativa descrita até aqui. Sem dúvida, quem a escreveu não foi quem a guardou tão bem, para que com uma pequena e frágil chave de marfim que se encontrava ao lado, em um repositório especial, pudesse a arca ser aberta um dia no futuro, quando encontrada.

Quem foi na verdade Thierry de Vervins? Um homem comum, do povo? Um iniciado em muitos mistérios? Ou um viajante no tempo, que em diversas encarnações vem revelando segredos e mistérios que na Idade Média eram privilégio de poucos?

Se, na Idade Média, apenas pequena parcela de pessoas chegasse a se desenvolver espiritualmente, além do nível das pessoas comuns, necessitavam formar sociedades secretas, desconhecidas e pouco populares para manterem o conhecimento herdado das gerações ancestrais.

A questão que surge imediatamente a propósito desses ensinamentos: Serão eles ultrapassados, velhos demais para nosso tempo? A resposta que se propõe é que nenhum conhecimento é velho demais ou ultrapassado. Toda visão holística do mundo contém iniciações psíquicas, estimulantes para o espírito, com a condição de não se eleger como verdade única, definitiva. Se essa precaução for negligenciada, o remédio se torna um veneno, e o progresso transforma-se em retrocesso. Não se pode negligenciar. Deve-se olhar toda a construção do pensamento com humildade e com certa desconfiança crítica. Ir sempre além. Assim Newton, matemático, físico e alquimista descobriu a Lei da Gravitação Universal. O pensamento da Tradição é um veneno para os acomodados e um estimulante para os verdadeiros buscadores.

O século XIX foi pródigo em sociedades secretas, muitas das quais apenas para satisfazer o desejo de poder de alguns burgueses, outras, para divertir os nobres com as curiosidades que eram trazidas – algumas por puro charlatanismo – mas que enchiam de prazer as noites ociosas de ricos burgueses e nobres carentes de novidades.

Por certo, conspirações políticas tiveram ali seu nascedouro, assim com alguma ajuda humanitária, mas não tão profundas quanto foram as guildas medievais, mistos de sindicatos e associações beneficentes, mas que guardaram muito da tradição das construções e de outras profissões que despontavam, tais quais a tecelagem, o tingimento de tecidos, a tapeçaria, a ourivesaria e outras tantas.

É importante salientar que, em todos os tempos, a maçonaria não teve por vocação reformar o mundo, mas sim mostrar claramente as opções que a humanidade tem; é um instrumento para esclarecer os comportamentos e propor as perspectivas. A maçonaria não é uma força, mas sim uma luz, trabalhando ao nível do espírito, e é nesse sentido que deve ser considerado. Sua função efetiva é abrir a senda à liberdade de espírito, pela interpretação do ritual, que esconde uma ascese.

Por seu método e suas exigências, através dos instrumentos de que dispõe, a maçonaria pode esclarecer as questões que todos os maçons se fazem, uma vez que o homem quer saber de onde vem e para onde vai; quer ver e entender o que está ao seu redor e descobrir – levantar o véu – se possível, das coisas ocultas, da Gênesis, da Ciência, do misterioso desconhecido que excita sua curiosidade.

Sem mesmo se dar ao trabalho de estudá-la, ou por preconceitos, muitos maçons acreditam que a Bíblia, de onde saiu a maioria dos temas maçônicos, palavras sagradas e palavras de passe, pode ser usada somente como uma carolice, de maneira intelectual ou moral. Entretanto, a Igreja Católica a proibiu durante séculos a seus fiéis. Seus verdadeiros iniciados sabiam que o seu conteúdo não está expresso no simples linguajar, nem se refere a seu tempo.

Com efeito, de forma velada, a Bíblia é uma enciclopédia que contém um código e, entre as linhas, uma verdadeira mensagem que recobre a ciência com um véu que é preciso descobrir. Ela é o reflexo fiel do Princípio imaterial, cuja Lei governa o Universo, tal como aparece ao microscópio ou ao telescópio: idêntica para os elétrons como para as galáxias, e destinada a definir o lugar que o homem ocupa nesse todo submisso ao Princípio Único.

Mais que a Bíblia, é a maçonaria o verdadeiro livro de ciências ocultas, acessível aos seus iniciados – e apenas a esses, uma vez que a vivência de seus mistérios em Loja é a chave para a sua compreensão.

"Como vides, nem mesmo um grão de areia foi colocado sem que tenha uma razão de ser."

Gérard

Outros livros da Editora Ísis